APEC の市場統合

長谷川聰哲 編著

中央大学経済研究所
研究叢書 54

中央大学出版部

序　文

　アジア太平洋地域における経済活動の相互依存が進んでいる。人々や企業，財貨・サービス，そして資本の動きによる経済のグローバリゼーションが，それまでの市場の枠組みの観念を変化させている。本書は，こうしたグローバル化する経済の中で，アジア太平洋地域の市場の変化を，　方では理論的に，他方では実証的にその実態を明らかにする。加えて，筆者グループは，こうした分析から，今後のこの地域における市場の枠組みをどう設計しなければならないかを模索する。

　第1章の長谷川聰哲による「変貌するグローバル経済とAPECの市場統合」では，グローバル化する経済が，アジア太平洋地域においてどのような変化を生じさせているのか，地域の市場の中でのさらなる，そして一体化した市場統合を進める上での枠組みを模索する。分断された市場が統合されるためには，貿易費用を削減することが重要である。貿易費用は人為的障壁や自然な障壁により構成される。いずれの障壁にしても，インフラストラクチャーのハードとソフトの両面から，地域として整備していくことが貿易費用を削減させることに繋がると主張する。アジア太平洋地域におけるAPECにおいて急速に動きつつある市場統合への枠組みの構築のための環境と努力について検討する。

　第2章の石川利治の「競争様態の異なる市場地域の接触による市場形態の変化」は，様態の異なる個別市場が，接触，連結することにより市場がどう変化するのか，産業立地論や空間経済学において利用される「引渡価格」の概念を用いたモデルにより，地域市場の変化を理論的に考察する。

　第3章の小森谷徳純の「分権的多国籍企業の移転価格―平成21年度税制改正の影響に関する一考察―」は，個別経済が独自の法人税率を導入している場合に，多国籍企業がその企業内取引における移転価格は節税手段となる。意思

決定において分権的な多国籍企業にとって，その中間財取引価格は節税手段だけではなく，戦略的な役割があると述べる。本章では，日本が平成21年度の税制改正で行った間接外国税額控除制度の廃止および外国子会社配当益金不算入制度の導入を想定し，制度の変更が中間財価格にどのように影響を及ぼすかを考察する。

第4章の孫立堅による「東アジア連携の共通テーマとしての「資源節約型，環境保全型社会」の建設」は，東アジア地域における共同体構築に向けて，自由貿易協定やチェンマイ・イニシアティブの枠組みを超越して，実行可能な包括的な枠組みがないと述べる。「ポスト危機時代」に共通する課題として，米国市場への過剰な依存体質を脱却して，どうアジア地域独自の協力の枠組みを構築すべきかを検討する。そして，中国が提起する「資源節約型と環境友好型の社会」の重要性を述べる。

第5章の助川成也の「東アジアのFTAが企業・産業競争力に与える影響」では，リーマン・ショック後のASEAN経済の成長にとって，東アジアの新興市場との結びつきを強化することが重要であると位置付ける。全方面的なAFTAの枠組みは，関係国間に「集積国」と「逃避国」などに格差が生じているため，今後の市場の枠組みの整備には，第3国間のFTAも導入する各拠点機能や事業戦略の再構築を視野に入れた取り組みが必要であることを主張する。

第6章の大木博巳の「東アジアの生産ネットワークの拡大と日本企業の事業の再構築―デジタル家電のケース―」は，日本のデジタル家電の海外生産拠点の構築が早い段階で行われたが，その生産が中国を中心とする東アジアにとって代わられてきたことを説明する。確かに高付加価値商品の生産に特異な日本企業であるが，これからは，攻めの戦略を展開する必要性を説く。そのためには，より一層の高付加価値化，革新技術面での新市場の開拓を進めるために，研究開発と生産現場の連携，東アジア企業との連携，そして国際的なイノベーション力を高めることが必要であると主張する。

第7章の徐贇・長谷川聰哲の「アジア諸国の産業スカイラインと需要構造」は，国際産業連関分析を利用した実証分析により，アジア太平洋地域の各国経

済の生産と需要構造を産業別に説明する。この地域の 10 経済についての 24 産業についての 1995 年から 2000 年にかけての構造変化は，その生産と需要をスカイライン表によって詳細に示されている。

　第 8 章の小野充人の「日本の対外直接投資が投入構造に与えた影響」では，日本企業の国内投資が低迷してきたのに反して，対外直接投資が 1985 年以降進んできた特徴を分析する。日本の対外直接投資は，投資受け入れ国の生産能力を高め，翻って日本への輸出供給につながって還流していることを説明する。こうして還流してきた輸入財が日本にどのように影響しているかを中間財の需要構造について分析する。

　第 9 章の原山保の「引力モデルによる職業移動の日米比較」は，アジア太平洋の市場における 2 つの巨大経済を構成している日本と米国の就業者の移動について分析する。世代間の職業移動性，時間的に異質な社会的距離の問題をレオンティエフの引力モデルを使って実証的に取り組んでいる。日本と米国の両経済での世代間職業移動の開放性は，米国は高いままコンスタントであるが，日本は上昇を続けていることを明らかにしている。

2011 年 3 月 15 日

アジア経済圏研究部会
主査　長谷川聰哲

目 次

序　文

第1章　変貌するグローバル経済とAPECの市場統合 …長谷川聰哲… 1
　1. はじめに……………………………………………………………1
　2. 台頭するアジア太平洋地域における地域貿易協定………………3
　3. 世界貿易におけるグローバル・バリュー・チェーン……………6
　4. シームレスなアジア太平洋地域の市場構築に向けて ……………10
　5. APECにおける市場開放度と貿易コストの削減 …………………12
　6. おわりに……………………………………………………………21

第2章　競争様態の異なる市場地域の接触による
　　　　市場形態の変化 ……………………………………石川利治… 23
　1. はじめに……………………………………………………………23
　2. 円周小売市場における競争様態の相違と生産経営の利潤………24
　3. 競争様態の異なる市場地域の接触とその影響……………………29
　4. おわりに……………………………………………………………36

第3章　分権的多国籍企業の移転価格
　　　　――平成21年度税制改正の影響に関する一考察――
　　　　………………………………………………………小森谷徳純… 39
　1. はじめに……………………………………………………………39
　2. 分権的多国籍企業の基本モデル……………………………………40
　3. 分権的多国籍企業の中間財価格……………………………………43
　4. 平成21年度税制改正の中間財価格への影響………………………47

5. おわりに …………………………………………………………50

第4章　東アジア連携の共通テーマとしての「資源節約型，
　　　　環境保全型社会」の建設 ……………………孫　　立堅…53
  1. はじめに …………………………………………………………53
  2. アジア成長パターンの欠陥 ……………………………………55
  3. 転換コストの削減には，アジア共同の連携と努力が必要 …58

第5章　東アジアのFTAが企業・産業競争力に与える影響
　　　　…………………………………………………助川　成也…63
  1. はじめに …………………………………………………………63
  2. FTAが各国産業・企業に与える影響 …………………………71
  3. ASEAN＋1 FTA完成で変わる企業戦略 ………………………78
  4. おわりに …………………………………………………………84

第6章　東アジアの生産ネットワークの拡大と
　　　　日本企業の事業の再構築
　　　　――デジタル家電のケース―― ………………大木　博巳…87
  1. デジタル家電の生産ネットワークの拡大 ……………………87
  2. 東アジアにおける日本のデジタル家電メーカーの分業体制 …92
  3. 韓国，台湾企業の台頭 …………………………………………99
  4. リーマンショック後の市場の変化と日本企業の事業の再構築…106

第7章　アジア諸国の産業スカイラインと需要構造
　　　　……………………………………徐　　贇・長谷川聰哲…117
  1. はじめに …………………………………………………………117
  2. 分析の手法 ………………………………………………………118
  3. アジア諸国のスカイライン ……………………………………123

4．アジア諸国の需要構造……………………………………………141
　　5．おわりに……………………………………………………………160

第8章　日本の対外直接投資が投入構造に与えた影響
　　　　……………………………………………小野充人…165
　　1．低下する日本の国内投資比率……………………………………165
　　2．対外直接投資と輸入………………………………………………169
　　3．上昇する輸入浸透度………………………………………………177
　　4．輸入財が中間投入構造に与えた影響……………………………180

第9章　引力モデルによる職業移動の日米比較………原山　保…189
　　1．はじめに……………………………………………………………189
　　2．日本の中流幻想から格差拡大への移行…………………………192
　　3．米国の職業移動の二時点分析……………………………………206
　　4．おわりに……………………………………………………………212

第 1 章

変貌するグローバル経済と APEC の市場統合

1. はじめに

　第二次世界大戦後の世界は，平均して年率 6.2% の成長率で貿易が拡大してきた。こうした世界経済の深化する相互依存関係はグローバリゼーションと呼ばれている。今日のグローバリゼーションの波動は，労働，資本，財貨・サービス，そして技術などの移動の側面から確認することができる。

　1953 年の世界貿易に占める西欧域内貿易の比率が 18.3% であったものが，1973 年には 31.2% まで高まってきた。その後日本の輸出主導の経済成長が，世界経済に大きな影響を及ぼしてきた。日本の輸出主導型発展戦略に倣って，アジアの途上国は輸出を拡大することに成功した。アジア NIES や中国の世界貿易に占めるシェアは図 1-1 に表わされたように拡大してきた。世界経済の構造変化は，地域と国家のシェアの変化に限ったものだけではなく，その貿易される商品が，先進工業国と開発途上国との間で労働集約型の商品から次第に付加価値の高い資本，技術集約型の商品が変化してきた事実を確認することができる。こうした，特化パターンは各経済の発展戦略に大きく影響を受ける。最近の世界経済では，市場の枠組をどのように国際間でデザインして構築するかによっても，こうした国際経済取引に大きく影響が生じる。

　また，図 1-2 に見られるように先進工業国による輸出商品の占める割合が

図 1-1 変化する世界貿易の担い手 1953－2006

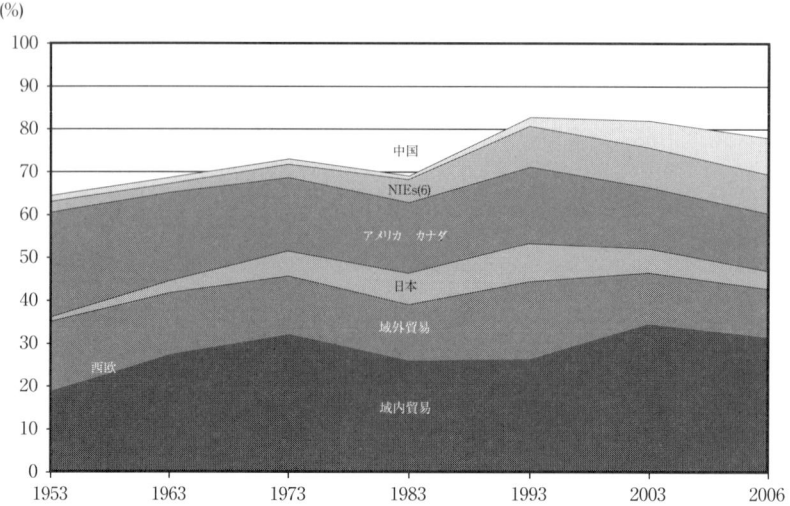

Note: Break in series between 1993 and 2003. Westerm Europe becomes Europe including Eastern Europe and Baltic States.
NIEs-Newly Industrialised Economies comprising Chinese Taipei: Hong Kong. China: Rep. of Korea: Malaysia: Singapore and Thailand.
Source: WTO Secretariat.

（出所）「世界貿易報告書」2008 年版。

図 1-2 工業国の主要輸出商品 1955－2006

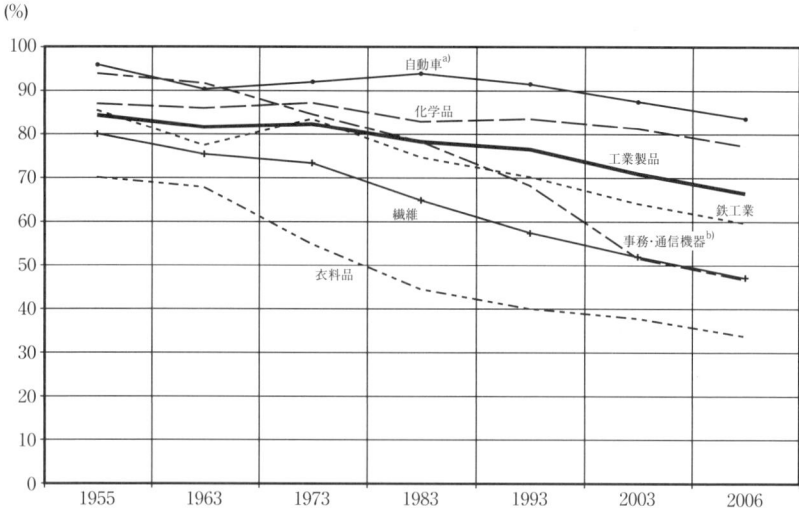

a) Road motor vehicles for the years 1955-73.
b) Break in time series between 1973 and 1983.

（出所）WTO「世界貿易報告書」2008 年版。

次第に労働集約型の産業から，資本集約型，技術集約型の産業において，そのウエイトを縮小し，開発途上国からの輸出品に代替されてきた。

2. 台頭するアジア太平洋地域における地域貿易協定

WTO（世界貿易機関）は，地域統合を地域貿易協定RTAと地域協力的形態に分類する。地域貿易協定は，EUのような関税同盟と，NAFTA（北米自由貿易協定）のようなFTA（自由貿易協定），および中間協定の3つの概念に細分される。したがって，1989年に設立されたアジア太平洋経済協力会議APECは，制度的な縛りが希薄な地域協力的形態に分類される。

地域貿易協定（RTA）は，近年では多角的通商制度（MTS）として際立っている特徴である。1990年代初頭以来RTAの急増が衰えることなく続いている。財とサービスのWTOに対する通告を個別に数えて，合計474件のRTAが2010年7月までにGATT/WTOに通告されている。351件のRTAが1947年GATT 24条規定の下に通告されている。31件の授権条項，GATS 5条の下に入るものが92件である。10月13日現在，実効下にあるものが288件である。

RTA全体のうちで実効下にあるものは着実に増加し，多くのRTAは現在交渉が進められ，強化する傾向にある。これらRTAの自由貿易協定（FTA）と部分的な範囲での協定は合わせて90%を占め，これに対して関税同盟は10%を占めるにとどまる。

ところが，WTOに通告されるべきRTAのリストに，APECはどこにも顔を出すことはない。EUや北米自由貿易協定NAFTAなどと違い，APECは制度的な枠組みとしての協定を締結してはいない。

世界経済の3極の1つであるEUの経済規模とAPECを比較したものが，次の図表（表1-1）である。この図表は，今や，人口やGDPにおいて，さらに貿易規模において，APECはEUを上回る規模にあることを示している。EUは，早くからWTOに規定されている地域貿易協定RTAという枠組みを構築してきた。これに比べて，APECの一部分の地域として，NAFTA（北米自由貿易協定）やAFTA（ASEAN自由貿易地域）はこれまでのところ，APEC全地域とし

表 1-1　APEC 加盟経済の主要経済指標，2008

	人口 （百万人）	国土 （1000 km²）	GDP (US$ billion)	1人当たり GDP, 2009 (US$ dollar)	貿易依存度 （対 GDP 比）	FD 純流入 (US$ billion)
オーストラリア	21.37	7,692.0	1013.46	46,824.1	38.2	46.77
ブブネイ・ダルサラム	0.40	5.8	14.55	37,053.0	146.7	0.24
カナダ	33.31	9,984.7	1499.55	45,085.3	62.5	44.71
チリ	16.76	756.1	169.46	10,117.0	76.5	16.79
中華人民共和国	1,325.64	9,640.0	4327.45	3,259.5	59.2	108.31
香港	6.98	1.1	215.35	30,725.9	354.4	63.00
インドネシア	228.25	1.860.4	511.76	2,238.9	52.0	7.92
日本	127.70	377.9	4910.69	38.457.2	31.5	24.43
韓国	48.61	99.7	929.12	19.136.2	92.0	7.60
マレーシア	27.00	331.2	221.61	8,118.2	182.8	8.05
メキシコ	106.35	1,964.4	1088.13	10,199.6	56.6	21.95
ニュージーランド	4.27	270.5	128.41	30.030.1	49.7	1.98
パプアニューギニア	6.45	462.8	8.09	1,306.0	113.3	−0.03
ペルー	28.84	1,285.2	127.46	4,447.8	48.3	4.81
フィリピン	90.35	300.0	166.91	1,845.2	64.8	1.52
ロシア	141.80	17,098.2	1676.59	11,806.9	47.5	70.32
シンガポール	4.59	0.7	181.94	38,972.1	362.0	22.72
台湾	23.04	36.2	391.35	15,987.9	123.5	5.43
タイ	67.39	513.1	273.31	4,116.3	136.8	10.09
アメリカ合衆国	304.06	9,629.1	14,441.42	47,439.9	24.4	316.11
ヴェトナム	86.21	331.2	89.63	1,042.4	158.0	8.05
APEC （対世界シェア，%）	2,699.37 40.3%	62,640.3 42.1%	32.386.44 53.5%	11,997.6	US$ 14,522 billn 44.9%	790.78 43.1%
Euro 地域 （対世界シェア，%）	497.65 7.4%	4,324.78 2.9%	13,665.48 22.4%	33.274.0	US$ 9,155 billn 28.3%	731.09 39.8%
世界	6,692.03	148,940.0	60.587.02	9,053.6	53.4 32,367	1834.61

（出所）以下のデータを用いて筆者が作成した。World Bank, World Development Indicators, Apl 2009：IMF, World Economic Outlook Database, October 2009 and international Financial Statistics：ADB, Key Indicators and Developing Asian and Pacific Countries：United Nations, Statgtical Yearbook for Asia and the Pacific, UNCTAD UNCTAD Handbook of Statisics online.

ては地域貿易協定を締結する段階に至ってはいない。その意味から，APEC は市場誘導型の地域統合と呼ぶことができる。

　以下の図 1-3 は，APEC 加盟国の GDP と貿易の変化率をプロットしたものである。貿易の成長が高い経済ほど，経済成長，経済発展のスピードが速いことが示されている。中国やヴェトナムの経済成長率の高さは，貿易の高い成長率と連動している。

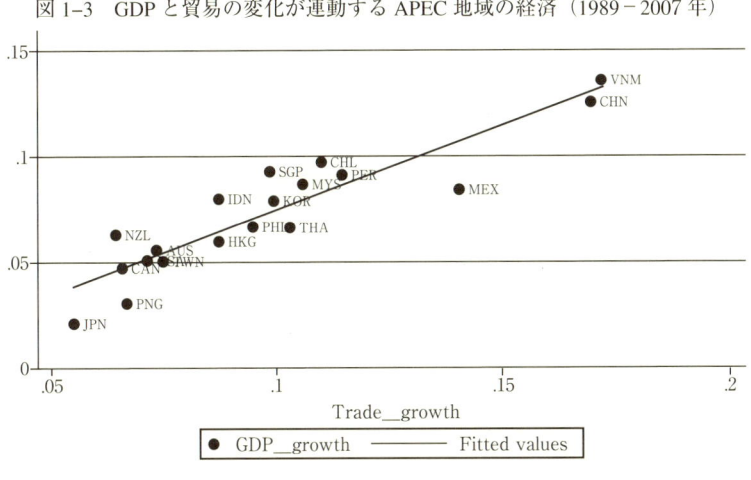

図 1-3　GDP と貿易の変化が連動する APEC 地域の経済（1989－2007 年）

GDP__growth = −0.00*** +0.79***Trade__growth;　#Obs = 19; R^2 = 0.832
　　　　　　　　(0.54)　　(9.17)

（出所）APEC Policy Support Unit, Trade Creation in the APEC Region : Measurement of the Magnitude of and Changes in Intra-regional Trade since APEC's Inception, Oct. 2009.

　ところが，図 1-5 に示すように，APEC 地域内貿易を輸出と輸入のそれぞれについて見てみると，2000 年以降は域内市場への依存比率が縮小していることが分かる。この域内依存度の縮小は何を意味するのであろうか。APEC の輸出も輸入も域外市場への依存を高めている（図 1-5）。域外の市場としての購買力が大きいこと，調達先としての競争力が生きがいの方が高いことがその理由として考えられる。

図1-4　APECとEUの総輸入額と域内貿易の推移

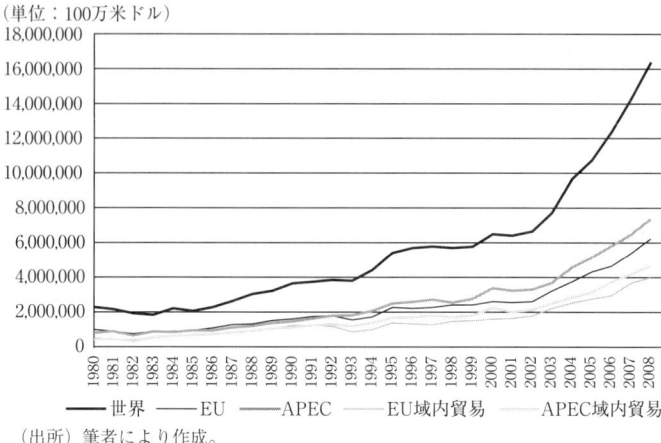

(出所) 筆者により作成。

図1-5　APEC地域の域内貿易のシェア

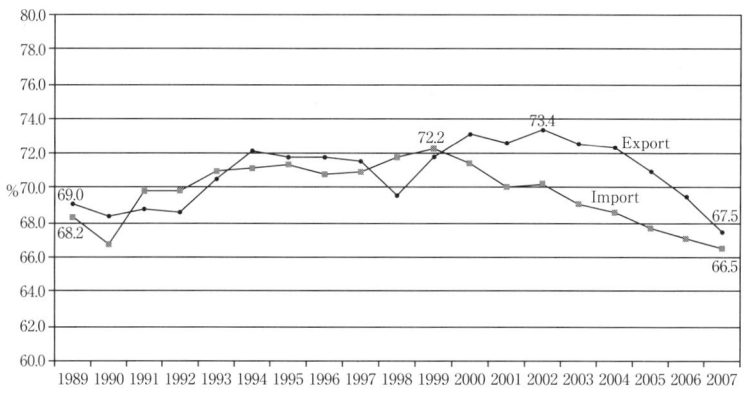

(出所) APEC Policy Support Unit, Trade Creation in the APEC Region : Measurement of the Magnitude of and Changes in Intra-regional Trade since APEC's Inception, Oct. 2009.

3. 世界貿易におけるグローバル・バリュー・チェーン

　輸出と輸入が双方向に行われる度合い，すなわち，産業内貿易の強度を表すGL（グルーベル＝ロイド）指数により世界の貿易を測ると，次の図1-6に示されるように，全ての種類の財貨で産業内貿易は高まっているが，中でも中間財の産業内貿易が最も重要な役割を果たしていることが分かる。

図1-6 グローバルな産業内貿易の発展（1962年－2006年）

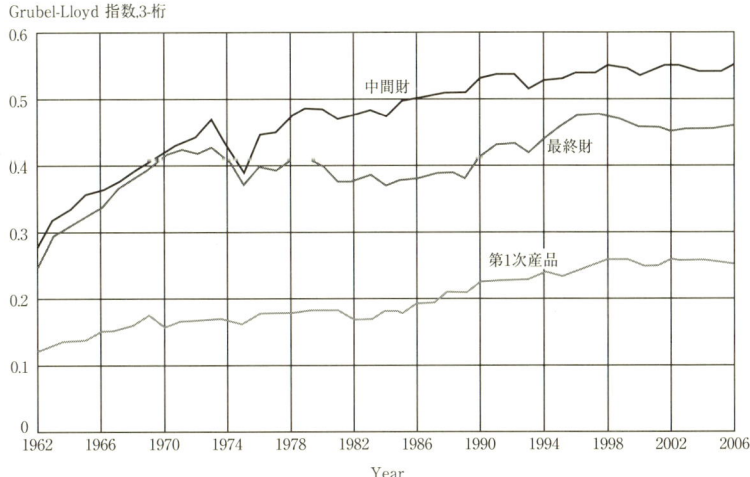

（出所）世界銀行「世界貿易報告書」2008。

　こうした企業間で供給したものを購入して付加価値を生み出す実態は，B2B（Business to Business）取引と呼ばれる。経済が成長するにつれて，このようなB2B取引の割合が現代の世界では高まっている。こうしたB2B取引の実態は産業連関表の中の中間財取引の部分を利用し，産業別にその特徴を観察することができる。

　OECD（経済開発協力機構）では，各国共通の産業分野で，比較可能な産業連関表を公表している。これを利用して，グローバル化した企業活動の中で，各国がオフショアリングをどのような産業でどの程度の割合で進めているのかを知ることができる。

　世界の貿易は，B2B取引，すなわち産業活動の中での調達である資材，部品などの中間財需要が大きな役割を占めている。

　こうした外国との取引はオフショアリング Offshoring と呼ばれる。オフショアリングを含めた企業の中間財取引を概念的に描くと，次のように整理することができる。

表 1-2　企業の中間財投入としての財貨・サービスの調達チャネル

		系列企業	Outsourcing（外部調達）非系列企業
	自国	企業内国内調達	国内外部調達
海外調達オフショアリング	外国	対外直接投資企業内貿易	国際外部調達企業間貿易

（出所）WTO, *World Trade Reort 2008-Trade in a Globalizing World*, 2008, p. 99.

　各国の経済活動の中で，オフショアリングがどのくらい進んでいるかを見るために，いくつかの指標がある。以下の 2 つの指標[1]は，いずれも各国の産業連関表を利用して，計算することのできる指標である。

a）オフショアリング指数（offshoring index）

　特定の産業の生産活動における総投入物のうち輸入した投入物をどれくらい利用しているかの割合を示す指標をオフショアリング指数と呼ぶ。

$$OI_c = \frac{\Sigma_i \Sigma_j \,(i\,産業による\,j\,産業の輸入投入財)}{\Sigma_i \Sigma_j \,(i\,産業による\,j\,産業の国内投入財 + 輸入投入財)}$$

b）垂直的特化指数（vertical specialization）

　特定の産業が財貨・サービスを輸出する場合に，輸入財貨・サービスをどれくらい利用しているかの割合を示す指標を垂直的特化指数と呼ぶ。

$$VS = uII\,(I - DI)^{-1} X$$

ただし，u は $1 \times n$ 単位ベクトル，II は $n \times n$ 輸入投入係数マトリックス，I は $n \times n$ 単位マトリックス，DI は $n \times n$ 国内投入係数マトリックス，そして X は $n \times 1$ 輸出ベクトル，n は産業の数である。ここでは，垂直的特化の指標を用いることにしよう。

　Miroudot-Ragoussis（2009）によると，経済規模の大きな国ほど垂直的特化の割合が少ない傾向にあることが示されている。近年では，先進工業国の企業が垂直的特化に急速的に移行していることが分かる。OECD 諸国の中でも，とりわけ日本の変化は大きいが，日本ばかりではなく，欧米主要工業国をはじめ，

---

1)　OECD (2007), *Offshoring and employment-Trends and impacts*, Paris : OECD. および，WTO (2008), World Trade Report, WTO.

第1章 変貌するグローバル経済とAPECの市場統合 9

図1-7 貿易に占める垂直的特化（輸出財に含まれる輸入投入財）のシェア（2005年）

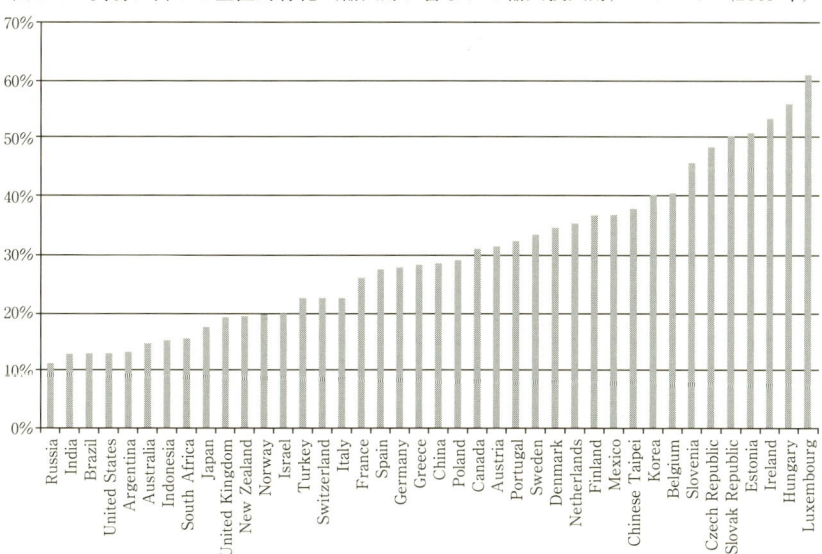

（出所）Sébastien Miroudot and Alexandros Ragoussis, "VERTICAL TRADE, TRADE COSTS AND FDI" OECD Trade Policy Working Paper No. 89, OECD, July 2009.

図1-8 垂直的特化シェアの変化率（1995/2005）

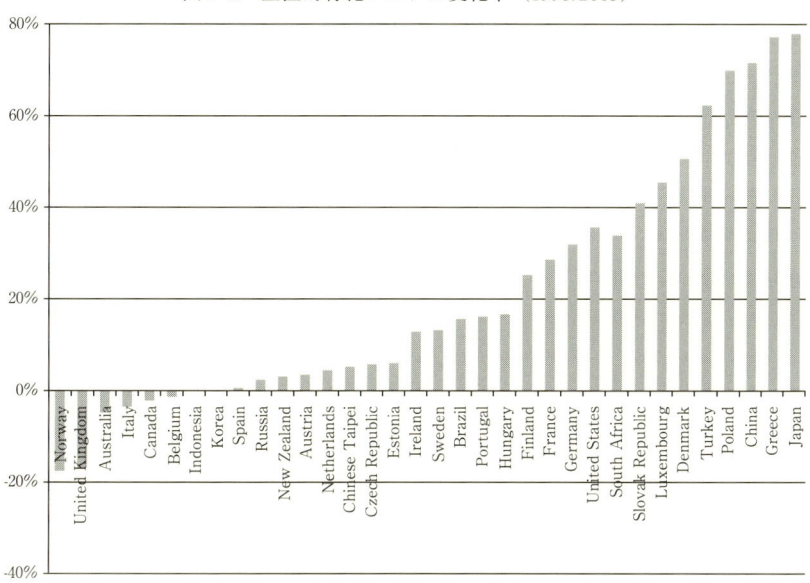

（出所）Sébastien Miroudot and Alexandros Ragoussis, "VERTICAL TRADE, TRADE COSTS AND FDI" OECD Trade Policy Working Paper No. 89, OECD, July 2009.

図 1-9　産業別垂直特化指数の変化

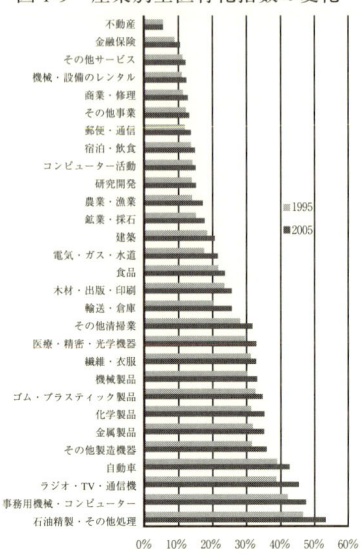

（出所）Miroudot-Ragoussis（2009），同上．

中国でもこうした傾向が認められる。このような垂直的特化は，グローバル・サプライ・チェーンを確立しようとする自動車やハイテク産業で顕著に行われている。（図1–7，図1–8）

4．シームレスなアジア太平洋地域の市場構築に向けて

下記の図（図1-10）は，世界銀行の報告した海上輸送の世界の濃密度偏りに関するレポートを引用したものである。北の先進国間の海上輸送航路は夥しく集中しているが，南の途上国を結ぶ航路は希薄であることが示されている。

アジア開発銀行のレポート『シームレス・アジアのためのインフラ』（2009）は，アジアにおける市場統合におけるインフラストラクチャーの重要性を指摘している。このレポートでは多くのハードな側面でのインフラプロジェクトに関しての展望が行われている。アジア地域のインフラ整備についてのグランドデザインとして，155の国境を跨ぎ，14万キロに及ぶアジア大の規模で標準化されたハイウェー構想がある。これは，1992年にUNESCAPによりアジア大

第1章　変貌するグローバル経済と APEC の市場統合　11

図 1-10　海上輸送航路の集約度（2004 年 10 月から 1 年間）

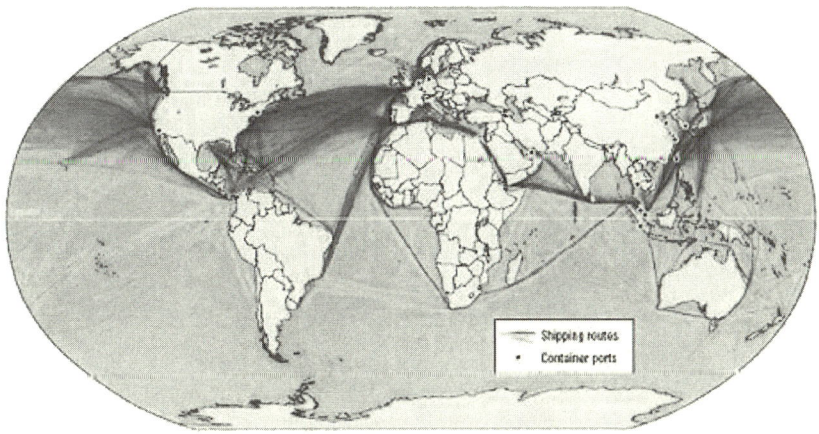

（Note）Container ports shown are the 20 largest by TEU of total containers handled in 2005.
出所：世界銀行「世界開発報告 2009」2008.

図 1-11　アジア・ハイウェー・ネットワーク

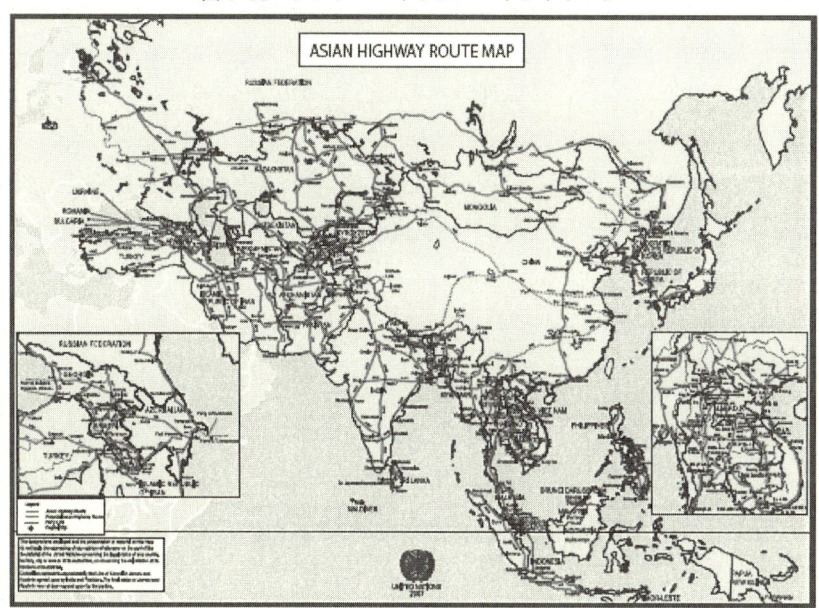

（出所）アジア開発銀行『シームレス・アジアのためのインフラ』2009.

陸輸送インフラ開発（ALTID；Asian Land Transport Infrastructure Development）として立ち上げられたもので，3つの柱からなるその1つが，アジア・ハイウェー（AH）である（図1–11）。他に，アジア横断鉄道構想（TAR）と，陸海空複合輸送ターミナルを通じた陸上輸送プロジェクト（dry and inland ports）である。

5. APECにおける市場開放度と貿易コストの削減

アンダーソン等（J. E. Anderson-E. van Winccop, 2004）[2]によれば，貿易費用は広義に定義すると，財貨自体の生産コストの限界費用以外の最終ユーザーがその財貨を入手する上で負わなければならない全ての費用を含むもので，これには，輸送費（運送費用，時間コスト），政策障壁（関税，非関税障壁），情報費用，契約実行費用，異なる通貨を利用することに掛かる費用，法制上の費用，および地域の流通費用（卸売，小売）が含まれる。そして，この研究によれば，生産原価が1ドルのバービー人形が米国の消費者にわたるときには10ドルになるほどに貿易費用は大きなコストである（R. Feenstra, 1998）と指摘する。具体的には，工業国の代表的な貿易費用を従価換算（商品の金額に対してパーセンテージ表示）で推計すると，概算で170％相当になるとアンダーソン等の研究は指摘する。これは，生産原価が1000円の商品を消費者は2700円で支払わなければならないことを意味している。その内訳は，輸送費が21％，国境関連貿易障壁が44％，小売・卸売流通コストが55％であり，これらを合算すると最終ユーザーの支払価格が170％高くなるというのである。

最終ユーザーの価格＝（1＋0.21）×（1＋0.44）×（1＋0.55）×生産原価

同研究グループの試算では，政策に関連した貿易費用は国民所得の10％以上の金額に匹敵するとしている。貿易輸送費が仮に1％削減できるとした場合，世界所得は300億から400億ドルの増加をもたらすとの推計（François et al., 2005）がある。

APEC地域に限定した研究（APEC, 2002）では，貿易円滑化，とりわけ，貿

---

2) J. E. Anderson and E. van Winccop (2004), "Trade Costs", Journal of Economic Literature. 42. 3. pp. 691–751.

易に掛かる書類及び手続きは，輸送される財貨の金額の4%～7%に概算されている。

APEC域内で通関手続きが簡素化され，貿易が円滑化すると，APEC参加経済の実質GDPはおよそ0.26%（金額で，450億米ドル）増加すると推計されている。これに比べて，貿易の自由化によってもたらされる実質GDPの上昇は0.14%（およそ230億米ドル）と考えられていることから，いかにAPECがこれまでも，そしてこれからも取り組もうとしている貿易及び投資の自由化の影響が大きいかを理解することができる。

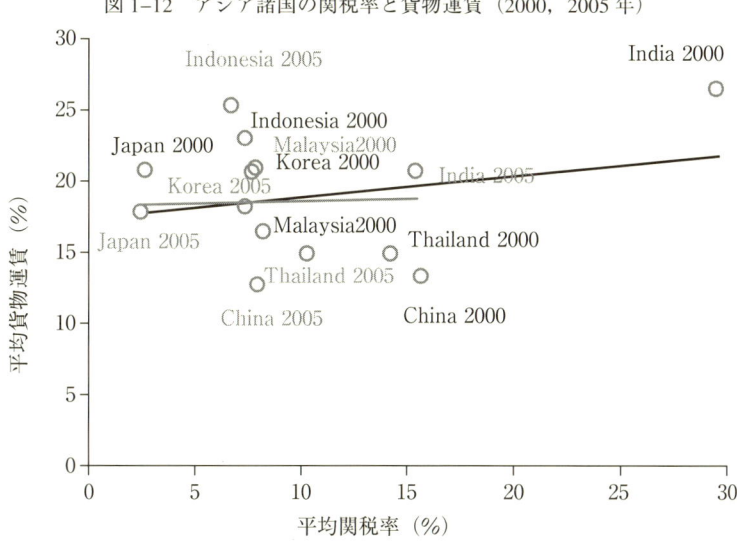

図1-12 アジア諸国の関税率と貨物運賃（2000，2005年）

（出所）D. H. Brooks and D. Hummels (eds.), Infrastructure's Role in Lowering Asia's Trade Costs ; Building for Trade, ADB Institure, 2009.

上の図表（図1-12）は，アジアの経済の貿易に付随する関税率と貨物運賃を，2000年と2005年についてのデータを加工して平均値を求めてプロットされたものである（Brooks-Hummels, (eds.), 2009）。いずれも，一定の商品価格に対して，何パーセントの関税と運賃が付加されることになるのかを示している。2000年と較べて，2005年の関税と貨物運賃の水準は改善していることが分かる。こうした出荷価格に付加的なコストが貿易費用と呼ばれ，企業がオフショ

アリングを進めたり，またグローバル・バリュー・チェーンと呼ばれる生産拠点を決定する上での障壁となっている。

　ところが，アジア地域の途上国の市場は，グローバルに活動する企業にとってどれほど魅力的であろうか。次の表（表1–3）は，世界のオフショアリング費用に関わる指標を示している。APEC地域は，先進工業国や後発途上国まで，1人当たりの所得水準で比較してみると，大きなばらつきをもった加盟国が含まれている。企業活動を国境を越えて展開する上で，途上国では，その社会的なインフラが十分に整備されていないため，せっかくの生産資源や市場があっても，企業はその経済への進出に消極的にならざるを得なくなる。

　WTOと世界銀行によるDoing Buisiness Databaseには，上記のサマリーだけではなく，各国別の評価が報告されている。ちなみに，2010年の米国，日本，そして中国のランキングは，それぞれ世界の中で4位，15位，89位である。こうした評価は，世界の中でのその経済の貿易や直接投資の拡大とリンクしていることはいうまでもない。表1–13で示した所得で地域を区分した場合のオフショアリングのコストからも，インフラストラクチャーの整備が貿易費用に影響することが示唆されている。

　APECを構成する経済の経済発展水準（1人当たりGDPで測ると）は，最も高い米国から，最も低いヴェトナムまでと大きな格差が存在している。これらの経済格差は，言い換えると，インフラストラクチャーの格差でもあるといえよう。ハードな側面でのインフラ整備だけではなく，法制度や，雇用，人材育成といった面でのソフトな改革も発展への必須条件となる。

　対内直接投資のストックの値に対するGDPの比率を計算したものを，各エコノミーが市場をどの程度開放しているかを示す解放度指標（図1–3）とみることができる。APECエコノミーは，1996年から2008年の間，海外直接投資の誘致に大きく成功してきた。しかしながら，この指標の定義から比較する限り，投資に対する開放が進んでいるエコノミーは，香港，シンガポール及びブルネイである。これに対し，他のエコノミーと比べ，相対的に日本，中国，韓国，および台湾は開放努力が遅れている。加えて，APECは，EUおよび世界

表1-3 グローバル企業の生産工程を分断するインフラストラクチャー
オフショアリング費用の決定因についての国際比較

	高所得国	中所得国	低所得国
運輸インフラの質			
空港の質，指数 0-7（2005）	5.9	4.2	3.3
港湾インフラの質，指数 0-7（2005）	5.5	3.5	2.9
舗装された空港（1000 km² 当たり，2006）	2.6	1.2	0.1
通信インフラの質			
電話回線（1000 人当たり，2005）	499.6	210.1	36.7
携帯電話（1000 人当たり，2005）	837.8	376.7	76.5
インターネット利用者（1000 人当たり，2005）	523.4	114.3	44.0
回線接続障害（100 回線当たり，2005）	8.4	16.8	40.5
ビジネス遂行の為の制度の質			
法の原則，指数 −2.5~2.5（2006）	1.2	−0.2	−0.9
契約履行に要する時間（日数，2006）	548.2	629.1	625.0
契約履行に要する手続（件数，2006）	34.2	38.2	40.8
契約履行に要する費用（請求額に対する％，2006）	20.0	28.7	53.6
時間に関連した障壁			
ビジネス開始に要する時間（日数，2006）	22.2	51.3	58.3
免許取得に要する時間（日数，2006）	162.6	217.7	265.0
輸出書類（件数，2006）	4.8	7.2	8.6
輸出に要する時間（日数，2006）	11.3	25.0	41.0
輸入に要する時間（日数，2006）	12.9	29.3	49.6

（出所）WTO『世界貿易報告書』2008 年版.

平均よりも低い水準にとどまっています。APEC 地域は，さらなる市場開放努力が求められる。残念なことに，APEC 地域としての市場開放度の最下位に日本が位置している。活力ある海外企業の経営資源を国内に取り込む努力が，強

表 1-4 投資先としての APEC 経済のビジネス環境（2010 年）
Ease of Doing Business の APEC 経済ランキング（2010 年）

経済	ビジネス遂行の容易さ Ease of Doing Business Rank	起業 Starting a Business	建築物認可取得 Dealing wiith Constration Perrmits	労働者雇用 Employing Workers	登記 Registering Property	信用取得 Geting Credit	投資家保証 Protecting investors	直税 Paying Taxes	外国貿易 Trading Across Borders	契約履行の強制力 Enforcing Contracts	事業終結 Closing a Business
シンガポール	1	4	2	1	16	4	2	5	1	13	2
ニュージーランド	2	1	5	15	3	4	1	9	26	10	17
香港	3	18	1	6	75	4	3	3	2	3	13
アメリカ合衆国	4	8	25	1	12	4	5	61	18	8	15
カナダ	8	2	29	17	35	30	5	28	38	58	4
オーストラリア	9	3	62	1	34	4	57	47	27	16	14
タイ	12	56	13	52	6	71	12	88	12	24	48
日本	15	91	45	40	54	15	16	123	17	20	1
大韓民国	19	53	23	150	71	15	73	49	8	5	12
マレーシア	23	88	109	61	86	1	4	24	35	59	57
チャイニーズ・タイペイ	40	29	97	153	30	71	73	92	33	90	11
チリ	49	69	67	72	42	71	41	45	56	69	114
メキシコ	51	90	37	136	99	61	41	106	74	81	24
ペルー	56	112	117	112	28	15	20	66	91	114	99
中華人民共和国	89	151	188	140	32	61	93	125	44	18	65
ヴェトナム	93	116	69	103	40	38	172	147	74	32	127
ブルネイ・ダルサラーム	96	153	74	4	183	113	119	22	48	160	37
パプアニューギニア	102	104	121	26	83	135	41	96	69	162	37
ロシア	120	106	182	109	45	87	93	103	162	19	92
インドネシア	122	161	61	149	95	113	41	127	45	146	142
フィリピン	144	162	111	115	102	127	132	135	68	118	153

（出所）Doing Business Measuring business regulations. 2010. http：//www.doingbusiness.org/econo-myrankings/

く求められる。

　アジア太平洋地域における，経済的な発展，繁栄の為には，経済活動の障壁を軽減，撤廃するこうした基礎的なインフラストラクチャーを整備して，アジア規模でのシームレスな（繋ぎ目のない）統合市場を確立することが求められている。2010 年 11 月横浜で開催される APEC 首脳会議までの日本の議長国としての役割は，こうしたアジア大でのシームレス市場を整備することに対してどれだけリーダーシップを発揮できるかにある。地域経済協力のフォーラムから，強制力の伴う地域貿易協定として，自由な貿易市場の統合に向かって，どれほど前進できるかは，最大経済，貿易規模を誇る米国，日本そして中国，韓国の準備如何にかかってくる。そして，その各国の準備とは，国内の農業を中心とした産業調整をどのように国民経済として合意していけるかにかかっている。

図 1-13 APEC 経済の開放度

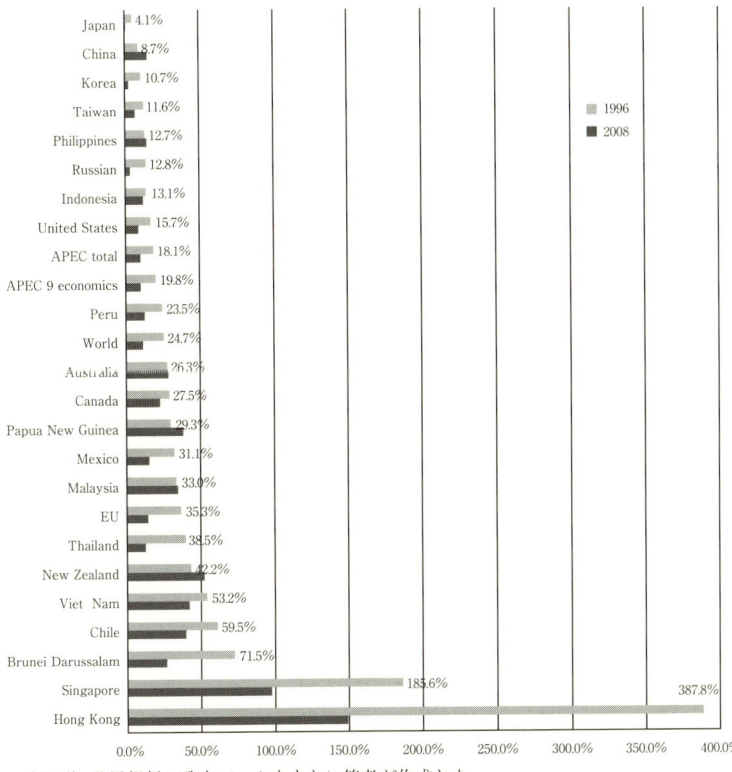

(出所) 世界銀行の公表データをもとに筆者が作成した。

　2008 年の APEC エコノミーの平均関税を比較 (表 1-5) してみると, 全ての分野における APEC 全体の平均関税率は 6.2% であり, EU の 5.6% より高いが, チリとペルーを除く APEC 2010 年評価対象国の全分野における平均関税率は EU よりも低くなっている。農業分野については, APEC 全体の平均関税率は 15% であり, 僅かではあるが EU の 16% を下回っています。非農業分野については, APEC 全体の平均関税率は 5% であり, EU の 4% よりも僅かに高いものの, 概して APEC 2010 年評価対象国の平均関税率は EU よりも低くなっている。

　さらに, 次の表 1-6 は, APEC 各エコノミー及び EC の WTO における譲許税率と 2008 年時点における実行税率について表わしたものである。日本は,

表 1-5　APEC 経済の平均関税率

	(a) 輸入額（US 百万ドル）			(b) 単純平均 MFN 実行関税（%）		
	Total	農産品	非農産品	Total	農産品	非農産品
オーストラリア	180236	10436	169800	3.5	1.3	3.9
ブルネイ*	1668	288	1380	2.5	0.1	2.9
カナダ	404859	31243	373616	4.7	11.5	3.7
チリ	56447	4554	51893	6	6.1	6
中国	1127140	86830	1040310	9.6	15.6	8.7
香港	388333	16502	371831	0	0	0
インドネシア	126080	13312	112768	6.9	8.5	6.7
日本	749215	80627	668588	5.4	23.6	2.6
韓国	433444	26355	407089	12.2	49	6.6
マレーシア	1526411	13355	139286	8.8	14.7	8
メキシコ	303555	25920	277635	12.6	22.9	11.1
ニュージーランド	34008	3396	30612	2.2	1.4	2.3
パプアニューギニア**	1559	271	1288	4.9	13.9	3.6
ペルー	29064	3608	25456	6.1	10	5.5
フィリピン	60109	6948	53161	6.3	9.7	5.7
ロシア	288359	34268	254093	10.8	14.2	10.2
シンガポール	308869	10020	298849	0	0.2	0
台湾	236283	12554	223729	6.1	16.9	4.5
タイ	172407	11668	160739	10.5	25.2	8.2
アメリカ合衆国	2090928	115908	1975020	3.5	5.3	3.3
ベトナム	75379	7714	67665	16.8	24.2	15.7
APEC total	7220583	615775	6704808	6.2	15.0	5.0
European Communities	4238700	458650	3780050	5.6	16.0	4.0
世界	15839003	1413383	14425620			

(Note) All data of import are for 2008, except Brunai Darussalam and Papua New Guinea.
　　　*import data for 2006 and ** for 2004.
　　　Tariff rate of APEC total is the average of mambers' MFN applied traiff waighted by import.
(出所) WTO, World Traiff Profiles 2009, 2009 and WTO, INTERNATIONAL TRADE STATISTICS 2009, 2009 をもとに筆者が作成した。

表1-6 APEC経済の譲許関税率と実行関税率

		全貿易財		農産品（AOA）		非農産品	
		譲許税率	実行税率2008	譲許税率	実行税率2008	譲許税率	実行税率2008
2010年評価対象国	オーストラリア	9.9	3.5	3.3	1.3	11.0	3.9
	カナダ	6.5	4.1	14.5	11.3	5.3	3.7
	チリ	25.1	6.0	26.0	6.1	25.0	6.0
	香港	0.0	0.0	0.0	0.0	0.0	0.0
	日本	5.4	5.4	24.0	23.6	2.5	2.6
	韓国	17.0	12.2	59.3	49.0	10.2	6.6
	マレーシア	25.7	6.8	83.4	14.1	14.9	8.0
	メキシコ	36.1	12.6	44.2	22.9	34.9	11.1
	ニュージーランド	10.0	2.2	5.7	1.4	10.6	2.3
	ペルー	30.1	6.1	30.8	10.0	30.0	5.5
	シンガポール	10.7	0.0	29.1	0.2	6.3	0.0
	台湾	6.5	6.1	17.8	16.9	4.8	4.5
	アメリカ合衆国	3.5	3.5	4.8	5.3	3.3	3.3

		全貿易財		農産品（AOA）		非農産品	
		譲許税率	実行税率2008	譲許税率	実行税率2008	譲許税率	実行税率2008
2020年評価対象国	ブルネイ	25.4	2.6	31.0	0.1	24.5	2.9
	中国	10.0	9.6	15.8	15.6	9.1	9.7
	インドネシア*	37.1	6.9	47.1	8.5	35.6	6.7
	パプアニューギニア	32.1	4.9	45.1	13.9	30.1	3.6
	フィリピン	25.6	6.3	34.7	9.7	23.4	5.7
	ロシア	−	10.8	−	14.2	−	10.2
	タイ*	28.6	10.5	42.7	25.2	25.6	8.2
	ベトナム*	11.4	16.8	18.5	24.2	10.4	15.7

欧州共同体	5.5	5.6	15.9	16.0	3.9	4.0

(Note) The figures of economies attached with* are for the year 2007.
(出所) WTO, World Trade Profiles 2009, 2009 をもとに筆者が作成した。

非農産品についての関税率は低いのであるが，農産品にかかる関税は，欧州共同体と較べても，はるかに高い水準にある。個別の品目についての高関税率がかけられているものには，従価関税率に換算して示すと，今なおコメには784％もの税率，主要穀物には200％を上回る関税がかけられている。

　市場の閉鎖性についての評価は，他にもある。世界銀行によって公表される「ビジネス遂行の容易さに関するランキング」*と呼ばれる指標は，投資先経済におけるビジネス・プロセスに係る多くの要因（起業，建設許可，労働者の雇用，登記，融資，投資家保護，税金，越境取引，契約履行の強制力，事業終結）について評価している。ここでは，世界銀行グループのDoing Business機関が公表するビジネス環境に関する世界各国のランキングのうち，APEC加盟経済を中心に比較してみたものが以下の表1–7である。

　この指標には，以下の項目の評価が含まれ，それらが加重され，最終的な「ビジネス遂行の容易さ」についての指標が示されている。

(1) Starting a Business （起業）

(2) Dealing With Construction Permit （建築許認可取得）

(3) Employing Workers （労働者雇用）

(4) Registering Property （登記）

(5) Getting Credit （信用取得）

(6) Protecting Investors （投資家保護）

(7) Paying Taxes （徴税）

(8) Trading Across Borders （外国貿易）

(9) Enforcing Contracts （契約履行の強制力）

(10) Closing a Businesss （事業終結）

*Doing Busisnessのホームページ：http://www.doingbusiness.org/economyrankings/

　これに加えて，次表の2007年についてのOECDの「海外直接投資規制制約指標」は，対外直接投資に関わる投資先の経済の規制について評価したものである（表1–8）。指標は9つのセクターと11のサブセクターを含んでおり，APECに属するオーストラリア，カナダ，日本，ニュージーランド及び米国

表1-7 ビジネス遂行の容易さに関するランキング（2010年）
Ease of Doing Business の APEC 経済ランキング（2010年）

経済	ビジネス遂行の容易さ Ease of Doing Business Rank	起業 Starting a Business	建築物認可取得 Dealing with Construction Perrmits	労働者雇用 Employing Workers	登記 Registering Property	信用取得 Geting Credit	投資家保証 Protecting inverstors	直税 Paying Taxes	外国貿易 Trading Across Borders	契約履行の強制力 Enforcing Contracts	事業終結 Closing a Business
シンガポール	1	4	2	1	16	4	2	5	1	13	2
ニュージーランド	2	1	5	15	3	4	1	9	26	10	17
香港	3	18	1	6	75	4	3	3	2	3	13
アメリカ合衆国	4	8	25	1	12	4	5	61	18	8	15
カナダ	8	2	29	17	35	30	5	28	38	58	4
オーストラリア	9	3	62	1	34	4	57	47	27	16	14
タイ	12	56	13	52	6	71	12	88	12	24	48
日本	13	91	45	40	51	15	16	123	17	20	1
大韓民国	19	53	23	150	71	15	73	49	8	5	12
マレーシア	23	88	109	61	86	1	4	24	35	59	57
チャイニーズ・タイペイ	40	29	97	153	30	71	73	92	33	90	11
チリ	49	69	67	72	42	71	41	45	56	69	114
メキシコ	51	90	37	136	99	61	41	106	74	81	24
ペルー	56	112	117	112	28	15	20	66	91	114	99
中華人民共和国	89	151	180	140	32	61	93	125	44	18	65
ヴェトナム	93	116	69	103	40	38	172	147	74	32	127
ブルネイ・ダルサラーム	96	153	74	4	183	113	119	22	48	160	37
パプアニューギニア	102	104	121	26	83	135	41	96	69	162	37
ロシア	120	106	182	109	45	87	93	103	162	19	92
インドネシア	122	161	61	149	95	113	41	127	45	146	142
フィリピン	144	162	111	115	102	127	132	135	68	118	153

（Date source）Doing Business Measuring business regulations. 2010. http://www.doingbusiness.org/economyrankings/

は，電気通信，ホテル・レストラン及び運輸分野を除く全ての分野において，非 OECD 諸国よりも海外直接投資において制約が少なくなっている。このように，APEC 先進工業国は外国企業に対してより良好な投資環境を提供していることが分かる。

6．おわりに

2006 年にシンガポール，ブルネイ，チリ，ニュージーランドにより締結した「環太平洋戦略的経済連携協定」TPP（Trans-Pacific Partnership）が，米国，オーストラリア，ヴェトナム，ペルー，マレーシアを加えて，9 カ国のメンバーによる自由市場が確立されるつある。本年の APEC 会議において，これにカナダ，メキシコ，タイ，中国，そして日本が関係国との協議に入る。これらの，

参加国が市場統合の枠組みを確立するには，例外のない関税保護の撤廃が求められることになる。2010年の APEC 会議に向けて，9か国＋αが自由化達成評価対象国（卒業国）として，その達成度が確認されることになっている。しかしながら，TPP に加盟の意志を表明している経済の中には，いまだにこのボゴール目標する現時点で達成する段階に至っていない経済があることは確かである。日本の国内の産業構造の調整として残されているのは，農業の改革が最大の課題である。

表 1-8　対外直接投資 FDI 規制指標（1＝閉鎖，0＝開放）

	オーストラリア	カナダ	日本	ニュージーランド	米国	チリ	6 APEC 工業経済平均	OECD 平均	非OECD 平均	総平均
ビジネス・サービス										
法律	0.235	0.200	0.100	0.125	0.075	0.125	0.143	0.217	0.266	0.236
会計	0.235	0.200	0.100	0.125	0.025	0.025	0.118	0.192	0.178	0.189
建築	0.185	0.150	0.025	0.125	0.025	0.025	0.089	0.090	0.153	0.110
エンジニアリング	0.185	0.150	0.025	0.125	0.025	0.025	0.089	0.090	0.088	0.088
小計	0.210	0.175	0.063	0.125	0.038	0.050	0.110	0.148	0.179	0.159
通信										
固定	0.685	0.525	0.286	0.480	0.025	0.025	0.336	0.194	0.244	0.200
携帯	0.185	0.525	0.025	0.125	0.025	0.025	0.152	0.139	0.0194	0.146
小計	0.560	0.525	0.221	0.391	0.025	0.025	0.291	0.180	0.232	0.186
建築	0.185	0.150	0.025	0.125	0.025	0.025	0.089	0.070	0.125	0.086
流通	0.185	0.150	0.025	0.125	0.025	0.025	0.089	0.068	0.137	0.089
金融										
保険	0.185	0.200	0.025	0.125	0.175	0.025	0.123	0.131	0.205	0.150
銀行	0.300	0.225	0.075	0.125	0.275	0.025	0.171	0.153	0.203	0.168
小計	0.274	0.219	0.064	0.125	0.252	0.025	0.160	0.148	0.204	0.164
ホテル・レストラン	0.185	0.150	0.025	0.125	0.025	0.025	0.089	0.068	0.075	0.070
輸送										
航空	0.635	0.675	0.675	0.574	0.650	0.475	0.614	0.439	0.460	0.451
海上	0.485	0.300	0.275	0.225	0.275	0.575	0.356	0.276	0.266	0.273
陸上	0.185	0.250	0.025	0.125	0.025	0.345	0.159	0.102	0.183	0.125
小計	0.471	0.413	0.356	0.320	0.346	0.494	0.400	0.295	0.313	0.302
電気	0.185	0.350	0.025	0.225	0.125	0.025	0.156	0.322	0.537	0.378
製造業	0.185	0.150	0.025	0.125	0.025	0.025	0.089	0.072	0.114	0.083
合計	0.267	0.228	0.101	0.170	0.119	0.107	0.165	0.144	0.189	0.157

（出所）OECD's FDI REGULATORY RESTRICTIVENESS INDEX (Dec, 2006).
Index for Australia and the aggregated figures were revised in 2007 edition.

第 2 章

競争様態の異なる市場地域の接触による市場形態の変化

1. はじめに

　交通機関が未発達な時代あるいは地域において，また高い関税，強い規制が課されている地域では，それぞれ独立した市場地域が個別に形成されることになる。このような個別の市場地域ではそれぞれ異なった様態の市場が構築される可能性が高いと考えられる。例えば，同じ種類の財であっても小売経営間の競争形態が異なれば，小売経営の数と店頭渡価格，そして生産経営の生産量および工場渡価格はかなり異なったものになる。したがって，同じ種類の財が生産，販売されるにしても，市場地域が異なれば，その地域の経済的な様相はかなり相違してくることになる。

　時代の進展につれて交通機関における技術革新や整備の進展，さらに関税の引き下げと規制緩和は個別に形成された市場地域を接触，連結させることになる。本章での第1の課題はこのように異なる様態をもつ市場地域が接触する場合に，どのような変化が市場地域において生じてくるかを考察するものである。第2の課題は市場地域の接触により引き起こされる市場地域の変化は，産業立地論や空間経済学において時折用いられる引渡価格を重視するモデルにより首尾良く考察されることを明確に指摘することである。

本章の構成は次のようである。次の2節では基本的な仮定を説明し，分析枠組を構築する。すなわち，独立している2つの円周で示される市場地域を構成し，空間的独占競争のもとにある小売経営と独占の立場にある生産経営の利潤関数を導出する。そして，小売経営間での競争形態として2つの形態を想定する。次いで各市場地域における小売経営の数，店頭渡価格，生産経営の利潤を導出する。3節においては最初に異なる競争形態を有する市場地域が1つの交通路で結ばれ接触するものと仮定する。この接触によりいかに既存の市場地域の構成が崩れ，新しい市場構成が形成されるかを明らかにする。すなわち，小売経営の新しい店頭渡価格，生産経営の利潤を導出する。続いて，このような変化は財の引渡価格を基点として始まり，小売経営の店頭渡価格，生産経営の店頭渡価格を変化させ市場地域の様態を改変させることを考察する。このような価格決定の機構は引渡価格を中心に展開される既存のモデルにより首尾良く説明できるものであり，この型のモデルの重要性を明らかにする。4節は上記の分析を要約し結論する。

2. 円周小売市場における競争様態の相違と生産経営の利潤

2-1 小売経営および生産経営の利潤関数の導出

財市場における小売経営間の競争形態の相違がいかに小売そして生産経営の利潤に影響するかの考察のための基本的仮定と枠組をこれまでの考察にそって説明する（石川，2006）。次いで小売経営と生産経営の利潤関数を導出することにしょう。図2-1で示される半径Uの円周上に消費者が均等に密度1で居住し，各消費者は小売経営により販売される財に対して(1)式で示される需要関数を有する。

$$q = a - p_r - t\theta U \tag{1}$$

ただし q は需要量，a は消費者の最大需要価格，p_r は小売経営が課す財の店頭渡価格。$t\theta U$ は消費者から小売経営までの輸送費であり，t はその運賃率，θ

U はその距離を表す。θ は当該の消費者と中心点 O を結ぶ線が，小売経営と点 O を結ぶ線が中心点 O で作る角度である。

　小売経営は円周上に均等間隔で立地し生産経営から消費財を仕入れ利潤 Y_r を最大化する店頭渡価格で消費者に財を販売する。生産経営は円の中心点 O に立地し財の生産を独占して行う。生産経営から各小売経営までの財の輸送費は生産経営が負担する。

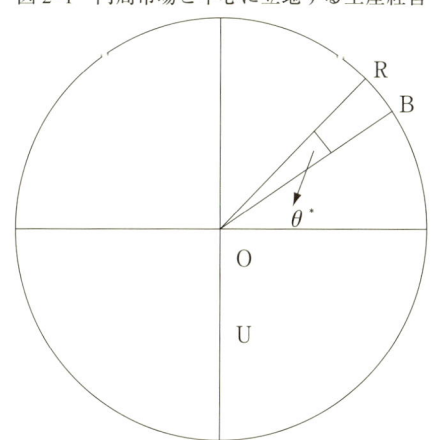

図 2-1　円周市場と中心に立地する生産経営

したがって，小売経営の利潤 Y_r は (2) 式で表わされる。

$$Y_r = (p_r - p_m - c_r) Q_s - F_r \tag{2}$$

ただし p_m は生産経営が課す財の工場渡価格，c_r，F_r は小売経営の限界費用と固定費用を各々示す。Q_s は小売経営の販売量であり (3) 式で導出される。

$$Q_s = 2 \int_0^{\theta^*} (a - p_r - t\theta U) U d\theta \tag{3}$$

ただし θ^* は小売経営と中心点 O を結ぶ線が小売経営（図 2-1 の点 R）の市場地域の端点（図 2-1 の点 B）とを結ぶ線が中心点 O で作る角度である。したがっ

て，θ^*U は小売経営からその市場地域の端点までの距離を示す。

　生産経営は 2 種類の労働力 L_1 と L_2 を用いて 1 種類の製品を生産する。生産工程の固定費は Fm で示される。財の生産関数は（4）式で示される。

$$Q = AL_1^{\alpha} L_2^{\beta} \tag{4}$$

ただし Q は生産量，A，α，β はパラメータであり，A>0，$0<\alpha<1$，$0<\beta<1$，$0<(\alpha+\beta) \leq 1$ である。中心点 O では各労働者に対する賃金率は同じであり w で示される。

　生産経営の利潤 Y_m は（5）式で示される。

$$Y_m = (p_m - t_A U)NQ_S - w(L_1 + L_2) - F_m \tag{5}$$

ただし N は円周市場に立地する小売経営の数，t_A は生産経営から小売経営へ財を輸送する場合における運賃率である。生産経営は市場において需要される量を丁度生産する。したがって $NQ_S = Q$ が成立することになる。（4）式を利用して生産経営の利潤は（6）式のように生産量の関数として再示できる。

$$Y_m = (p_m - t_A U)NQ_S - w(Q/A)^{1/(\alpha+\beta)}(((\alpha/\beta)^{\beta})^{1/(\alpha+\beta)} + ((\beta/\alpha)^{\alpha})^{1/(\alpha+\beta)}) - F_m \tag{6}$$

2–2　自由参入均衡における小売経営の店頭渡価格と市場地域の広さ

　小売市場が独占的競争状態であり，自由参入均衡が成立する場合における小売経営の店頭渡価格とその市場地域の広さを導出しよう。

　小売市場において自由参入均衡が成立するためには 2 つの条件が満たされねばならない。1）各小売経営は，その利潤を最大化する店頭渡価格付けをする。2）小売経営の利潤がゼロになるまで，新規の小売経営が円周市場に参入する。これらの条件は（7）式および（8）式でそれぞれ示される。

$$d Y_r/dp_r = (p_r - p_m - c_r)(dQ_s/dp_r + dQ_s/d\theta^* \cdot d\theta^*/dp_r) + Q_s = 0 \quad (7)$$

$$Y_r = 0 \quad (8)$$

ただし (7) 式おける $d\theta^*/dp_r$ は小売経営がその店頭渡価格を変化させる場合における市場地域の長さの推測的変分を示す。$d\theta^*/dp_r$ の値は，当該小売経営による近隣小売経営の店頭渡価格の推測的変分に依存する。すなわち競争相手の店頭渡価格を p_r' で示すと，$d\theta^*/dp_r$ は (9) 式により決められる。

$$d\theta^*/dp_r = (dp_r'/dp_r - 1) / (2tU) \quad (9)$$

dp_r'/dp_r の値がゼロの場合は Hotelling-Smithies 型競争を表す。その値が1そして-1ならば Lösch 型と Greenhut-Ohta 型の競争形態をそれぞれ表す[1]。dp_r'/dp_r の値は無数の値をとることが可能であり，各値に対応して1つの自由参入均衡が成立する。生産経営により工場渡価格 p_m が具体的に与えられれば，自由参入均衡における小売経営の店頭渡価格 p_r とその市場地域の長さ θ^* は (7) 式と (8) 式の連立方程式を解くことにより導出できる。θ^* の値が決定されると円周上の小売経営数も導出される，すなわち，小売経営数 N は π/θ^* で与えられる。本章での自由参入均衡の分析では，上記3つの典型的な競争形態のうち，競争形態の相違が強く表される Lösch 型と Greenhut-Ohta 型の競争の2つの形態を想定して分析を進める。

各型の競争形態における小売経営の数と店頭渡価格が求められると，(3) 式および (6) 式を利用して，各小売市場の競争均衡においての生産経営の生産量および利潤を導出することができる。

2-3 競争均衡における生産経営の利潤

円周小売市場が競争状態にあり，2つの自由参入均衡型がそれぞれ成立する

---

[1] 価格の推測的変分については Capozza-Van Order (1978) および Ishikawa-Toda (1990) を参照。

場合における生産経営の利潤を導出しよう。解析的手法によりそれらを求めることは困難であるので数値計算を利用する。そこで，各パラメータの数値は表2-1で示されるようにそれぞれ与えられる。

表2-1 各パラメータに対して割り当てられる数値

U	a	A	α	β	t	t_A	c_r	w	F_r	F_m
5	20	10	0.3	0.45	1.1	1	1.2	5	10	150

生産経営の利潤を最大化する工場渡価格，そして，その利潤額は次のようにして導出される。1) 生産経営により与えられるある1つの工場渡価格に対して，(7)式と(8)式の連立方程式を解き，均衡店頭渡価格および市場地域の広さを導出する。2) それらの均衡値から生産経営の利潤を導出する。3) 上記1) と2) の作業を繰り返して生産経営が課す工場渡価格と生産経営の利潤の関係を導出する。4) 導出された生産経営の利潤額を比較し，利潤最大化を達成する工場渡価格と生産経営の最大利潤を決定する。5) このような作業を前述の2つの自由参入均衡の型に対して行う。

表2-2は上記の一連の手順に従って導出される生産経営の最適工場渡価格，小売経営の均衡店頭渡価格と市場地域の広さ，そして生産経営の生産量および利潤を示している。表2-2から明らかなように，生産経営の利潤は小売市場がGreenhut-Ohta型（表ではG-Oと略記）の競争均衡が成立する場合に最大になり生産量も最も多くなる。また小売経営の市場地域の広さから明らかなように，小売経営の数はLösch型均衡の場合に最大になる。

表2-2 最適工場渡価格，均衡小売価格 市場地域，生産量，利潤

均衡型	p_m	p_r	θ^*	NQ_s	Y_m
Lösch	12.50	16.5	0.11	93.7	359.2
G-O	12.30	14.5	0.20	155.2	603.8

3. 競争様態の異なる市場地域の接触とその影響

3-1 競争様態の異なる市場地域の連結による財の価格，販売量の変化

上記 2. において示されたように，同じ市場地域と生産経営を想定しても小売経営間における競争形態が相違することにより，小売市場地域における財の価格，販売量，生産経営の利潤はかなり異なったものになる。本節では以下に示されるような状況を想定し，異なる競争形態を有する市場地域が輸送路で結ばれる場合に市場地域の経済様態がいかに変化するかを考察する。

いま図 2-2 A で示されるように，2 つの円周市場地域 A, B があり市場地域 A においては，2. において取り上げられた Lösch 型均衡が成立し，市場地域 B では Greenhut-Ohta 型の競争均衡が成立しているとしよう。次いでこれら 2 つの市場地域が点 $R_a - R_b$ を結ぶ輸送路によって結ばれるようになり，それら 2 点間における財 1 単位の輸送費は丁度 0.5 であるとする。さらに，円周市場地域 A の R_a 点，市場地域 B の R_b 点にはそれぞれ小売経営が立地していると仮定する。

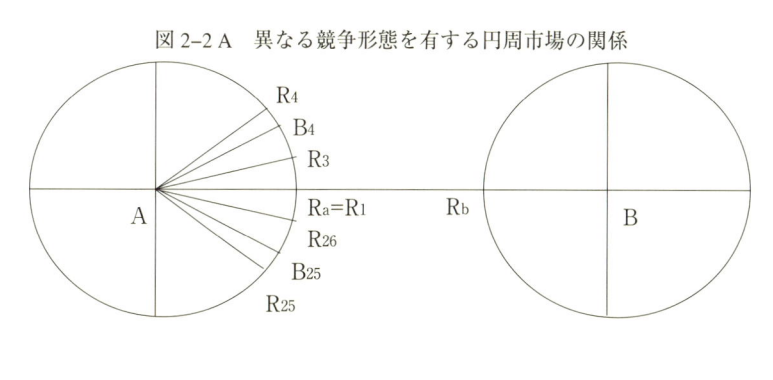

図 2-2 A　異なる競争形態を有する円周市場の関係

Lösch 型市場　　　　　　　　　　G-O 型市場

円周市場地域 A では Lösch 型均衡が成立しているので，小売市場において小売経営数は 28 であり，地点 R_a に立地している小売経営（R_1 とする）の店頭渡価格は 16.5 となっている。他方，円周市場地域 B では Greenhut-Ohta 型の競

争均衡が成立しており R_b 点に立地する小売経営の店頭渡価格は14.5である。このような経済状況にある2つの円周市場地域が地点 $R_a - R_b$ を結ぶ輸送路によって結ばれるとすれば，次のような状態が生じることになる。すなわち，市場地域 B の R_b 点から提供される財の引渡価格は，円周市場地域 A の地点 R_a において15となる。この引渡価格の水準は小売経営 R_1 の店頭渡価格の水準16.5より低くなる。もし，小売経営 R_1 が市場地域 B から財を仕入れ店頭渡価格15で財を販売する場合，あるいは消費者が市場地域 B へ出かけられる場合には，次のような可能性が生じてくる。地点 R_a の両側の円弧に居住する消費者の需要は市場地域 B に吸収され，市場地域 B の生産経営の生産量を増加させ，市場地域 A の生産経営の生産量は減少することになる。

円周市場地域 A の地点 R_a において市場地域 B から供給される財が店頭渡価格15で販売されるとすれば，どの地点までの消費者が市場地域 B から供給される財を購入することになるかをみよう。小売経営の市場地域の境界点においては財の引渡価格が同じでなければならない。さらに，小売経営にとって最小必要な市場地域が確保されねばならない。このようなことから，地点 R_a において店頭渡価格15で財が販売されることになると，地点 R_a に立地していた小売経営の他に，その両側にそれぞれ立地している2小売経営がその市場地域を失うことになり，合計5つの小売経営が市場地域 A から消失することになる。そのため地点 R_a から第3番目に立地する小売経営から販売される財の引渡価格と地点 R_a から販売される財の引渡価格が同じになる地点の導出が問題となる。その地点は次式を θ_b について解くことで求められる。

$$(15 + t\theta_b U) = (16.5 + tU(0.44 - \theta_b)) \qquad (10)$$

ただし，θ_b は上記の2地点，点 R_a と第3番目の2小売経営，から販売される財の引渡価格が同じになる地点を示す角度である。この角度は0.4664と求められる。すなわち図2-2において第3番目の小売経営と地点 R_a から販売される財の引渡価格が同じになる地点が B_4 で示され，その点は $\theta_b = 0.4664$ と導出

第 2 章　競争様態の異なる市場地域の接触による市場形態の変化　31

されることになるのである。その市場境界点における財の引渡価格は 17.57 になる。そして第 3 番目の小売経営の市場地域は若干拡大し，その利潤は丁度ゼロの水準から正の利潤に転じることになる。上記の場合，市場地域 A の生産経営の利潤は，小売経営が 5 つ減少するため約 64 減少し，市場地域 B の生産経営の利潤は，その工場渡価格を同じであるとすれば生産量の上昇で 104 の利潤増加となる。

　さて，このような状況に対して円周市場地域 A の小売経営および生産経営が市場地域 B に消費者を奪われない状況を生み出すとすれば，それはどのような市場状況であるかを導出しよう。それは円周市場地域 A における全ての小売経営の店頭渡価格が 15 と与件とされることになる。店頭渡価格が 15 と決められ，生産経営がその利潤を最大化する価格付けをし，小売経営の数が小売経営の利潤をゼロとするような市場状況が生み出されることになる。小売経営の利潤をゼロとする小売経営の数は（11）式を θ^* について解くことで求められる。

$$Yr = (15 - pm - cr)\ 2\int_0^{\theta^*}(a - 15 - t\theta U)Ud\theta - Fr \qquad (11)$$

生産経営の価格は前節と同じ繰り返し計算を行うことから導出することができる。ここでの想定においては表 2–2 A で示されるように，生産経営の価格 p_m は 12.8 となり，θ^* は 0.23 と導出することができる。これにより円周市場地域 A における経済状況は表 2–2 A で示されるように変化することになる。すなわち，総販売量は 137.4，生産経営の利潤は 599.1，小売経営数は 13.7 となる。生産経営の利潤は市場地域 B との接触が起こる以前より増加し，財の販売量も増加する。他方，小売経営数は減少することになる。したがって，ここでの小売市場地域の接触は小売市場地域 A の生産経営および消費者にとっては望ましい結果をもたらすことになるといえる。

表 2-2 A　市場地域 A での工場渡価格，小売価格，生産量，利潤

p_m	p_r	θ^*	NQ_s	Y_m
12.8	15.0	0.23	137.4	599.1

ところで，円周市場地域 A における小売経営の立地が図 2-2 B で示されるような場合には，上記とは異なる状況が生み出されてくるであろう。すなわち，図 2-2 B では地点 R_a が丁度 2 つの小売経営の市場地域の境界点になっている。この場合には，この境界点における財の引渡価格が 15 となる。このような場合において，市場地域 A において生じてくる市場構成について分析してみよう。この場合小売経営の利潤をゼロとする小売経営の市場地域は (12) 式を θ^* について解くことにより求められる。

$$Yr = ((15 - t\theta^*U) - p_m - cr)\ 2\int_0^{\theta^*}(a - (15 - t\theta U) - t\theta U)Ud\theta - Fr \qquad (12)$$

生産経営の最適価格は上記と同じ計算方式から導出できる。ここでの想定においては表 2-2 B で示されるように，生産経営の価格 p_m は 11.8 となり，θ^* は 0.18 と導出することができる。

図 2-2 B　異なる競争形態を有する円周市場の関係

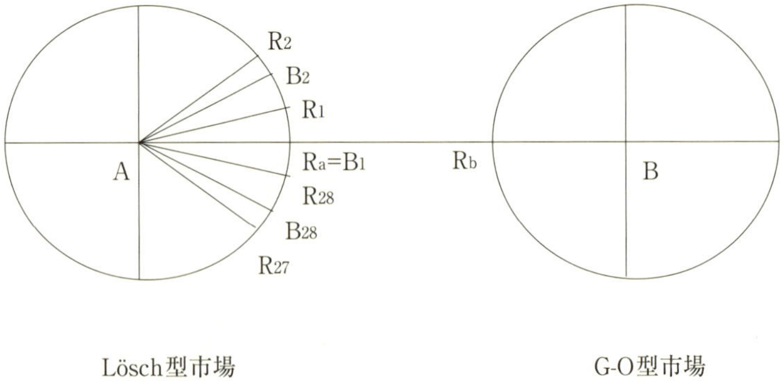

Lösch 型市場　　　　　　　　　　　　G-O 型市場

表 2-2 B　市場地域 A での工場渡価格，小売価格，生産量，利潤

p_m	p_r	θ^*	NQ_s	Y_m
11.8	14	0.18	172.9	587.3

　総販売量は 172.9，生産経営の利潤は 587.3，小売経営数は 17.6 となる。生産経営の利潤は市場地域 B との接触が起こる以前より増加するが，上記のような小売経営の立地構成の場合と比較すれば低くなる。他方，財の販売量と小売経営数はより増加する。このような小売経営の立地構成においても 2 つの市場地域の接触は小売市場地域 A の生産経営および消費者にとっては望ましい結果をもたらすといえる。

3-2　競争様態の異なる市場の連結のもつ空間経済的含意

　財の小売市場における競争形態の相違により，財の店頭渡価格と生産経営の工場渡価格は相違する。このような異なる市場地域が，例えば輸送機関における技術革新や整備，さらに関税の引き下げ，規制緩和などにより連結されることはしばしば実際に見られることであろう。このような場合，上記のように小売経営の店頭渡価格が高い市場地域の経済的様態は，店頭渡価格が低い市場地域から影響を受けて変更されることになる。すなわち，小売経営の店頭渡価格の低下を強いられ，これにより小売経営数の変化が生じ生産経営の生産量および利潤が変化することになる。

　異なる経済的様態をもつ市場地域が連結されることにより生じる上記の変化の中で，空間経済学の視座から最も興味深い点は次のようなである。すなわち，小売経営により決定される店頭渡価格が，ここでは市場地域のある地点において外生的に与えられる引渡価格に基づいて定められるということである。上述したように円周市場地域 A は輸送路の開通により，例えば，図 2-2 B で示されるように小売経営の市場地域の境界点における財の引渡価格が与えられ，それに基づいて小売経営の均衡店頭渡価格が決められるのである。以下ではこのような価格付け機構の空間経済学における意義について検討する。

小売経営の販売する財の店頭渡価格に輸送費が加算された価格が引渡価格であるので，伝統的な立地論では引渡価格が果たす経済的役割は，小売経営間の市場地域の境界確定に用いられるように付随的なものと一般的には捉えられてきているといえる。しかし，このような認識に対して，財の引渡価格自体についてより強い関心を払いながら立地研究に取り組んできたのは E. M. Hoover (1970) である。Hoover は引渡価格（Frontier Price）とその集合体である Frontier Price Curve を用いて市場地域内における財の価格水準さらに中心地体系までも分析する。すなわち，この概念と手法を用いることにより，財の生産において作用する規模の経済と財の生産地点と消費者までの輸送費が，いかに市場地域の広さの決定そして市場地域内における財の販売量などに影響を及ぼすかを考察できるのである。

　この研究に加え，市場境界点における引渡価格を用いて独自のモデルを構築し空間経済学に新しい視点を提供した考察としては，第2節の分析において引用した Greenhut-Ohta (1973) の研究がある。Greenhut-Ohta の市場地域に関する考察モデルでは競争関係にある2つの小売経営の市場地域の境界点における財の引渡価格がパラメトリックに与えられる。その引渡価格に基づいて，市場地域の広さそして独占的競争均衡価格が決定されている。Capozza-van Order (1978) は Greenhut-Ohta のモデルから出される結果を価格の推測的変分を用いることにより簡潔に導出できることを示した。すなわち，第2節の (9) 式において示されるように Greenhut-Ohta のモデルから出される結果は価格の推測的変分がマイナス1とすることで導出できることを明らかにした。この推測値の意味することは，小売経営が店頭渡価格を1単位低下させる場合に，競争相手はその価格を1単位上昇させるであろうと推測することである。このような推測的変分に関する分析は Schöler (1993) により詳しく論じられ整合性があるものと説明されているが，直感的には理解されにくいといえる。この推測値も Greenhut-Ohta モデルをより理解しにくいものにしている。このような2つの事柄が Greenhut-Ohta モデルの特徴またその特長を理解されにくいものにしているといえる。繰り返しになるが，Greenhut-Ohta モデルの前提となってい

る市場境界における引渡価格が最初に与えられるという仮定に対しては従来から漠然とした違和感のようなものが残されてきているといえる。

このように Greenhut-Ohta モデルを理解されにくいものにしている 2 つの事柄のうち，後者は Ishikawa-Toda（1998）により価格の推測的変分を応用することなく Greenhut-Ohta モデルから導出される解の性質を簡潔に導出できることが示され改善されている。すなわち，Hoover による Frontier Price Curve を用いることで推測的変分を用いずに解の性格を表せることが明らかにされた。

最後に，このモデルの理解を困難にさせている前者の事柄が残されている。すなわち，競争関係にある 2 つの小売経営の市場地域の境界点での財の引渡価格が最初に与えられ，その引渡価格に基づき小売経営の市場地域の広さと独占的競争均衡価格が一意的に決定されるというモデルの機構である。

この機構の妥当性は前小節において示された状況を想定する場合にはよく理解されるものである。すなわち，空間的に分離されていた 2 つの市場地域が，輸送機関における技術革新や関税の引き下げなどにより連結，接触する場合はしばしば見られる現象である。その場合，小売経営の店頭渡価格が高い市場地域は，小売経営と生産経営とも大きな変更を強いられることになる。そして，その変更は，まさに外部の市場地域から供給される財が，当該市場地域内において移入される地点での引渡価格を基点として引き起こされるのである[2]。このような状況のもとでは Greenhut-Ohta モデルの機構はより良く理解されるものとなる。このようなことから，次のようにいえると考えられる。規制緩和や関税の引き下げによりある国内市場が他国の市場と接触する場合，国内における小売市場の経済的構成，生産経営の工場渡価格と生産量などにおける変化の分析において Hoover や Greenhut–Ohta による引渡価格を重視する分析枠組が果たす役割は大きなものになる。

---

[2] このことは，少数の国際的市場における製品の価格水準が，その製品の生産地における価格に影響するという状況に類似しているといえる。

4. おわりに

本章においては，最初に小売経営間における競争形態がことなる2つの円周市場地域を想定して，競争形態の相違がいかに市場地域における小売経営の構成を変化させ，さらに生産経営の利潤に影響を及ぼすかを分析した。小売経営間の競争として Lösch 型と Greenhut-Ohta 型の2種類を想定した。前者の場合には小売経営数はより多く，その店頭渡価格はより高くなる。他方，後者では財の販売量，したがって，生産経営の生産量はより多くなり，またその利潤も高くなることが示された。次いで，このような円周市場地域が交通機関における革新，整備，そして関税の引き下げや規制緩和により連結される場合における市場地域の変化を分析した。この場合には，小売経営の均衡店頭渡価格が高い市場地域において変化が生じることになる。そして連結される市場地域に最も近い地点での財の引渡価格が重要であり，その引渡価格により当該小売市場地域が再構成され，そして生産経営の生産量および利潤が変化することになる。ここでの想定では，Lösch 型の競争が行われる円周市場地域において変化が生じることになった。ここでの分析では引渡価格に基づいて，市場地域における典型的な Lösch 型競争均衡状態がどのように崩れるかを示し，そして財の販売量と生産経営の利潤はどの程度多くなるかを明らかにした。最終的にこのような2つの市場地域が接触することは Lösch 型競争均衡が成立している市場地域の消費者と生産経営に望ましい変化を引き起こすことを示した。

小売経営の市場地域の境界点における財の引渡価格が与えられ，その価格に基づいて小売経営の市場地域の広さそして店頭渡価格が決められるという機構は空間経済学の展開に対してある1つの契機を与えるものである。すなわち，この価格決定機構は Greenhut-Ohta のモデルで用いられている均衡価格決定の方法と同じであるということである。従来 Greenhut-Ohta のモデルとそこから引き出される均衡解の特長には理解を困難にする点があった。その点とは，まさにモデルでは市場境界点における財の引渡価格が最初に与えられ，次いで市場地域の広さと店頭渡価格が定められるという手順で示されるモデルの機構に

ある。この機構は2つの様態の異なる市場地域が接触するという想定の下では首尾良く理解されることになる。上記のように関税引き下げや規制緩和によって，異なる市場構成をもつ市場地域が接触，連結されるという状況は20世紀末からの経済社会においてはしばしばみられる現象である。このような場合においては引渡価格に注目するHooverおよびGreenhut-Ohtaにより示された分析枠組はより重要な役割を果たしてゆくものと考えられる。

参考文献

石川利治（2006）「小売市場の空間的競争形態と生産経営の立地」経済学論纂，46，3・4合併号，1-11ページ。

Capozza, D. and R. van Order (1978) A generalized model of spatial competition, *American Economic Review*, 68, 896-908.

Greenhut, M. L. and H. Ohta. (1973) Spatial configurations and competitive Equilibrium, *Weltwirtshaftliches Archiev*, Bd. 109. pp. 87-104.

Hoover, E. M. (1970) Transport cost and the spacing of central places, *Papers of Regional Science Association*, 25, pp. 255-274.

Ishikawa, T.and M. Toda (1990) Spatial configurations, competition and welfare, *Annals of Regional Science*, 24, pp. 1-12.

Ishikawa, T. and M. Toda (1998) An application of the Frontier Price Concept in spatial equilibrium analysis, *Urban studies*, 35, 8, pp. 1345-1358.

Schöler, K. (1993) Consistent conjectural variations in a two-dimensional spatial market, *Regional Science and Urban Economics*, 23, pp. 765-778.

第 3 章

分権的多国籍企業の移転価格
――平成 21 年度税制改正の影響に関する一考察――

1. はじめに

　各国が異なる法人税率で課税を行っている状況においては，多国籍企業（multinational enterprises, MNEs）が企業内取引において設定する中間財価格，つまり多国籍企業内の移転価格は，節税手段（tax-saving device）としての役割を果たすので，多国籍企業の本社部門は中間財価格を実際の中間財生産における限界費用から乖離させるインセンティブを持つ。つまり法人税率の低い国へより多くの利潤が残るように中間財価格を設定するのである[1]。しかし分権的多国籍企業（decentralized MNEs）の場合には，その中間財価格は節税手段としての役割以外に戦略的手段（strategic device）としての役割を持ちうる。Schjelderup and Sørgard (1997) は，多国籍企業が最終財市場において現地企業と競争を行っているケースについて分析し，この分権的多国籍企業の中間財価格が持つ 2 つの役割について詳しく述べている[2]。なお分権的多国籍企業とは，全ての意思

---

[1] 中間財価格のこのような目的での利用は，各国政府によって移転価格税制で制限されている。

[2] Nielsen et al. (2003) と Zhao (2000) も中間財価格が果たすこの 2 つの役割を分析している。

決定を本社部門が行うのではなく，意思決定権の一部を子会社へ委譲しているような多国籍企業のことである。そこで本章では，まず分権的多国籍企業の基本モデルを利用して，Schjelderup and Sorgard（1997）が述べた中間財価格が持つ2つの役割を説明する。そして分権的多国籍企業が設定する中間財価格について，いくつかの追加的な分析を行う。

次にその分権的多国籍企業の基本モデルを用いて，日本政府が平成21年度税制改正で行った間接外国税額控除制度の廃止および外国子会社配当益金不算入制度の導入が中間財価格へ及ぼす影響を考察する。この税制改正における制度変更は，日本の多国籍企業が日本の法人税率が諸外国よりも高いことを嫌い，本社部門に配当として利潤を還流させていない状況を改善することを目的として行われたものであるが，本章ではこの制度変更の効果を，中間財価格への影響のみに絞って分析を行う。そこではこの制度変更が多国籍企業が設定する中間財価格を低下させる場合と上昇させる場合の2つのケースが存在することが示される。

本章の構成は以下のようになる。まず第2節では分権的多国籍企業の基本モデルについて述べ，続く第3節で中間財価格を導出して2つの役割を説明した上で，価格に関する分析を行う。第4節では前節までのモデルを用いて，平成21年度税制改正が移転価格へ及ぼす影響を考察する。また第5節を本章のまとめとする。

2. 分権的多国籍企業の基本モデル

本節では前節で述べた分権的多国籍企業について，その基本モデルを紹介する。自国と外国が存在し，自国に多国籍企業（企業1），外国に現地企業（企業2）がそれぞれ立地しているとする。財は同質財が1つであり，自国と外国とにそれぞれ市場が存在する。ただしこの財の市場は，自国では多国籍企業による独占であり，外国では多国籍企業の海外現地法人と現地企業とによる複占であるとする。なお両市場ともに，線形の（逆）需要関数を仮定し，自国市場は $P^* = \alpha^* - \beta^* x_1^*$，外国市場は $P = \alpha - \beta X$，$X \equiv x_1 + x_2$ である。多国籍企業は本社

部門，上流部門，そして下流部門によって構成され，本社部門と上流部門は自国に，下流部門は自国と外国とにそれぞれ立地している。下流部門は上流部門によって生産された中間財を利用して最終財を生産し，それぞれの市場に供給する。ただし中間財は輸出されるが，最終財の貿易は行われないとする。また中間財には貿易費用は掛らないものとする。この多国籍企業は分権的多国籍企業であるので，多国籍企業内の意思決定は分権化されおり，中間財価格は本社部門が決定するが，外国の下流部門の生産量は下流部門を担当する現地法人が自ら決定することになる。なおここでは簡単化のため，国内に供給される最終財の生産は上流と下流の両部門が統合されていると考える。また現地企業の生産も同様に両部門が統合されているとする。海外現地法人の（粗）利潤は，

$$\Pi_1^d = (P - m_1 - c_1^d) x_1$$

であり，多国籍企業が国内で得る利潤のうち，上流部門の（粗）利潤，つまり子会社への中間財販売による（粗）利潤は，

$$\Pi_1^u = (m_1 - c_1^u) x_1$$

であり，国内市場からの（粗）利潤は

$$\Pi_1^* = (P^* - c_1) x_1^*$$

となる。また現地企業の（粗）利潤は，

$$\Pi_2 = (P - c_2) x_2$$

である。m_1 は本社部門が決定した中間財価格である。この中間財は多国籍企業内でのみ取引されているので，この価格は移転価格と呼ばれるものである。c_1^u と c_1^d は多国籍企業の上流部門と下流部門それぞれにおける生産費用であり，上流部門は c_1^u そのものが，下流部門は $m_1 + c_1^d$ がそれぞれ限界費用となる。c_1 は国内市場へ供給する財の限界費用，そして c_2 は現地企業の限界費用である。自国と外国の両政府はともに法人税を課しており，自国の法人税率は t であり，外国の法人税率は t^* であるとする。自国政府は多国籍企業が自国で得た利潤と海外現地法人から受け取った配当に課税をし，外国政府は多国籍企業の現地法人と現地企業が外国で得た利潤に課税をすると考える[3]。また自国政府は海外で得た利潤に対する二重課税を回避するために，多国籍企業に間接外

国税額控除制度の使用を認めているとする。このとき，海外現地法人と現地企業の（純）利潤は，それぞれ$(1-t^*)\Pi_1^u$と$(1-t^*)\Pi_2$であるが，多国籍企業全体の（純）利潤は外国の税率が自国の税率よりも高いとき($t^*>t$)が，

$$\pi_1 = (1-t)(\Pi_1^* + \Pi_1^u) + (1-t^*)\Pi_1^d$$

であり，外国の税率が自国の税率以下のとき($t^* \leq t$)が，

$$\pi_1 = (1-t)(\Pi_1^* + \Pi_1^u + \Pi_1^d)$$

となる[4]。この制度下では外国の税率が自国の税率より低いとき($t^*<t$)には，企業の行動は全て両国の税率が等しいときと同じになるので，しばらくは$\pi_1 = (1-t)(\Pi_1^* + \Pi_1^u) + (1-t^*)\Pi_1^d$を$t^* \geq t$の範囲で考える[5]。意思決定の手番は，まず第1ステージで多国籍企業の本社部門が中間財価格を決定する。次に設定された中間財価格を所与として，第2ステージで現地法人と現地企業が最終財の生産量を決定する。なお多国籍企業の自国市場からの利潤はx_1，x_2，およびm_1に依存していないので，どのステージで決定されたとしても，生産量は独占生産量

$$x_1^* = \frac{\alpha^* - c_1}{2\beta^*}$$

であり，（粗）利潤は独占利潤

$$\Pi_1^* = \frac{(\alpha^* - c_1)^2}{4\beta^*}$$

である。

以下ではこのゲームを逆向き推論法を利用して解く。まず第1ステージで本

---

3) 本章では，海外現地法人の税引き後利潤（純利潤）は全て親会社へ配当されると仮定している。

4) 間接外国税額控除制度下では，外国の税率が自国の税率以下のとき($t^* \leq t$)は外国での納税額の全額($t^*\Pi_1^d$)が，外国の税率が自国の税率よりも高い場合($t^*>t$)には，海外で得た利潤に対する自国での課税額に相当する額($t\Pi_1^d$)が，自国での納税額から差し引かれる。従って多国籍企業全体の（純）利潤は上記のようになる。

5) $t^* \leq t$の範囲においても，多国籍企業の自国と外国，それぞれへの納税額はt^*の水準によって異なり，t^*の低下は外国への納税額を減少させ，自国への納税額を増加させる。ただし多国籍企業の総納税額は不変である。

社部門によって決定された中間財価格を所与として，第2ステージで多国籍企業の現地法人と現地企業が決定する生産量を求める。現地法人と現地企業，それぞれの利潤最大化の一階条件は，

$$\frac{d\Pi_1^d}{dx_1} = \alpha - m_1 - c_1^d - 2\beta x_1 - \beta x_2 = 0,$$

$$\frac{d\Pi_2}{dx_2} = \alpha - c_2 - \beta x_1 - 2\beta x_2 = 0$$

となるので，m_1 を所与とした生産量は

$$x_1 = \frac{\alpha - 2m_1 - 2c_1^d + c_2}{3\beta},$$

$$x_2 = \frac{\alpha + m_1 + c_1^d - 2c_2}{3\beta}$$

となる。これは通常のクールノー競争と同じであり，二階条件は満たされている。なお中間財価格 m_1 は現地法人にとっては最終財生産の限界費用の一部であるので，m_1 が低くなると，x_1 は増加し，x_2 は低下する。

3. 分権的多国籍企業の中間財価格

前節では分権的多国籍企業の基本モデルを紹介し，本社部門が中間財価格を低下させると，最終財市場における現地法人の生産量が増加し，競争相手である現地企業の生産量が低下することを述べた。本節ではまず中間財価格を導出し，次にその価格について分析を行う。多国籍企業の本社部門は，前節で求められた，m_1 を所与として選ばれた生産量をあらかじめ読み込んで，最適な中間財価格を決定する。多国籍企業の（純）利潤 π_1 を m_1 で微分し，一階条件である

$$\frac{d\pi_1}{dm_1} = \frac{\partial \pi_1}{\partial m_1} + \frac{\partial \pi_1}{\partial x_1}\frac{dx_1}{dm_1} + \frac{\partial \pi_1}{\partial x_2}\frac{dx_2}{dm_1} = 0$$

より，

$$m_1 = \frac{(-1-3t+4t^*)(\alpha - 2c_1^d + c_2) + 6(1-t)c_1^u}{4(1-3t+2t^*)}$$

が導出される[6]。なお $t^* \geq t$ を考えているので，二階条件は

$$\frac{d}{dm_1}\left(\frac{d\pi_1}{dm_1}\right) = -\frac{4(1-3t+2t^*)}{9\beta} < 0$$

のように満たされる。

まず中間財価格が節税手段としての役割を持たない状況，つまり両国の税率が等しい状況 ($t = t^*$) を考える。この中間財価格は $t = t^*$ においては，

$$m_1 = \frac{-(\alpha - 2c_1^d + c_2) + 6c_1^u}{4}$$

となり，$\alpha - 2c_1^u - 2c_1^d + c_2 > 0$ である限り $m_1 > c_1^u$ である。これは租税を回避するインセンティブが存在しない場合においても，多国籍企業の本社部門は中間財価格を実際の限界費用から乖離させる，具体的には限界費用よりも低い中間財価格を設定するインセンティブを持つことを示している。このとき両企業の生産量はそれぞれ

$$x_1 = \frac{\alpha - 2c_1^u - 2c_1^d + c_2}{2\beta},$$

$$x_2 = \frac{\alpha + 2c_1^u + 2c_1^d - 3c_2}{4\beta}$$

であり，分権化によってシュタッケルベルグ競争における均衡生産量と同じ生産量が実現されていることがわかる。つまり最終財市場に競争が存在する場合には，分権的多国籍企業の中間財価格は，節税手段として以外に，戦略的手段としても機能するのである[7]。

---

6) 分権的多国籍企業に関する文献には，Nielsen (2008) などのように，多国籍企業が移転価格費用 (transfer pricing cost) を負担すると考えているものもある。その移転価格費用は中間財価格を実際の中間財生産の限界費用からより乖離させると，逓増的に増えるものとされ，中間財価格を限界費用から乖離させるインセンティブを弱める。ただし本章ではこの費用は考えない。

7) 競争において多国籍企業がこのように有利となるのは，分権化した多国籍企業の

本社部門によって設定される中間財価格が実際の中間財生産の限界費用と等しくなるのは，$-1-3t+4t^*=0$，つまり$(t^*-t)=(1-t^*)/3$が成立しているときである。また，

$$m_1 - c_1^u = \frac{(-1-3t+4t^*)(\alpha - 2c_1^u - 2c_1^d + c_2)}{4(1-3t+2t^*)}$$

より，中間財の価格と限界費用との関係は，図3-1のように整理される。$-1-3t+4t^*>0$，つまり2国の法人税率の差が十分に大きいときには，本社部門は限界費用よりも高い中間財価格($m_1>c_1^u$)を設定する。逆に$-1-3t+4t^*<0$，つまり2国の法人税率の差があまり大きくないときには，本社部門は限界費用よりも低い中間財価格($m_1<c_1^u$)を設定する[8]。

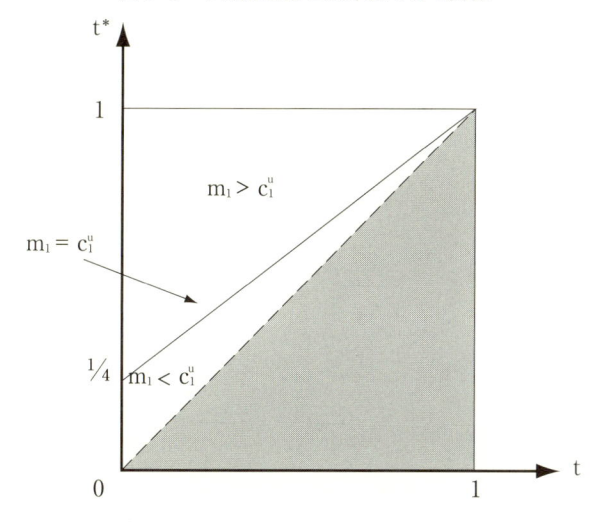

図3-1 中間財価格と限界費用との関係

本社部門は現地法人や競争相手である現地企業の生産量の決定より前に中間財価格を決定することが可能であるという意思決定の手番に大きく依存している。

8) 小森谷（2008）は多国籍企業と現地企業との複占競争ではなく，自国の多国籍企業同士の複占競争を分析し同様の結果を得ている。また小森谷（2008）は2つの多国籍企業の移転価格の間に存在する関係を分析し，2国の税率の差が十分大きいときには戦略的補完の関係に，逆に2国の税率の差があまり大きくないときには戦略的代替の関係にあることを示している。

中間財価格 m_1 を2国の法人税率 t と t^* とでそれぞれ偏微分すると，

$$\frac{\partial m_1}{\partial t^*} = \frac{3(1-t)}{2(1-3t+2t^*)^2}(\alpha - 2c_1^u - 2c_1^d + c_2) > 0,$$

$$\frac{\partial m_1}{\partial t} = -\frac{3(1-t^*)}{2(1-3t+2t^*)^2}(\alpha - 2c_1^u - 2c_1^d + c_2) < 0$$

であり，これは t^* のみが上昇した際，あるいは t のみが低下した際には，多国籍企業の本社部門は中間財価格を上昇させることを示している。本社部門がこのように中間財価格を変化させるのは，t^* の上昇あるいは t の低下が現地法人に多くの利潤を残すことの（相対的な）魅力を低下させるからである。

最後に，本節で求めた複占競争下の中間財価格を，競争相手である現地企業が存在しない場合（独占の場合）の中間財価格と比較しておく。現地企業が存在しない場合，多国籍企業の本社部門によって選ばれる中間財価格は，

$$m_1 = \frac{(-t+t^*)(\alpha - c_1^d) + (1-t)c_1^u}{1 - 2t + t^*}$$

であり，中間財価格の限界費用からの乖離は

$$m_1 - c_1^u = \frac{(-t+t^*)(\alpha - c_1^u - c_1^d)}{1 - 2t + t^*}$$

である。したがって $t = t^*$ においては $m_1 = c_1^u$ が成立する。これは独占の場合は複占の場合とは異なり，中間財価格が戦略的な手段としては用いられないからである。今，簡単化のために $c_1^u = c_1^d = c_2 = 0$ とすると，独占の場合の中間財価格と複占の場合の中間財価格との差は，

$$\frac{(-t+t^*)\alpha}{1-2t+t^*} - \frac{(-1-3t+4t^*)\alpha}{4(1-3t+2t^*)} = \frac{(1-3t+t^*-9tt^*+6t^2+4t^{*2})\alpha}{4(1-2t+t^*)(1-3t+2t^*)}$$

となり，$1-3t+t^*-9tt^*+6t^2+4t^{*2} \geq 0$ であれば，複占競争下の中間財価格は，独占下の中間財価格を上回ることはないといえる。$1-3t+t^*-9tt^*+6t^2+4t^{*2}$ を t^* で偏微分すると，$1-9t+8t^*$ であり，これは $t^* \geq t$ においては非負である。つまり t を所与とすると，$1-3t+t^*-9tt^*+6t^2+4t^{*2}$ は t^* の非減少関数である。また $1-3t+t^*-9tt^*+6t^2+4t^{*2}$ は $t^*=t$ においては $(1-t)^2$ であり，$t^*=1$ にお

いては $6(1-t)^2$ であり，これらはどちらも非負である。したがって，確かに $1-3t+t^*-9tt^*+6t^2+4t^{*2} \geq 0$ が示されるので，複占競争下の中間財価格は，独占下の中間財価格を上回らないことが示される。

4. 平成21年度税制改正の中間財価格への影響

前節では分権的多国籍企業の基本モデルを用いて，分権的多国籍企業の本社部門が設定する中間財価格を導出し，多国籍企業内の中間財価格，つまり移転価格が果たす2つの役割について述べた。その基本モデルにおいては，多国籍企業は間接外国税額控除制度を利用できるとしていたが，日本ではこの間接外国税額控除制度は平成21年度税制改正によって廃止され，かわりに外国子会社配当益金不算入制度が導入された[9]。外国子会社配当益金不算入制度は，親会社が海外子会社から受け取る配当を益金不算入とするもので，これによって海外子会社からの配当金は事実上非課税となる[10]。間接外国税額控除制度は，外国の税率が自国の税率より低い場合 ($t^* < t$) においても，自国政府が事実上 $t-t^*$ の率で課税することにより，多国籍企業が海外で得た利潤に対する世界全体での税率を t にする効果を持っており，中間財価格を限界費用から乖離させるインセンティブを小さくする役割を果たしていたといえる。したがって今回の税制改正による制度変更は中間財価格の限界費用からの乖離をより大きくする影響を持つと考えられる。しかし以下ではその考えが必ずしも正しくないことを簡潔に示す。なお本節では限界費用は全てゼロ ($c_1^u = c_1^d = c_2 = 0$) と仮定する。

まずケース1として自国市場からの利潤が十分に大きいケース ($\alpha^* = 10, \beta^* = 1/2$) を考える。図3-2は $t = 1/2$ として，多国籍企業の中間財価格と利潤との関係を，いくつかの t^* の水準に関して描いたものである[11]。

---

9) 内国法人そのものや内国法人の海外支店が海外で得た利益に対する二重課税を回避することを目的とした直接外国税額控除制度は存続している。
10) 正確には海外子会社から受け取る配当額のうち益金不算入となるのは95%相当額である。またこの制度の対象となる海外子会社は，基本的に内国法人の持株割合が25%以上，保有期間が6カ月以上の海外法人である。

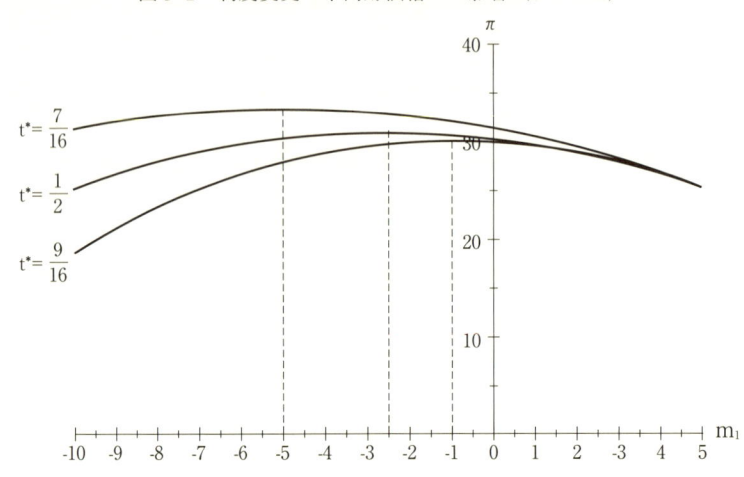

図 3-2 制度変更の中間財価格への影響（ケース1）

　間接外国税額控除制度下においては，$t^* \geq t$ である限りは，外国の法人税率の低下とともに本社部門によって設定される中間財価格も低下する。例えば図3-2 において t^* が 9/16 から 1/2 へ低下した場合には，中間財価格は－1から－2.5 へ低下する。これは外国の法人税率の低下により海外における利潤をより増加させるインセンティブを多国籍企業が持ったからである。しかし $t^* < t$ となると，外国の法人税率が低下しても多国籍企業が海外利潤に関して実際に支払う税率は世界全体では t のまま不変なので，中間財価格が－2.5 より低下することはない。しかし外国子会社配当益金不算入制度下では，$t^* < t$ の場合においても外国の法人税率の低下は，そのまま海外利潤に対する税率の低下につながる。よって制度変更はより多くの利潤を海外現地法人へ移すインセンティブを本社部門に与えるので，中間財価格は間接外国税額控除制度下の最低水準より低くなる。図 3-2 では t^* の 1/2 から 7/16 への低下に伴い，中間財価格は－2.5 から－5 へ低下することになる。

　次にケース2 として自国市場からの利益があまり大きくないケースを考える。ここでは分析の焦点を絞るために，自国市場が存在しないケースを考え

11）　$\alpha = 10$, $\beta = 1$ としている。なお前節の第1ステージにおける利潤最大化の二階条件が満たされるためには，t^* は 1/4 より大きい必要がある。

る[12]。図3-3はt = 1/5として，多国籍企業の中間財価格と利潤との関係を描いたものである[13]。間接外国税額控除制度の場合，外国の税率が自国の税率よりも低いとき($t^* < t$)には，企業の直面する利潤は$t^* = t$となるので，$t^* = 1/10$のとき企業が直面する利潤は$t^* = 1/5$のときと同じである。したがって中間財価格は−5/2である。一方，外国子会社配当益金不算入制度の場合，ケース1でも述べたように，多国籍企業が直面する海外利潤に対する税率は低下する。したがって企業が直面する利潤は$t^* = 1/5$のときのものよりも上方にシフトする。しかし自国市場からの利潤が存在しない場合，中間財価格が限界費用（＝平均費用）を下回ると自国における利潤は負になる。自国における利益が負である場合には，自国においては課税されないので，多国籍企業の本社が考慮すべき利潤式は

$$\pi_1 = \Pi_1^u + (1 - t^*) \Pi_1^d$$

へと変化する。つまりm_1が負の領域においては，利潤は点線へと下方シフトする。これより最適な中間財価格を求めると，

$$m_1 = \frac{5(-1 + 4t^*)}{2(1 + 2t^*)}$$

となり，$t^* = 1/10$のときには，$m_1 = -5/4$が最適な中間財価格となる。制度変更前の中間財価格は−5/2であったので，制度変更によって多国籍企業の本社が設定する中間財価格はケース1とは逆に上昇している。したがって制度変更によって中間財価格が上昇するケースが存在することが示された。

なおケース1のように自国市場からの利益が十分に大きいケースでは，多国籍企業の自国における利潤($\Pi_1^u + \Pi_1^d$)は負になりにくいので，ケース2のような利潤の下方シフトは生じない[14]。このように制度変更によって，中間財価格が限界費用からより乖離するケースと，限界費用に近づくケースの2つのケー

---

12) 自国市場は存在するが，非常に競争が厳しく，利潤が十分ゼロに近いケースを考えているとしても構わない。
13) ここでも$\alpha = 10$，$\beta = 1$としている。ただし前節の第1ステージにおける利潤最大化の二階条件は，t^*の水準と関係なく成立している。
14) 実際に図2の例において自国における利潤は正である。

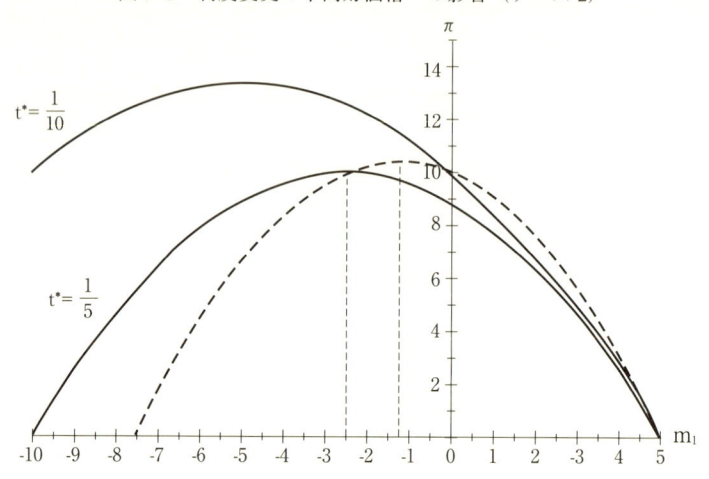

図 3-3 制度変更の中間財価格への影響（ケース2）

スが存在することが示された。この2つのケースのような結果の違いは，中間財価格を低下させたときの実質的な多国籍企業の負担の違いによるものである。多国籍企業の自国における利潤（$\Pi_1^*+\Pi_2^0$）が正である限りにおいては，多国籍企業の本社部門は中間財価格を低下させても，その低下のうち 1−t の割合しか負担していないのに対して，多国籍企業の自国における利潤が負である場合においては，本社部門は中間財価格低下に関するコストを全て負担することになる。したがって後者の場合には，多国籍企業の本社部門が持つ中間財価格を限界費用以下に低下させるインセンティブは，前者の場合よりも小さくなるのである。

5. おわりに

本章では，まず分権的多国籍企業の基本モデルを示し，それを用いて分権的多国籍企業の中間財価格が持つ節税上と競争上の2つの役割を説明した。中間財価格，つまり多国籍企業内の移転価格は，節税の手段としてだけでなく，競争相手が存在する場合には，最終財市場における競争条件を有利にするための戦略的な手段としても用いられた。次に同モデルを用いて，日本の平成21年

度税制改正による間接外国税額控除制度から外国子会社配当益金不算入制度への変更が，必ずしも多国籍企業の中間財価格をより実際の限界費用から乖離させるものではないこと示した．

本章で述べた基本モデルでは，多国籍企業の本社部門は中間財価格を自由に決定できるとしていたが，現実においては移転価格の使用は移転価格税制で厳しく制限されており，設定可能な中間財価格の範囲は限定される．したがって，海外からの配当に関する税制変更の結果として新たに選ばれる中間財価格も，本来はそのような限定的な範囲に入る必要がある．本章での基本モデルを用いた分析の結果が，そのような移転価格税制を考慮した結果どのように変わるのかを確かめることは今後の課題である．また本章では制度変更の影響については中間財価格そのものについてのみ分析を行った．しかし制度変更に伴う海外現地法人から親会社への配当の増加や，その配当の増加が日本経済に与える影響などを分析することが，今回の制度変更を評価する際には必要である．本章で用いたモデルをそのまま利用することは容易ではないが，モデルに適切な修正を行い，この制度変更を評価することも同様に今後の課題としたい．

参 考 文 献

小森谷徳純（2008）「分権的多国籍企業の移転価格と企業の異質性」，『世界経済評論』，52巻8号，56-62ページ．

Nielsen, Søren Bo, Pascalis Raimondos-Møller, and Guttorm Schjelderup (2003) "Formula Apportionment and Transfer Pricing under Oligopolistic Competition," *Journal of Public Economic Theory* 5, 419-437.

Nielsen, Søren Bo, Pascalis Raimondos-Møller, and Guttorm Schjelderup (2008) "Taxes and Decision Rights in Multinationals," *Journal of Public Economic Theory* 10, 245-258.

Schjelderup, Guttorm and Lars Sørgard (1997) "Transfer Pricing as a Strategic Device for Decentralized Multinationals," *International Tax and Public Finance* 4, 277-290.

Zhao, Laixun (2000) "Decentralization and Transfer Pricing under Oligopoly," *Southern Economic Journal* 67, 414-426.

第 4 章

東アジア連携の共通テーマとしての「資源節約型，環境保全型社会」の建設[1]

1．はじめに

2009年10月10日に，中日韓サミットは北京で行われた。日本の鳩山由紀夫新首相は，再び，自らの「東アジア共同体」の構想を推し進めたいとの意向を強く主張した。これと同時に，この共同体は日本，中国，韓国，インド，オーストラリア，ニュージーランドおよび東南アジア諸国を包括すべきであるとの期待を表しながら，各国の政治体制の相違を踏まえた観点から，現時点においては，この共同体が主に経済連携に力を注ぐべきであるとも述べた。

実際，世界銀行の世界開発指標 WDI のデータベース[2]によると，上述された各国の経済規模を合計したものは，2009年の世界経済のシェアは28％を占めるレベルに達した。同年において，アメリカのシェアはこれと同じ28％であり，ユーロ圏のシェアは17％である。

---

1) 本章は，2009年10月23日に，中国致公党が武漢で主催した「中国発展フォーラム」のために，書いた論文である。また，復旦大学エネルギー研究センターの呉立波教授と中央大学 CHERP の長谷川聰哲教授が，各国1人当たりエネルギー消費規模に関する貴重な資料と関連情報を提供してくれたことに感謝したい。
2) World Bank, World databank ; http : //databank.worldbank.org/ddp/home.do?Step=3&id=4

図 4-1 世界の地域別経済規模 2009 年
(単位) 米 10 億ドル，200 年固定価格表示

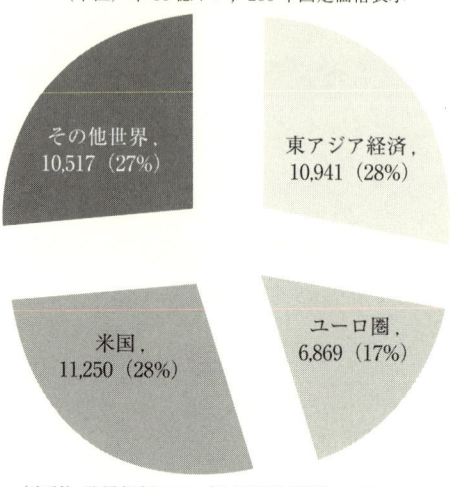

- その他世界, 10,517 (27%)
- 東アジア経済, 10,941 (28%)
- 米国, 11,250 (28%)
- ユーロ圏, 6,869 (17%)

(出所) 世界銀行 WDI（世界開発指標）のデータベースの統計をもとに筆者が作成した。

　一方，各国の間では，共同体の機能とそれに対する期待に関して，異なる意見が依然として存在しているため，実行的な面においては，現在の「自由貿易協定（FTA）枠組み或いはチェンマイ・イニシアティブ（CMI）枠組み」を超越した実行可能な方案が存在しないことは事実である[3]。それにもかかわらず，アジアにとって，「ポスト危機時代」に直面する課題は共通である。すなわち，どのようにアメリカ市場への過剰依存から脱却できるか，どのようにアメリカの主導による「グローバル化」の過程からアジア自身の地域協力による新しい成長パターンに進展させるかという問題である。しかも，この成長パターンに関わる主導権は，将来，ドル経済から脱却できたアジア発展の運命を決定するものである。

---

3) この論文を執筆した時点では，アジア太平洋規模での地域貿易協定の枠組みに関わる TPP（環太平洋戦略的経済連携）協定に，日本や中国，韓国などの参加する方向性は，各国が国際的にその参加する意向を表明する段階に至っていない。

2. アジア成長パターンの欠陥

過去を顧みると，アジアにおいて，とりわけ，日本を先頭として行われた輸出志向型成長パターンを通じ，同時代の欧米と全く異なった繁栄の景観をもたらした。同時に，このような製造業の発展によりもたらされた経済成長は，アメリカの金融業支配による発展パターンと異なった後遺症を残している。これについては，価値創造を行う産業の「スマイルカーブ」理論で説明することができる。

すなわち，川上産業では，有形（例えば，鉄鉱石，原油など）と無形（例えば，技術，標準など）の生産投入要素をコントロールする力を持っているため，自己保有の価格決定権を通じて，創造された生産物のすべての財価値から，大きな部分を獲得することができる。これは，2つの場合に分かれている。1つは，資源豊富な国家（例えば，中東，ロシア，オストラリア，ブラジルなどの国）の場合では，恵まれた天然資源の要素賦存という資源優位性を持つため，一旦経済が繁栄すれば，これらの国は便乗することができる。しかし，アジアは基本的にこのような優位性を持っていない。もう1つは，生産要素中の無形資産を独占できる優位性を持つ場合である。例えば，市場競争力を持つ商品を生産するために，必要とされる先端技術，低コストの資金調達環境，人気ブランド，発達した資源取引市場（価格決定権）と商品標準の決定力などを持つ国は，単純要素を輸出する国家より，さらに，強い市場競争力と財価値の獲得力を持っている。したがって，これらの力によって，創造された全ての財価値から非常に大きな部分を獲得することができる。（最近，ロシアを訪問した時，ロシアの石油業界は，発達した「価格主導」の金融市場が発展していないために，自らの運命がアメリカの原油先物市場の変動に大きく左右されることに気付いた。）明らかに，これらの優位性は，主に，アメリカをはじめとする先進国にある。日本，韓国は，ある一部の技術とブランドにおいて，欧米企業と互角の力を持っているものの，これらの優位性を支える川下産業が欠如している。主要な原因は，商品を消費する大きなマーケットと対応する競争力を持つサービス産業がないからであ

る。したがって，今回，欧米金融危機の打撃によって，このような「片方優位性」の限界が一層明白になった。正に，これは，今回，日本が率先して経済共同体を提唱した目的である。

　残りの中流にある商品製造国家にとって，他の川上産業の優位性と川下産業の支えがない限り，創造された単位当たりの財価値から非常に小さい部分しか享受できない。例えば，中国のような安い労働力コストの価格優位性を通じて世界の製造業組み立て工場の地位を得た国や地域は，国内の雇用圧力を大幅に緩和することができるものの，作られた生産物の単位当たり付加価値が限られている。中国の1人当たり所得は，依然として世界の第105位に留まることは，正に，この成長パターンの現実を物語っている。同時に，このような成長パターンは，中国社会全体の消費能力が新たな高いレベルに進むに相応しい産業構造の転換を制限する悩みをもたらし，さらに，環境と生産資源に大きな負担をもたらしている。うまく処理することができなければ，環境と資源とのコストの増大することにより，このような成長パターンが持続的に維持できなくなる。この意味から考えると，もしアジア経済共同体が，技術移転，資源共有といった方式を通じて，中国の製造における「生態コスト」を低下させることができるならば，中国を製造基地，ないし，消費市場とした経済連携方式により，アジア各国はドル主導の世界経済秩序から脱却することができ，健全なウイン・ウイン効果を享受することができる。そうなれば，アジア各国の相互努力のもとで，自然に「ポスト危機時代」におけるアジア共同の繁栄をもたらす持続可能な経済成長パターンを形成することになる。

　最後に，商品を生産してから，高品質な市場サービスを通じて，我々が欲しい財価値に転換させる重要な段階に入る。一般的にいえば，このような産業の川下に立つ国家と地域は，商品とサービスを消費する機会を享受し，そして，最終的な財価値を保管する重要な一環を担うために，産出物のバリュー・チェーンの中からより多い財価値の分配効果が得られる。多くの西欧と北欧の国家は，地理環境の制限を受けるものの，自らの人的資本の優位性を用いて積極的に技術革新を促進するとともに，サービス業の発展に大きな力を注いだた

めに，川下産業においては明らかな国際的な比較優位性を持っている。特に，アメリカは，さらに，強大な国際金融市場を持つため，世界の富を管理する強い機能を発揮している。これは，なぜアメリカによる金融危機を引き起こしたにもかかわらず，ドル主導の国際通貨制度を揺るがすことがないという重要な原因の1つでもある。当然，逆にいえば，ドル主導の国際通貨制度は，アメリカ金融市場を世界バリュー・チェーンの最末端に巍然と立たせるという不動な地位をもたらした。それゆえに，この独占的な優位性により，全世界がアメリカの市場リスクを負担しているという不合理な局面を作り出した。しかし，不幸中の幸いといえるのは，アジア各国に自らの成長パターンの欠陥を認識させた。つまり，アメリカ市場の過剰消費能力に頼ることによって（特に，アメリカの金融業の過度な「発展」と東アジア金融の脆弱性がこのような偽りの繁栄ぶりを助長した），得られる貴重なドル資源が流動性の欠如或いはアメリカの資産価格の破壊及びドル安の圧力により，自らの価値が縮小し続ける圧力を経験し，負担している。（中国は主に外貨準備の形で蓄積している。対照的に，日韓の民間によるドル保有規模も相当大きい。）これは，また，今後のアジア経済共同体がチャレンジしなければならない重要課題の1つである。

　とにかく，アジア経済共同体がアジア各国のウイン・ウイン関係に基づいて，協力できる空間はたくさんある。これまで，筆者は多くの場において，上海の国際金融センターの建設により，アジアが保有している世界の3分の2のドル資産の管理需要にもっと多くの機会と基礎を提供し，現在のアジア債券市場における過度な分散，流動性の欠如という欠陥を補わなければならないと提唱してきた。同時に，アジア金融市場の流動性を増強するために，現在，主に，東アジア危機を防ぐことを目的とするアジア通貨基金による流動性を重要視する運用方式から，アジア共同基金の新方式（政治的な面でも，経済的な面でも，今，各国のゾブリン債権の運用方式より優れる）に進化させるべきと主張してきた。「ポスト危機時代」における新たなグローバル化の過程の中で，アジアに保有される膨大なドル資産の投資効率と財価値効果を高めるために，アジアの豊かな金融資源の比較優位を十分に発揮し，欧米市場における強い資源力を持

つトップ企業と技術集約型のブランド企業に対して共同投資を行わなければならない。当然，この投資対象には，証券取引所で供給された優良株と透明な価格メカニズムを持つ金融商品も含まれる。一旦，このような金融連携による基金運用方式が国際社会で規模の効果を形成できるならば，アジア共同基金は，ウォール・ストリートに比肩する「財（資産？）価値の管理センター」になることが十分可能である。

3. 転換コストの削減には，アジア共同の連携と努力が必要

アジアは，真の金融主導権を獲得したいのであれば（例えば，人民元の国際化，アジア通貨経済圏など），キーポイントは，アジアが率先して世界経済発展の新たな成長パターンを作り出せるかどうかに他ならない。（当然，相応しい新技術，新基準も含まれる）。さもなければ，現在，技術革新（教育産業）に関する旺盛な活力，発達した金融市場と一流のブランド力，および特許などの無形資産によるドル主導の地位がほかの国，あるいは地域の貨幣によって揺るがされることは不可能である。明らかに，次の経済成長パターンに関する主導権争いは，既に繰り広げられている。「低炭素化経済」の理念をめぐる新基準の策定と製品開発は，各国において急速に進められている。温家宝総理が政府ワーキング報告の中で，早くも「資源節約型と環境友好型社会」の建設の要求を提出した。（これは，中国が低炭素化社会の中で発展主導権を勝ち取りたいという具体的な表現である。）温総理は，「資源節約型と環境友好型社会の建設を努力するために，全社会において，節約，環境保全，文明的な生産方式と消費方式を力強く唱導し，資源節約，環境保全を全ての企業，村，個人の自覚した行動が伴わなければならない」と指摘した。

また，学術研究によれば，高炭素排出の生産基準と製品製造から低炭素経済に転換する場合，以前より製品の付加価値を高めることができるという保証はない。しかも，転換により，生じる雇用圧力と消費能力の制約を考えると，全社会に，未来に対する共同認識を求める必要があり，このような転換コストを消化するために，必要とされる個人の資産保有能力と社会保障制度の完全なる

整備が達成されなければならない。例えば，アメリカと日本については，1人当たり年間所得が1.2万ドル以上に達してから，1人当たりエネルギー消費の規模が低下傾向に転じた[4]。欧州は，比較的に早い段階で，1人当たり年収入が5,6千ドルに達してから，アメリカと日本と同じように1人当たりのエネルギー消費が低下傾向を示してきた。図4–2は，1人当たりGNIとエネルギー消費を米国，日本，中国，およびユーロ圏についてプロットしたものである。このデータから，エネルギー消費の所得弾力性を計算してプロットしたのが，図4–3である。米国のエネルギー消費の所得弾力性が1を下回ったのは，1977年（一人当たりGNIは8600ドル）からにあたる。これに対して，ユーロ圏と日本は1973年で，それぞれGNIは3234ドル，3010ドルであった。一方，中国は，2000年に1を下回り，この年の1人当たりGNIは930ドルである。

　要するに，欧州は，社会保障機能が強く，政府による公共投資の強度が大きいために，衰退産業から出た大量の労働者が社会の補助を頼りにし，失業による生活問題，再就職のための再教育問題，および再就職のコスト問題を解決することができる。一方，アメリカと日本では，個人が転換コストをもっと多く負担しなければならない。したがって，相当な資本蓄積がなければ，自発的な市場のメカニズムに委ねることは困難である。たとえ，政府主導の産業構造の転換といっても，なかなか推進し難く，産業構造の調整にコストがますます大きくならざるを得ないことになる。

　目下，中国の1人当たり年間所得が3000ドルにしか達していないという現実を考えると，低炭素経済に転換する条件は必ずしも十分とはいえない。しかし，全世界のエネルギー消費が日増しに増加するにつれ，生態環境がますます悪化する一方である。気候変動問題が急速に加熱し，世界の持続可能な発展がかつてないほど，厳しい挑戦に直面している。したがって，中国にとって，低炭素経済は，挑戦であり，同時に機会でもある。機会として捉えることができ

4）　本分析では，世界銀行のWorld Development Indicators 2009から，1人当たり所得GNI per capitaを，1人当たりエネルギー消費は石油換算したエネルギー消費量kgoe（kilograms of oil equivalent）per capitaを使用した。http : //data.un.org/Default.aspx

図 4-2　1 人当たり GNI とエネルギー消費
(単位)　1 人当たり GNI は縦軸に US$ Billion 固定価格表示,
　　　　1 人当たりエネルギー消費は横軸に石油換算 Kgoe 表示

4-2-1　米国の 1 人当たり GNI とエネルギー消費

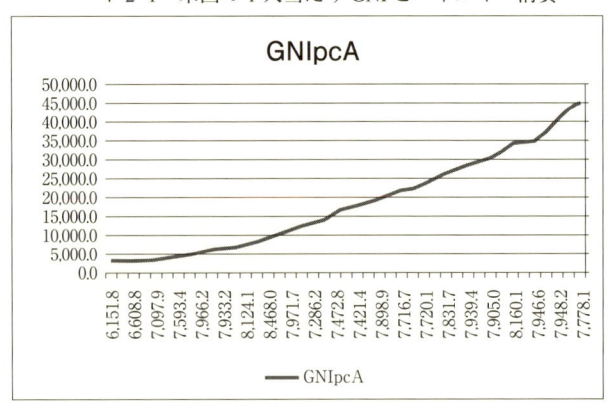

4-2-2　日本の 1 人当たり GNI とエネルギー消費

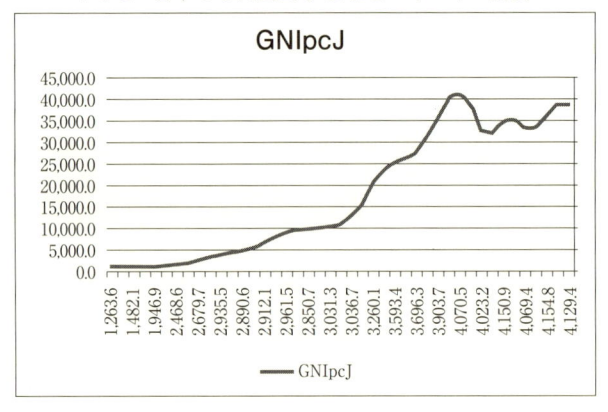

るかどうかは，今日の低炭素経済に対応する「高コスト」製品の製造の現状から，市場が納得でき，規模の経済性を発揮する低コストの消費繁栄の時代に変える力を持っているかどうかにかかる。日本と韓国は，この面において，世界レベルの研究開発力と製品製造の技術優位性を持っている。もし，現在，各国それぞれが持っている比較優位性を整合させることができないままに，各自の

第4章 東アジア連携の共通テーマとしての「資源節約型,環境保全型社会」の建設　61

4-2-3　中国の1人当たりGNIとエネルギー消費

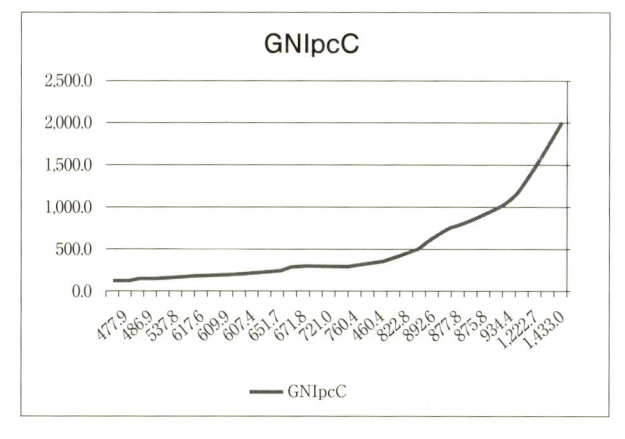

GNIpcC

4-2-4　ユーロ圏の1人当たりGNIとエネルギー消費

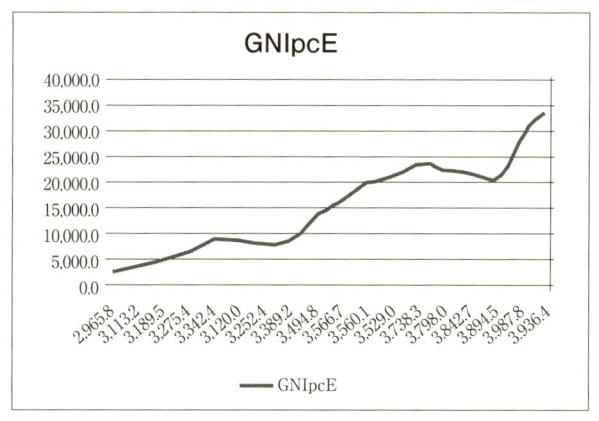

GNIpcE

力で欧米と競争するならば,結果として,今回の金融危機以前の受身的な経済発展という不均衡な局面に戻りかねない。地域として集合した力を合わせることができれば,中国は転換による大きなコストを克服することができると当時に,低炭素経済社会からより多くの所得効果を享受できる。すると,このような所得効果は,健全な制度体系と政策体系のもとで,決して貧富の両極分化の局面をもたらすのではなく,必ず地域全体の実際の購買力を高めることができる。その時に実現できる経済こそ,中国の人口ボーナスによる強大な消費潜在

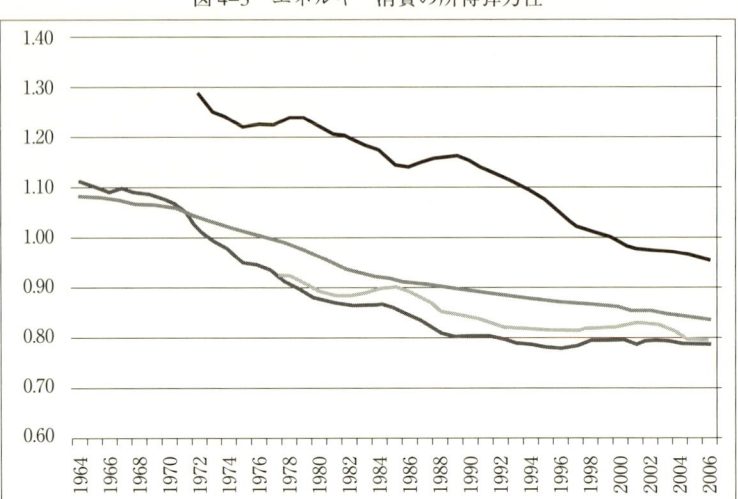

図4-3 エネルギー消費の所得弾力性

凡例: 中国　ユーロ圏　日本　米国

力は，アメリカの金融創造の氾濫による消費力よりもっと持続可能であり，健全でもある。同時に，アジア経済共同体の各構成国は，必ず，自らの連携努力から実りの大きい，安全な経済的価値を享受することができる。この意味からいえば，中国が提起した「資源節約型と環境友好型の社会」の建設は，「ポスト危機時代」の東アジア経済連携の主題になるべきである。

第 5 章

東アジアのFTAが企業・産業競争力に与える影響

1. はじめに

　欧米先進国が「リーマン・ショック」の後遺症を引きずる中，今後，世界経済を下支え・牽引する役割を期待されているのは東アジア新興市場である。今後，企業のみならずASEAN各国の成長は，これら新興国市場にいかに入り込むかにかかっている。

　2000年前後からASEANを中心とした東アジア各国は約10年間に亘り，FTA構築を主な通商政策としてきた。その結果，現在までに，東アジアではASEANと5つの対話国・地域とのASEAN＋1FTAが完成した。ASEANは中国やインドとFTAを締結しており，市場アクセス面で有利な条件を獲得している。

　しかし，FTAは全方面でウィン・ウィン関係を構築する万能な道具ではない。実際にAFTA構築の過程では，企業は最適化を求め域内拠点間での生産品目調整や相互供給を図る一方，生産拠点の統廃合を通じた規模の利益獲得・経営効率化を強化している。その結果，関係国間で投資の「集積国」と「逃避国」など格差が生じている。

　東アジア市場でも競争環境は大きく変わろうとしている。FTA時代において，同じ条件，同じ土俵での競争環境はもはや保証されない。企業にとって競

争環境変化を見極め，第3国間FTA活用も視野に入れた各拠点機能の見直し，事業戦略の再構築が早急の課題である。本章では，ASEANを中心に東アジアにおけるFTAの企業，産業への影響を概観する。

1-1 世界経済の牽引役「東アジア」でのFTA構築と利用の現状

1-1-1 進展した東アジア域内のFTA網構築作業

東アジアで最初のFTAは1993年に開始されたASEAN自由貿易地域（AFTA）であった。ASEANの「単一市場と生産基地」の核に位置付けられるAFTAは，1992年1月にASEAN経済相会議で「AFTAのための共通効果特恵関税（CEPT）協定」を署名したことに始まる。翌93年から関税削減を開始したが，当初の目標は2008年までに適用対象品目（IL）の関税率を0～5％に削減することであった。ASEANは，97年のアジア通貨危機など大きな外部環境の変化を受け，ASEANの「中心性」の維持・確保のため統合速度を加速した。先行加盟国はILの「0～5％化」を5年前倒しで2003年に達成，2010年には関税を撤廃している。新規加盟国も5年遅れの2015年の関税撤廃を目指している。

東アジアでは1993年にAFTAが開始されて以降，しばらくの間はFTA構築の動きは見られなかった。ASEANが対外通商戦略としてFTAを採用，東アジアを中心にFTA網構築を開始したのは1999年末から2000年にかけてである。その切っ掛けの1つは，WTO多国間自由化交渉の難航である。新ラウンド立ち上げを目指し，シアトルで第3回WTO閣僚会合（1999年11月）が開催されたが，主要国の立場の相違や途上国との対立，アンチ・グローバリズムの動きなどから枠組み交渉は決裂した。

以降，東アジアでは通商政策を，多国間自由化交渉の行方を見守りながらもFTA構築にその重点をシフトする傾向が強まった。多国間自由化交渉が遅々として進まない中，「FTAの空白地帯」である東アジア地域は，輸出機会の逸失回避を狙い，FTAに舵を切った。最初のFTA締結の動きは日本とシンガポールとで始まった。WTOシアトル会議の翌月1999年12月，日・シンガ

ポール首脳会談において，シンガポール側が日本側にFTA締結を提案，両国での共同研究実施に合意した。2000年10月に行われた両国首脳会談では，FTA交渉を2001年1月から開始することで合意した。

　この日本の動きに敏感に反応したのが中国である。2000年のASEAN首脳会議にあわせて開催されたASEAN中国首脳会議において，中国の朱鎔基首相（当時）がASEAN側に対し自由貿易圏構想に向けた作業部会を設置するよう提案した。翌年11月にブルネイで開催されたASEAN首脳会議で，中国とASEANとが10年以内のFTA設置に合意した。

　中国のASEAN接近を契機に，ASEANを巡るFTA構築の動きが活発化した。具体的には2002年11月の第1回ASEAN・インド首脳会議において，10年以内にインド・ASEAN間の経済連携強化およびFTA締結の可能性に向けて検討を進めていくことが決まり，翌年には，「インド・ASEAN包括的経済協力枠組み協定」を締結している。日本も同年，「日本・ASEAN包括的経済連携枠組み」を締結した。さらに2004年11月のASEAN首脳会議では，韓国と豪州・ニュージーランド（CER）とも，2005年早々にFTA交渉を開始することで合意している。日本もほぼ時を同じくし2005年4月からASEANとのFTA交渉を開始した。

　2000年代，ASEANをハブとして，中国，日本，韓国，インド，豪州・ニュージーランドとの5つのASEAN＋1FTAの構築作業が進められた。その結果，2010年は東アジア域内でFTA網構築を進めてきたASEANにとって大きな節目の年となった。2010年1月に，ASEANと中国，そして韓国との間で一部センシティブ品目を除き関税が撤廃された。また，インド，豪州・ニュージーランドとのFTAが発効，関税引き下げが開始された。このことにより東アジア首脳会議参加国の中で唯一ASEANが，全ての参加国とFTAを締結，他の参加国への輸出で関税減免の恩恵を一身に受けることが出来る体制を構築した。これでASEANの東アジア域内貿易自由化交渉は一段落した。

1-1-2 変わる世界の成長の構図と ASEAN の優位性

2000 年代後半，順調に拡大していた世界経済は，2007 年夏に米国のサブプライム・ローン（信用度の低い低所得層向け住宅ローン）の焦げ付き問題に端を発し，2008 年 9 月の「リーマン・ショック」を機に，世界経済はさらなる悪化の道を辿った。

金融危機は，資金流動性の鈍化や銀行部門の融資姿勢の硬化などを通じて実体経済にも影響を及ぼし，欧米先進国の需要は急速に冷え込んだ。

国際通貨基金（IMF）の世界経済見通し（2010 年 10 月）によれば，主要な先進国景気の急減速を要因に，リーマン・ショック翌年の世界の経済成長率は，2009 年に▲0.58％ に落ち込んだ。特に先進国の落ち込み幅は大きく▲3.2％ となった。

その間，世界経済を下支えしたのは東アジアの新興国である。アジア開発途上国は，主要輸出市場である米国や欧州の需要減退を受けて経済成長自体は減速したものの，6.9％ の成長を維持し，世界経済を下支えした。特に，中国は巨額の内需刺激策を打ち出し，自らは景気後退局面からいち早く脱するとともに，周辺国のアブソーバー的役割をも担った。また，巨大な人口を抱えるインドは，旺盛な内需に支えられ，金融危機の影響は軽微であった。

リーマン・ショックを境に，世界経済のけん引役として東アジアの役割に高い期待が寄せられている。購買力平価（PPP）ベース[1]で世界経済成長率の寄与率をみると，米国は 95 年から 2000 年の間は実に 25.7％ に達しており，当時，世界経済は名実ともに米国経済が支えてきたといえよう。しかし，リーマン・ショック以降はその牽引力にも陰りがみえ，今後 2015 年まで 10％ 台前半に留まる。その間，世界経済の牽引役として台頭してきているのは中国やインドを中心に巨大な人口を抱える東アジアである。ここで東アジア首脳会議参加 16 カ国（ASEAN プラス 6）を広義の東アジアとすると，95 年から 2000 年で 27.7

---

1) 経済規模を計る場合，ドルなど外国為替レートを用いる場合も多いが，貿易などの国際的取引や為替投機により，短期間で大きく変動する場面も度々見られる。購買力平価はそうした変動要因が除かれ，より実体経済を表しやすい。

表 5-1　東アジアおよび米国の世界経済成長に対する寄与率（PPP ベース）

	東アジア						米国
		ASEAN	日本	中国	インド	韓・豪 NZ	
85～90	24.3	3.6	9.5	4.7	3.3	3.1	19.6
90～95	33.5	6.0	6.5	12.2	4.4	4.3	21.4
95～2000	27.7	2.9	4.0	12.0	5.1	3.7	25.7
01	34.1	3.9	4.1	16.9	5.1	4.1	17.5
02	37.7	5.4	3.1	18.3	5.3	5.5	18.0
03	36.3	5.1	4.5	17.4	6.2	3.1	18.8
04	31.9	4.4	5.0	14.0	5.5	3.0	18.8
05	35.7	4.4	5.1	16.3	6.7	3.2	18.9
06	36.3	4.3	4.3	18.1	6.7	2.9	15.7
07	40.5	4.6	4.3	21.4	7.1	3.2	13.0
08	44.0	5.2	1.2	26.5	8.2	2.9	9.2
09	1,031.3	69.7	－202.0	887.9	241.2	34.5	－267.6
10	49.1	5.9	3.9	26.2	9.7	3.4	12.7
11	47.9	5.0	3.0	27.2	9.6	3.2	13.0
12	46.8	4.9	3.3	26.7	9.0	3.0	14.5
13	47.6	5.0	3.1	27.4	9.3	2.9	13.9
14	48.4	5.1	3.0	28.0	9.4	2.8	13.3
15	49.6	5.2	2.8	29.1	9.7	2.8	12.7

（出所）世界経済見通し（IMF）2010 年 10 月。

％であった東アジアの世界経済成長寄与率は，今後 50％弱にまで拡大することが見込まれている。中でも，中国とインドに世界経済成長の牽引役が期待される。

　中国，インドを含む東アジア新興市場獲得は，今や世界各国の企業の成長戦略とも位置付けられる。日本企業の場合，それら国々への市場参入には，これまで主に①新規進出・製造拠点設置，②日本の経済連携協定（EPA）を活用した輸出，が考えられた。しかし，リーマン・ショック以降特に中小企業を中心

に，資金繰りに苦慮している企業が多いことに加え，海外事業展開に対応出来る人材が不足していること等も新規進出・製造拠点設置を躊躇する理由となっている。また，日本のEPAを活用した輸出による市場開拓を目指そうにも，中国，インドとの間ではまだ正式なFTA/EPAはない。

このことは，在ASEAN日系企業にとって東アジア新興市場開拓のツールとして10年間構築作業を進めてきた5つのASEAN+1FTAを有効に活用出来る機会に映る。市場アクセス面で，ASEANはFTAにより他国に比べ有利なこと，さらにはASEANがこれら新興市場に距離的に近接していることも関心が高まっている理由である。これまで先進国市場に依存していたASEANは，FTAにより中国，インドなど東アジア域内の連携を強化することでこれら新興市場の需要拡大を自らの成長につなげることが出来る。

徐々にではあるが在ASEAN日系企業にとってFTAは有効なツールとみられつつある。実際，ジェトロがFTA利用の有無について在ASEAN日系製造企業に聞いたところ，2006年のその比率は輸出入とも10％台にとどまっていた。以降，緩やかにその比率は上昇していった。そして2010年，ASEAN先行加盟6カ国間，さらには同先行加盟国と中国，そして韓国との間でも関税が撤廃され，さらにASEANとインド，そして豪州・ニュージーランドとの間でもFTAが発効，関税削減が開始された。これを受けて在ASEAN日系企業の関心は急速に高まり，利用率も上昇している。2010年の在ASEAN日系製造業のFTA利用率は，輸出では前年比13.5ポイント増の43.2％，輸入では同10.8ポイント増の34.9％へと急伸した。在ASEAN日系企業の間で，輸出入双方でFTA利用が浸透しつつあることが表れている。

表5-2　在ASEAN日系製造業におけるFTAを利用している企業の割合

(単位) ％

	2006年	2007年	2008年	2009年	2010年
輸出	19.7	19.3	23.0	29.7	43.2
輸入	16.0	16.7	19.7	24.1	34.9

(出所) 在アジア・オセアニア日系企業活動実態調査 (ジェトロ)。

1-1-3　FTA 利用上の問題点

　FTA による関税削減・撤廃は，全ての品目に対して認められるわけではない。輸出入国間で FTA が締結され，且つ当該輸出国製品であることが前提条件である。そのことを証明するのが原産地証明書（CO）である。例えば，ASEAN の場合，域内で使われる CO は「フォーム D」と呼ばれる。

　製品輸入時にフォーム D を税関に提示することで，輸入者は関税減免の恩恵が受けられる。当該製品の原産地の判定を受け，証明書を取得する手続きは製造者もしくは輸出者側が行わねばならない。ASEAN の製造企業もしくは輸出者の中には，原産地証明書取得に対し，求められる書類が多い等煩雑と感じている場合もある。また，原産地規則が FTA 毎に異なる「スパゲティボウル」現象が企業の FTA 利用を妨げているとする研究者も多い。

　実際，ジェトロが在 ASEAN 日系企業に対し利用上の問題点を聞いたところ，輸出で既に利用している企業の中では，「原産地証明書取得手続きが煩雑である」としている企業が 30.1% ある一方，「特に問題はない」と回答している企業はそれを上回る 34.3% に達する。一方，輸入では 43.9% が「特に問題はない」と回答している。既に輸出入で，FTA に関する手続きは通常のオペレーションの一部になり，その制度が既に社内で浸透している企業が多いことを物語っている（表 5–3）。

　しかし，CO 自体が，実際の取引形態に合致していないことが利用を妨げている側面もある。例えば 2010 年 7 月，ASEAN 日本人商工会議所連合会（FJCCIA）は ASEAN 事務局スリン事務総長との定期対話の中で，ASEAN 事務局のイニシアチブにより優先的に解決，もしくは改善への取り組みが期待されるビジネス上の障害等 6 項目を提起した。その中の 1 項目として「AFTA フォーム D 取得に関する問題」が挙げられている。ここでは，以下 2 つの問題を提起した。

① CO 発給申請において，「インボイス」の提出が求められている。また，関税番号変更基準での CO 取得にもかかわらず，関税番号変更と

表5-3 FTA活用に際しての在ASEAN日系企業の問題点（複数回答）

単位：%

<輸出>	FTA活用中	FTA活用検討中	FTA活用予定なし
有効回答（社数）	216	144	365
原産地証明書取得手続きが煩雑である	30.1	23.6	7.7
既存FTA/EPAの原産地規則が各々異なり煩雑である	11.1	11.1	6.6
原産地規則自体のハードルが高い	9.7	10.4	13.4
原産地証明書の審査・発給コストが高い	8.8	9.7	2.7
部品調達先がFTA/EPA制度を知らず，必要書類が取得出来ない	5.1	8.3	7.1
輸出先で輸入関税が減免されており，FTAのメリットがない	5.1	7.6	3.8
輸出先の一般関税が低く，FTAのメリットがない	4.2	7.6	4.9
輸出先との間にFTA/EPAが存在しない	3.7	6.3	3.0
特に問題はない	34.3	27.8	33.2
その他	5.1	5.6	4.9

<輸入>	FTA活用中	FTA活用検討中	FTA活用予定なし
有効回答（社数）	180	160	397
投資恩恵スキームなどで既に関税免税を享受しているため，メリットがない	10.6	18.1	24.9
調達先がFTA/EPA制度を知らない	8.9	10.6	7.8
段階的なFTAの関税率引き下げでは一般との関税差が少なく，メリットがない	8.3	8.1	4.8
一般関税が低く，FTAのメリットがない	5.0	8.1	3.3
関税が賦課される国内向け販売が少ない	5.0	6.9	3.0
仲介貿易によるFTA利用が認められていない	3.9	5.6	3.0
輸入元との間にFTA/EPAが存在しない	3.9	3.8	0.5
特に問題はない	43.9	26.3	30.5
その他	7.2	6.3	5.0

(出所) 在アジア・オセアニア日系企業活動実態調査（2009年度調査）（ジェトロ）。

は無関係の「コスト分析表」の提出が求められている。

② COにFOB価格の記載が求められている。このため，仲介貿易においてAFTAの利用が進まず，ASEAN域内貿易の拡大機会を逸している。

　これら問題から，FJCCIAはASEAN事務局に対しCO発給申請書類のうち「インボイス」の提出を，関税番号変更基準利用の際には「コスト分析表」の提出を，それぞれ省略することを求めた。またCOにはFOB価格を記載しないことを求めている。

　AFTAの原産地規則は2008年8月以降，これまでの「域内累積付加価値率40％以上」から，同基準と「関税番号変更基準（4桁）」との選択性になった。しかし，ASEAN諸国の多くは，新基準を企業が用いた場合であっても，これ

まで通りインボイスの提出を求めるなど簡素化されてはいない。

このため今回，FJCCIA は AFTA 利用円滑化のため，「インボイス」や「コスト分析表」等の提出省略化を求めた。なお日本では，EPA 利用に際し，当初は ASEAN と同様にインボイスの提出を求めていたが，企業の負担軽減を通じた EPA の利用促進を図る観点から省略した経緯がある。

もう 1 つの問題点は，CO 上に FOB 価格が記載されていることである。ジェトロが 2007 年 11～12 月に行ったアンケート調査によると，在 ASEAN 日系製造企業 570 社のうち，アジア域内向け輸出で仲介貿易を使っている企業は 91 社（16.0％）だった。輸出者と仲介者，そして輸入者が全て同じグループ内企業であれば，大きな問題はない。しかし，最終輸入者がグループ外企業であった場合，輸入者は「CO に記載された FOB 価格」と「仲介国企業からのインボイス」を比較することで，仲介者のマージンを知ることが出来る。その結果，仲介国企業は最終輸入者に自らのマージンを知られることを避けるため，域内取引で関税が減免されたとしても AFTA 利用を回避することになる。

ここでは AFTA に関する問題点を例示したが，各々 FTA によって利用上の規則は異なり，問題点はこれに留まらない。在 ASEAN 企業の FTA 利用促進には，実際のビジネス形態に対応する形での改善が求められる。

2. FTA が各国産業・企業に与える影響

2-1 FTA 構築が企業に及ぼす影響

在 ASEAN 企業は FTA により，輸出面では他国に対し競争上優位に立つことが出来る。また FTA 締結国間に複数拠点がある企業にとっては，集中生産，相互補完でより効率的な生産体制の構築が可能になる。その一方で 2 つの点で両刃の刃になる可能性もある。まず，FTA 締結相手国からの輸入品によって脆弱な国内産業を中心に影響を受ける可能性があることである。さらに関税障壁の低減，撤廃により，これまで FTA 締結国間に複数拠点を置く企業は事業効率化のため，拠点の統廃合を図る方向にベクトルが向かう。その場合，FTA 締結国間で事業を拡大する国がある一方で，縮小・撤退により投資が流出する

国が出ることになる．ASEAN で関税削減による市場統合が企業に対してどのような影響を与えたか概観する．

東アジア地域で最初の FTA「AFTA」は前述の通り，1993 年から関税削減を実施，2003 年には先行加盟国で関税削減・撤廃対象品目（IL）で関税が 5% 以下に削減された．ASEAN 事務局によれば，1993 年で 12.76% であった加盟国（当時 5 カ国）の単純平均 AFTA 特恵関税率は，先行加盟国が 5 年前倒しで「IL の 0〜5% 化」を達成した 2003 年には 2.39%，2010 年では 0.05% にまで低下，ほぼ例外なく関税が撤廃されている．

2010 年 8 月に開催された ASEAN 経済相会議では，先行加盟 6 カ国において全品目の 99.65% を占める品目の関税が撤廃されたことが報告された．これは ASEAN 全体における域内輸入の 87.2% に相当するという．

AFTA の関税削減・撤廃により，ASEAN 各国毎に重複投資が求められた時代は終焉を迎えた．FTA を所与の条件として新たに投資をする企業は，労働コスト，裾野産業の充実度，市場へのアクセスの容易性など，様々な条件を鑑み ASEAN 域内で 1 カ所投資先を選定すれば，ASEAN 5 億 9 千万人市場にアクセスが可能になる．

一方，既に拠点を持っている場合は，拠点ごとに製造する品目を調整し，集中生産，相互供給を図る選択肢もある．その一方で，拠点を統廃合し，最適生産拠点で輸出・国内向け双方の製品を製造，規模の利益追求を指向する場合もある．

表 5-4 は ASEAN において電気機器分野の大手日系企業の生産拠点数を表したものである．ここでは AFTA が本格化する以前の 2002 年と，関税撤廃前夜を迎えている 2009 年とで生産拠点数，およびその増減を示したものである．この間，大手電機メーカー 7 社の拠点数は全体で 23 拠点減少した．パナソニック，三菱電機を除く全ての電気機械企業の生産拠点数が減少（撤退，もしくは他拠点との統廃合）している．この間，最も生産拠点数を減少させたのは日立製作所であり，14 拠点から 4 拠点へと 9 拠点減少させた．これにソニーが 7 拠点減で続く．

国別に見ると，特に，マレーシアでの拠点数が31拠点から11拠点へと減少しており，特に家電製品を中心にタイなどに製造拠点を統合する動きがあった。また，パナソニック，三洋電機が各々拠点数を増やしたベトナム以外は，全ての国で製造拠点の統廃合があり，拠点数を減少させている。ベトナムは，①2002年当時はまだ生産拠点を有している企業は限られていたこと，②これまでベトナム国内で製造しない限り国内市場への供給が出来なかったこと，③ベトナムのAFTAによる関税撤廃期限は2015年（一部は2018年）とASEAN先行加盟国に比べ5年先であること，がその要因として考えられる。

但し，ベトナムももはや域内拠点統廃合の流れに逆うのは難しい状況になりつつある。ベトナムは，1995年1月からWTO加盟交渉を開始し，約10年以上にも亘る交渉の末，2006年11月にWTO一般理事会で念願の加盟承認を取り付けた。同月末にはベトナム国会で批准，2007年1月11日に150番目としてWTOに正式加盟した。WTO正式加盟の際，ベトナムはサービス分野において米越通商協定の8分野65業種を上回る11分野110業種の開放を約束している。流通サービス分野については，09年1月以降，100%の外資出資を可能にすることを約束した（ただし，2店目以降は許可取得が求められる）。実際に卸売分野が2008年に，さらに小売分野が2009年にそれぞれ開放された。これによって，外資系企業は商業活動および商業と直接関連する活動に従事するための投資を行う権利（輸出入権，販売権）を取得し，自ら輸出入，および卸売に参入する道が開かれた。

ベトナムはAFTA実施以降の1995年にASEANに加盟した。AFTAでベトナムは2006年にILを0〜5%以下に削減，2010年にはILの総品目数のうち57%で関税が撤廃されている。最終的には2015年に一部品目を除いて関税が撤廃される[2]。裾野産業が未成熟な中，このWTO上の自由化措置とAFTAの関税削減措置が進展しており，ベトナム国内市場を志向する企業であっても小

---

2) ベトナム財務省国際協力部関係者によると，AFTAで2015年に関税を撤廃しない品目は全体の7%であり，ほぼ全ての自動車，二輪車製品が含まれる事になるという。

表5-4　ASEANにおける日系家電会社の生産拠点数推移

単位：数

品目 国・地域	パナソニック			ソニー			日立製作所			東芝		
	2002	2009	増減	2002	2009	増減	2002	2009	増減	2002	2009	増減
ASEAN	48	48	0	15	8	▲7	14	5	▲9	18	13	▲5
ベトナム	1	4	3	1	1	0			0	1	1	0
タイ	10	13	3	5	3	▲2	6	3	▲3	7	4	▲3
シンガポール	7	6	▲1	2	2	0	2	1	▲1	3	2	▲1
マレーシア	17	14	▲3	3	1	▲2	3		▲3	2	2	0
フィリピン	5	2	▲3		0		1	1	0	1	2	1
インドネシア	8	9	1	4	1	▲3	2		▲2	4	2	▲2

品目 国・地域	三洋電機			富士通			三菱電機			7社計		
	2002	2009	増減	2002	2009	増減	2002	2009	増減	2002	2009	増減
ASEAN	12	11	▲1	10	8	▲2	11	12	1	128	105	▲23
ベトナム		4	4	2	2	0			0	5	12	7
タイ	1	1	0	2	3	1	7	6	▲1	38	33	▲5
シンガポール	2		▲2		0		1	1	0	16	12	▲4
マレーシア	2	1	▲1	3	1	▲2	1	1	0	31	20	▲11
フィリピン	1		▲1	3	2	▲1	1	2	1	12	9	▲3
インドネシア	6	5	▲1		0		2	2	0	26	19	▲7

（出所）海外進出企業総覧（2003年版、2010年版）より筆者作成。

売・卸売業務を行う拠点のみ設置，国内に製造拠点は置かずにFTAにより周辺国から完成品を調達するビジネスモデルを選択する企業が増加すると見られる。

実際に，ベトナムで国内向けに薄型液晶テレビを製造していたソニーは，08年に輸入・卸売業務が認められたことに伴い製造から撤退し，100％外資出資による輸入販売会社に移行した。同社関係者によれば，決断の背景には輸入・卸売ライセンスの取得，AFTAによるベトナムの輸入関税低減化に加え，AFTAの原産地規則の緩和の影響もあったという。薄型液晶テレビは日本，韓国，台

湾などから調達するパネルの価格が全体の約6〜7割を占め，これまで付加価値規則を条件としたAFTAを活用し周辺国から輸入するのは難しかった。しかし，関税番号変更基準（CTC）導入により周辺国で製造した薄型テレビもASEAN産として認定されることになり，AFTA活用の道が開かれた。このことにより，ソニーはベトナムでのテレビ生産を中止し，薄型テレビを中心とする輸入卸売会社に移行することを決断した。

現在までに，2003年頃から始まったASEAN先行加盟国大での拠点再編はある程度は一段落した。今後の注目は，同様の動きが5つのASEAN＋1FTAによる関税低減・撤廃によってASEANと5つの対話国との間で起こるかどうかである。それら国々とASEANとで工程間分業が進展するかどうかは，通関円滑化を通じた総合的な物流効率化により，分業が考えられる程度にまで物流リードタイムが短縮出来れば，生産・調達体制の見直しが進められる可能性がある。

既にその萌芽が見られる。2009年10月31日付日本経済新聞は，ソニーはタイでの液晶テレビ生産を2010年3月迄に終了すると報じた。ソニーはこれまで液晶テレビを製造していたアユタヤ工場を，マレーシアで担ってきたデジタル一眼レフカメラの部品製造に置き換えた。これまでソニーは液晶テレビ生産において，東南アジアでマレーシア工場を主力とし，一部タイでも生産，タイ国内に加えてタイ・インドEHPを活用し，インド市場に投入していた。2010年1月にASEANインドFTAの発効が確実化したことを受けて，ソニーは薄型テレビの生産を主力工場マレーシアに集約，マレーシアからインド市場へ輸出を開始した。ASEANで拠点再編が一段落し，今後は東アジア大で拠点再編，サプライチェーンネットワークの改変が水面下で行われることになろう。

2-2 FTAの各国産業競争力への影響

AFTAが本格化する2003年以前，ASEAN市場は各々高い関税障壁で国毎に分断されていた。集中生産により生産効率を追及することでコスト競争力を実現するビジネスモデルを諦め，市場参入を優先しASEAN域内での重複投資を

決断した企業も多い。

　生産規模が小さいなど競争力上課題を抱えていたASEANの産業構造に，AFTAは「変革」を促した。企業はASEAN大で最適生産体制構築に乗り出した。ここでは前述の通り，拠点の統廃合や拠点間での生産品目調整を実施し，域内集中生産・相互供給体制を構築した。

　ここでは，インドネシア，マレーシア，フィリピン，タイ，ベトナムのASEAN 5カ国の総輸出の33.4%（2008年）を占め，工程間で国際分業が行われ易い機械機器分野に注目し，AFTAによる域内産業再編はASEAN各国の産業競争力にどのような影響を与えたかを検証する。検証方法として同5カ国について，シンガポールを除くASEAN域内貿易[3]における貿易特化係数の変化を見る。貿易特化係数とは，当該品目の輸出額から輸入額を引いた純輸出額を，輸出額と輸入額を足した往復貿易額で除すことで算出される。貿易特化係数が「1」に近ければ近いほど当該分野の貿易は輸出に偏り，「比較優位」であることを意味する。一方，「−1」に近づけば輸入に偏っていることを意味し，「比較劣位」を示す。「0」ならば輸出入が均衡しており，競争力は「中立」であることを表す。

　AFTAの本格実施に伴い，ASEAN域内で企業の拠点再編が行われた結果，2003年と2008年の5年間でASEAN加盟国間の競争関係は大きく変化した。概して競争力を強化したのはタイ，マレーシアである。一方，インドネシア，フィリピンは，競争力下落を余儀なくされ，先行加盟国の間で二極分化した（表5-5）。

　2003年時点で輸送機器以外の全ての機械機器で域内輸入超過を示し，競争力上比較劣位であったタイは，2008年では精密機器を除き競争力を正の方向に反転させた。また，輸送機器については，2003年で0.25ポイントと既に競争力があることを示していたが，2007年には更に0.52ポイントまで向上，域

3）　シンガポールは中継貿易拠点としての位置付けも強い。2007年で同国の輸出の47.9%は再輸出（機械機器では59.3%）。そのため，シンガポールを除くASEAN 9カ国との貿易で貿易特化係数を算出した。

内で揺るぎない地位を獲得した。輸送機器分野では，タイ以外の4カ国は全てマイナスを示しており，「アジアのデトロイト」といわれるまでにタイで自動車産業が集積，競争力を強化したことが表れている。

同様の動きを示したのがマレーシアである。マレーシアは一般機械，電気機器については，タイと同様，比較優位を維持，もしくは向上させている。その一方，精密機器ではベトナムがプリンターなどの輸出強化により競争力を向上させているのを除き，他の3カ国は競争力を下落させている中，マレーシアが0.62ポイントを記録するなど，一方的な輸出超過となっている。

それに対し，インドネシア，フィリピンは，AFTAの本格化により，全ての分野で貿易特化係数がマイナスを示すなど比較劣位を余儀なくされた。特にフィリピンは，AFTAによる拠点再編の一環で複数の企業が他のASEAN加盟国に移転するなど拠点統廃合の憂き目を見，競争力を下落させている。2003年時点でフィリピンの機械分野における貿易特化係数は，精密機器を除き全てプラスを示していた。特に，電子部品を中心に電気機器等についてはこれまで競争力を有していると見られてきた。しかし，2008年には一転，全ての分野でマイナスとなり，特に電気機器は一方的な輸入超過を示した。

ベトナムは，2003年時点で一般機械がわずかにプラスを示していたが，2008年には反転，唯一，精密機器がプラスに転じたに過ぎない。ベトナムは裾野産業の脆弱さから，タイなどASEAN域内からの輸入に依存しており，その状態が表れている。キヤノンはベトナム北部で2001年にインクジェットプリンターの生産拠点を設立し，2002年半ばに稼動させた。2004年にはレーザービームプリンター工場を設置するなど，ベトナムを世界最大の生産拠点に位置付けた。同社の動きが，ベトナムの精密機器分野の競争力向上として表れている。

ASEANが経済共同体構築（AEC）を目指している中，ASEAN統合の象徴ともされる措置「AFTA」で，競争力格差が生じたことから，AEC実現に向けた各種統合措置の確実な実施に後ろ向きな国が出てくる可能性がある。そのため，当該国で比較優位を失いつつある分野は後発加盟4カ国など他のASEAN加盟国への投資を促すなど，ASEAN統合に対する遠心力を予防する施策を実

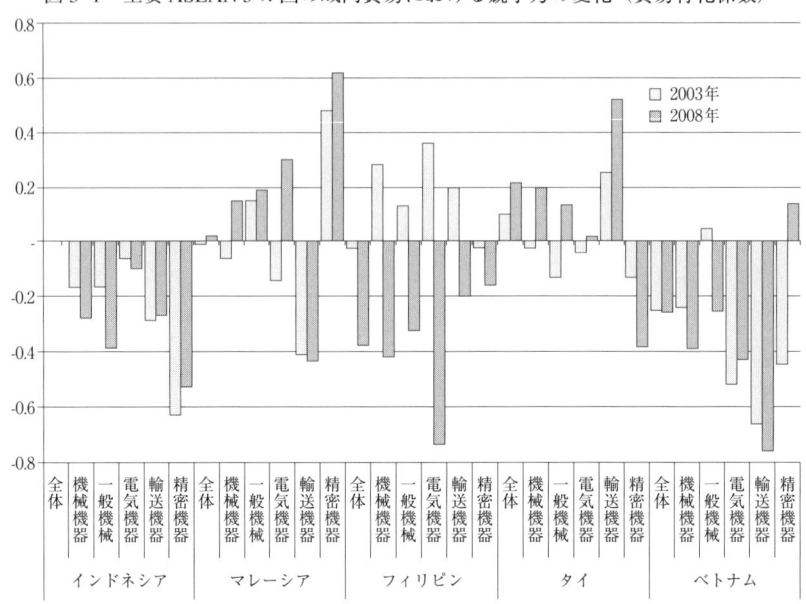

図 5-1　主要 ASEAN 5 カ国の域内貿易における競争力の変化（貿易特化係数）

施する必要があろう。

3. ASEAN＋1FTA 完成で変わる企業戦略

3-1 「ASEAN 単一市場」への輸出で発生する競争力格差

　ASEAN・インド間，ASEAN・豪州・ニュージーランド間とのFTAが，2010年1月1日に発効したことで，東アジア域内で5つのASEAN＋1FTAが完成した。しかし，これはASEAN市場において日本，中国，韓国，インド，豪州・NZとの間で対等な競争環境が整ったことを意味するわけではない。

　同じ品目であってもASEANが輸入する際，①関税削減のベースとなった時点のMFN税率，②交渉の結果として得られる特恵マージン，③発効時期，などを要因に，原産国の違いによって関税差が生じることになる。例えば，日本製品と韓国製品とで関税差を要因とした市場価格差が生じる品目も出てこよう。関税削減速度が同じであれば，先行してFTAを締結・発効した国が有利となるが，その一方，交渉が遅れた国は先行している国のFTAを研究し，交

渉相手国のセンシティビティ，また交渉相手国がどの分野で自国の市場アクセスに関心が高いかなどを分析した上で，自らの交渉戦略に反映することが出来るというメリットがある。

日本がFTA/EPA締結において韓国の先を行っていたタイも例外ではない。タイは，日本にとってASEAN最大の輸出相手国（2009年）であり，全体でも第6位の重要な市場である。日本はタイとの間で日タイ経済連携協定（JTEPA）を2007年11月1日に発効させた。一方，韓国がASEANと構築したASEAN韓国自由貿易地域（AKFTA）は2006年8月[4]に署名され，翌2007年6月に発効した。両者の差は5カ月である。しかし当時タイは，韓国側の除外品目に，タイの主要輸出品であるコメや鶏肉が入っていることを不服とし，ASEANの中で唯一署名を見送った。そのため，AKFTAはタイを除く形で署名，発効した。以降，韓国とタイとは二国間で個別に交渉を続けた。その結果，特定産品128品目について，韓国はタイ側輸入関税削減・撤廃を，当初予定の「2010～12年」から「2016～17年」に延ばすことを認めることで交渉は妥結した。タイと韓国とは2009年2月27日に「ASEAN・韓国包括的経済協力枠組み協定の下での物品貿易協定のタイ加入議定書」に署名，タイがAKFTAに加わることになった。タイは正式に2009年10月1日にAKFTAに参加した[5]。

日本はJTEPA発効以降，タイ市場において韓国製品に対し競争上優位に立ってきたが，タイがAKFTAに参加したことで競争関係は逆転する。表5-6はタイにおいて，対日本と対韓国とのEPA/FTAでの関税撤廃品目数と全品目に対するその割合を示したものである。AKFTAが発効した2009年10月時点で，タイは日ASEAN包括的経済連携協定（AJCEP）で全品目の44.8%（2,469品目）で，JTEPAでは同46.7%（2,810品目）で，それぞれ関税を撤廃している。一方，韓国に対しては日本を上回る53.8%（2,967品目）を即時撤廃する。

---

4) AKFTAは一旦は2005年12月に署名されたものの，発効前の2006年5月，そして最終的に2006年8月に改訂議定書に署名された。

5) ただし，発効したAKFTAの対象国はASEAN 10カ国で韓国は含まれていない。韓国との間で発効したのは2010年1月1日。

表 5-5 タイの対日本,対韓国との FTA/EPA の関税撤廃品目・率推移

(単位) 品目

撤廃時期	日本 (AJCEP)		日本 (JTEPA)		韓国 (AKFTA)		(参考) 中国 (ACFTA])	
		比率		比率		比率		比率
2004 年							145	2.3%
05 年							600	9.6%
06 年								
07 年			2,588	43.0%			837	13.4%
08 年	2,469	44.8%			259※	4.7%		
09 年			2,810	46.7%	2967※	53.8%	2,810	45.1%
2010 年	2,686	48.7%	3,490	58.0%	4,916	89.1%	5,637	90.4%
11 年	3,368	61.1%	3,511	58.4%				
12 年	3,389	61.4%	4,604	76.6%	5,081	92.1%	5,786	92.8%
13 年	4,475	81.1%	4,747	78.9%				
14 年	4,499	81.6%	4,845	80.6%				
15 年	4,597	83.3%	5,191	86.3%				
16 年	4,932	89.4%	5,527	91.9%	5,131	93.0%		
17 年	5,115	92.7%	5,870	97.6%	5,209	94.5%		
2018 年	5,346	96.9%						
総品目数	5,516		6,014		5,515		6,237	100.0%

(注) AJCEP の関税削減日は 2008 年は 12 月 1 日,以降 4 月 1 日。
　　品目数は譲許表掲載ベース。基本的に HS 6 桁。一部品目でより細かく分類。
　　※譲許表掲載も,タイ国会で未批准のため,撤廃されなかった。
(出所) AJCEP, JTEPA, AKFTA 協定書をもとに著者が作成。

しかし,翌 2010 年にはその差は縮まるどころか一気に拡大する。AJCEP と JTEPA の撤廃率は各々 48.7%,58.0% であるのに対して,AKFTA では新たに 1,949 品目で関税を撤廃,その比率は 89.1% に達し 2005 年から関税削減を進めてきた中国 (90.4%) に肉迫する。2010 年以降,日本も徐々に関税が削減されるが,関税撤廃率 90% に至るには,AJCEP で 2017 年,JTEPA で 2016 年ま

で待たねばならない。日本がASEAN各国と締結したEPAについて、最終的な自由化率は韓国、中国に比べ高いものの、中国、そして出遅れたはずの韓国の関税撤廃スピードが際立っている。

表5-6の通り、日本は2012年では品目数で61.4%の関税を撤廃出来ているに過ぎない。単純には比較できないものの、2012年時点で約3割の品目で、韓国製品の関税が撤廃されている一方で、日本製品には依然として関税が残存している。

タイにおいてJTEPAとAKFTAの特恵税率を発効直後の2009年、2010年、そして2012年、2015年の4時点で品目毎に比較した。AKFTA発効直後の2009年10月1日で、日本が有利な品目は全体の17.9%にとどまる一方、不利な品目は39%にのぼる。翌2010年では日本が有利な品目が7.7%と減少する一方、不利な品目も減少するものの31.3%と依然として3割台を維持している。2012年、15年と時期の経過とともに、関税同率の割合が上昇、2012年ではその比率は79.7%、15年で84.2%になるなど、韓国と日本とが同じ土俵の上でほぼ対等な競争が出来るのは2010年代半ばまで待たねばならない。

日韓との間で競争環境が激変する2010年、品目別に関税の優劣状況をみると、品目数ベースで最も劣位に立たされるのは木材パルプ・紙製品（HS47〜49）で、全体（164品目）の84.8%（139品目）で日本からの輸出は不利になる。こ

表5-6 JTEPAとAKFTAにおけるタイ側関税の比較（全品目ベース）

	2009年		2010年		2012年		2015年	
		シェア		シェア		シェア		シェア
①日本有利(JTEPA＜AKFTA)	1,076	17.9%	465	7.7%	352	5.9%	541	9.0%
②関税同率	2,594	43.1%	3,665	60.9%	4,794	79.7%	5,062	84.2%
③日本不利(JTEPA＜AKFTA)	2,344	39.0%	1,884	31.3%	843	14.0%	365	6.1%
④その他(比較不可能)		0.0%		0.0%	25	0.4%	46	0.8%
合計	6,014	100.0%	6,014	100.0%	6,014	100.0%	6,014	100.0%

（注）AJCEPの関税削減日は2008年は12月1日、以降4月1日。
　　　韓国の関税削減スケジュールは08年から。ただし09年発効として09年スケジュールを勘案。
（出所）JTEPA、AKFTA協定書をもとに助川成也が作成。

れに履物・帽子・傘等（HS64〜67）が82.1%，調整食料品・飲料・たばこ（HS 16〜24）が67.3%でそれぞれ続く。ただしこれら分野は，タイの対日輸入額全体の各々1.1%，0.01%，0.22%（2009年）を占めるに過ぎず，影響は限定的とみられる。

タイの対日輸入（2009年）において，輸入シェアが高い分野での競争状況を見ると，同シェアが43.1%に達する機械類および電気機器（HS84〜85），20.3%に達する卑金属および同製品（HS72〜83）について，前者は841品目中487品目（57.9%），後者は1,078品目中652品目（60.5%）は関税率が同率で対等な競争環境にある。しかし，日本が不利となる品目も各々281品目（同33.4%），283品目（26.3%）ある。この2つの分野はタイの対韓国輸入の各々37.9%，26.1%を占めるなど，日本と同様，韓国の主要輸出分野であり，今後，日韓製品が厳しく競合する場面が出てくることになろう。

ASEAN市場は日本企業の牙城といわれて久しい。2010年以降，タイに見たようにFTA/EPAの関税差を要因として，韓国製品との競争が一層激化，品目によっては競争上不利になる品目もある。東アジア域内が複数のFTAで結ばれている現在，同じ条件，同じ土俵での競争環境はもはや望めない。

3–2 EPA未締結第3国での韓国企業との競合

広範囲に生産ネットワークを張り巡らせた日本企業の場合，競争環境変化を見極め，第3国間FTAの活用も視野に入れた各拠点機能の見直し，事業戦略の再構築が求められる。例えば，中国と並び世界経済をけん引することが期待されているインドについて，韓国は2010年1月にFTAである包括的経済協力協定（CECA）を発効させた。日本もインドとのEPAについて，2007年1月に交渉を開始，2010年9月に大筋合意に達し，翌10月にはシン首相の来日にあわせ正式合意した。ただし，現在までに署名には至っておらず，今後，首脳同士が集まる機会に署名したとしても，日本では国会での批准手続きが求められることから，発効には署名からさらに半年から1年弱の期間が必要になる。

そこで，日本企業の製造拠点が集積するASEANを活用することが考えられ

る。ASEANは2010年1月にインドとの間でFTAを発効させ，インド側は2013年末には約7,800品目，全体の64%でASEANに対して関税を撤廃する。韓国に比べおおよそ3年程度早いペースで関税が撤廃されるため，インド市場開拓に際し在ASEAN拠点と第3国間FTAの利用も視野に入れた各拠点機能の見直し，事業戦略の再構築が不可欠である。

表5-7　インドの相手国別FTA/EPAの関税撤廃品目・率推移

単位：品目

撤廃時期		韓国(CECA)	比率	日本(未発効)	比率	ASEAN(AIFTA)(ASEAN 5)	比率
2010年		460	3.9%	403	3.3%	399	3.3%
2011年							
2012年							
2013年	1月1日					1,097	9.0%
	12月31日					7,798	64.0%
2014年		908	7.8%				
2015年							
2016年	1月1日						
	12月31日					9,040	74.3%
2017年		9,097	77.7%				
2018年	1月1日						
	12月31日						
2019年	1月1日						
	12月31日						
総品目数		11,710		12,175		12,175	

（注）ASEAN 10カ国のうち，フィリピンのみ別スケジュールを適用。
　　　品目数は譲許表掲載ベース。基本的にHS 8桁。
（出所）ASEANインドFTA協定書をもとに助川成也が作成。

4. おわりに

2010年，ASEANが東アジア域内で構築してきた5つのASEAN＋1FTAが出揃った。これによって東アジアの地域経済圏形成は新たな段階に入る。次のステップとして，これまで東アジア大の広域経済圏として，日本が主導する東アジア包括的経済連携（CEPEA；ASEAN＋6）構想，中国・韓国が推進する東アジア自由貿易地域（EAFTA；ASEAN＋3）構想の2つがあった。これら2つの構想を東アジア統合実現に向けた礎石にするため，原産地規則，関税分類，税関円滑化，経済協力の4分野について，政府間で段階的に議論することで合意している。しかし，ASEAN側はまずASEAN内で4つのワーキンググループ設置し，議論が整った後に関係国（プラス3，プラス6）を招いて議論するなど，その歩みは遅い。

その中で俄かに注目を集めているのが，「環太平洋戦略的経済連携協定」，いわゆるTPPである。2008年9月に米国が投資や金融に加え全分野の交渉に参加を表明して以降，東アジア各国の衆目を集めている。TPPにより，リーマン・ショック以降も依然として圧倒的な存在感を誇る米国市場などに参入出来るとともに，後から参加を希望する国々に自らに都合がいい形で市場開放の要求を突き付けることが出来る。そのため，今後日本のみならず他のAPEC加盟国をも強く惹きつける魅力を持つ。

その反面，対価として，除外品目がほとんど認められない高水準のFTAであるため，関税に加え非関税障壁などの削減・撤廃も既存参加国から強く求められる可能性が高く，一部の国内産業に大きな痛みを強いるものになる。

これまで見てきた通り，FTAは必ずしも関係国に万遍なくウィン・ウィン関係をもたらすものではなく，FTAは強い産業をより強く，弱い産業は何らかの強化策や補償措置・政策を採らない限り，衰退の一途を辿らざるを得ないことを肝に銘じる必要がある。そのため，食糧を含め国民の安全保障に関わる産業は，自由化までの限られた時間の中で真剣に競争力強化策や生き残り策を施すなど入念な準備が求められる。

参 考 文 献

ジェトロ海外調査部「在アジア・オセアニア日系企業の経営実態」(2009 年 3 月)。
富士キメラ総研「2009 ワールドワイドエレクトロニクス市場総調査」。
石川幸一・清水一史・助川成也編著「ASEAN 経済共同体」(ジェトロ；2009 年 8 月)。
東洋経済新報社「海外企業総覧」(各年版)。

第 6 章

東アジアの生産ネットワークの拡大と日本企業の事業の再構築
――デジタル家電のケース――

1. デジタル家電の生産ネットワークの拡大

1-1 日本発, デジタル家電の登場

　デジタル家電（薄型テレビ，デジタルカメラ，DVD など）は，パソコンのように他国から入ってきた製品とは違い，日本で生まれ，日本の消費者が育てた製品である。最初に日本市場で市場が立ち上がり，次に米国，欧州で市場が拡大，そしてアジアなど世界に製品が普及している。日本発の製品ということで日本企業が市場のイニシアチブを握れる可能性が高いと期待されていた製品である。市場が立ち上がった当初は，機器開発と市場占有率の両面で日本企業の

表6-1　世界生産に占める日本のシェア（%）

	2002 年	2005	2008
LCD-TV	62.3	20.6	8.4
PDP-TV	71	14.4	9.8
DSC（デジタルカメラ）	44.5	31.1	17.4
DVD レコーダ	100	28.2	7.6

（出所）富士キメラ総研。

存在感が極めて大きく，デジタル家電の生産は日本に集中していた。（表6-1）

　薄型テレビは，1999年にシャープが液晶テレビを発売，次いで複数のメーカーが追随し，2001年には世界生産の86％を日本企業が占めていた。しかし，海外でデジタル家電の市場が立ち上がるにつれて，日本における生産の優位性も急速に薄れ，世界生産から日本が消えてゆく。2004には日本からアジアに薄型テレビの生産の中心が移り，世界生産に占めるアジアのシェアは48.8％，日本の33.8％を上回った。05年には中国生産が本格化してアジアが最大の生産拠点となっている。また，07年には欧州市場向けの供給拠点としてポーランド，チェコ，スロバキアの中東欧で工場建設ラッシュが始まっている。薄型テレビの世界生産に占める日本シェアは，液晶テレビで2008年には8.4％にまで低下している。

　DSC（デジタルスチールカメラ）は，1999年末頃から始まった高画素数化競争や小型化競争などで熾烈な競争に伴い市場が拡大し，価格もフィルムカメラ並みとなった。普及し始めた2001年には，世界生産台数2000万台のうち日本が994万台と約半分を占めていた。しかし，2008年には世界生産台数1億3120万台のうち，日本は2280万台，中国が8170万台，ASEANが1930万台と中国に生産がシフトした。

　DVD（デジタルバーサタイルディスク）は1996年に登場したが，発売当初は，DVDソフトのタイトル数が限られ，著作権問題などで市場は伸び悩んでいた。本格的な成長は，PS 2が登場してDVDプレイヤーの低価格化が始まった2000年以降のことである。低価格競争のあおりを受けてDVDプレイヤー生産は，すぐに中国に移り，世界のDVD生産に占める日本のシェアは2002年で10.9％に低下した。

　このようにデジタル家電の生産は，日本から中国を中心とする東アジアに移るスピードが速かった点に特徴がある。2008年に，世界の液晶テレビ生産に占める東アジアのシェアは58％，同じくデジタルカメラは96％を占めている。（表6-2）

表 6-2　デジタル家電の地域別世界生産（2008 年）

	世界	日本	中国・香港	台湾	韓国	ASEAN6	インド	他	アジア計	北米	中南米	欧州	その他
CRT TV	89,000	0	28,000	0	1,600	12,330	18,060	1,110	55,150	1,180	4,610	3,800	13,260
構成比	100%	0%	37%	0%	2%	14%	20%	1%	14%	1%	5%	4%	15%
PDP-TV	13,010	1,370	2,880	260	1,470	250	0	0	4,860	5	4,050	3,625	0
構成比	100%	10%	21%	2%	11%	2%	0%	0%	35%	0%	29%	20%	0%
LCD-TV	106,000	8,900	87,590	1,320	4,000	8,720	0	1,540	53,170	0	19,330	24,600	0
構成比	100%	8%	35%	4%	8%	0%	1%	50%	0%	18%	23%	0%	
DSC	131,200	22,800	81,000	0	2,500	16,200	0	3,100	103,500	0	4,900	0	0
構成比	100%	17%	62%	0%	2%	12%	0%	2%	79%	0%	4%	0%	0%
デジタル一眼レフ	9,000	4,920	480	0	0	3,800	0	3,100	4,080	0	0	0	0
構成比	100%	55%	5%	0%	0%	40%	0%	34%	45%	0%	0%	0%	0%
カムコーダー	17,940	9,090	4,150	0	800	3,300	0	500	8,850	0	0	0	0
構成比	100%	51%	23%	0%	4%	18%	0%	3%	49%	0%	0%	0%	0%

（出所）富士キメラ総研。

1-2　事業システムの組み換え

　デジタル家電の生産が日本から東アジアに移った背景には，デジタル家電の生産を日本から東アジアに移管させた日本企業の企業行動がある。それには，国内要因と海外要因が指摘できる。国内要因は，日本市場における過当競争である。日本の家電市場は，競合する企業の数が多く，したがって企業間の競争が激しく，価格低下が速く，国内市場では儲かりにくい構造となっている。そのため国内生産を維持するのが難しい。例えば，1980 年代後半から 1990 年代前半にかけて日本の VTR 産業は，国内メーカー間の競争による平均単価が下落し，じりじりと国内生産金額が縮小した。過当競争は，「価格競争の激化→単価下落→海外移転→国内生産縮小」のマイナスのスパイラルをもたらす。日本のエレクトロニクス産業は，メーカーが乱立して過当競争を繰り返し行ってきた歴史があるが，同じような構図がデジタル家電にも起きている。

　日本のデジタルカメラ市場には主要 8 社がひしめき合っている。そのうち 4 社は赤字（2009 年 3 月期）に陥った。その理由は不況だけではなく，メーカーが乱立して過当競争となり，価格下落が年率 10% 以上と激戦に陥ったためである。液晶テレビでも国内市場の競争は激しい。世界市場で薄型テレビ販売のトップを走るサムスン社は，日本市場には参入していない。理由の 1 つは，高

付加価値品市場での過当競争に巻き込まれることを避けるためである。

　他方，海外要因は，日本市場に次いで欧米市場が急速に立ち上がってきたことである。薄型テレビ市場は，2003年に米市場が，2004年には欧州市場が急速に拡大して，一挙に拡大する需要に対して供給体制を早急に整備する必要性に迫られた。欧米先進国市場開拓として，日本企業が選択した対応策は，①量産品の供給を自社のアジア生産拠点に切り換える，②台湾企業などに生産委託をすることである。

　日本のデジタル家電メーカーが日本生産からアジア生産に迅速にシフトできた理由の1つは，既に日本メーカーは東アジアに生産拠点を構築しており，既存の拠点を活用することができた点が指摘できる。例えば，日本のデジタルカメラメーカーの海外生産拠点は，中国に集中している。これは日本の光学系フィルムカメラメーカの海外拠点が，中国に集中していたためである。2000年初めにほぼ横並びで，中国にあるフィルムカメラ（FC）工場がデジカメ生産に衣替えした。ASEANでは，マレーシアがキャノン，ミノルタ，タイにはニコンがそれぞれフィルムカメラからデジカメに切り替わっている。

　ただし，ソニー，パナソニック，三洋電機等の家電メーカーは，成熟化した製品（ビデオデッキ，ビデオ・カメラ，カラーテレビなど）の生産能力が国内で余剰となり，その穴埋めとして国内工場をデジタルカメラ事業に転換したケースもある。海外生産では，三洋電機がインドネシア，ベトナムで新規生産に着手している。ソニーは上海（ビデオ・カメラ），無錫（リチウムイオン電池，パソコン）で既存の生産拠点を活用している。

　薄型テレビでも同様に既存拠点を活用している。表6-3は，日本企業のカラーテレビと薄型テレビのアジアにおける生産拠点を比較したものである。日本メーカーのカラーテレビの生産拠点であった中国やタイ，マレーシアなどが，薄型テレビの生産に衣替えしている。（表6-3）ASEANではAFTAにより関税率の均一化が進み，どこで生産しても同じ条件になっており，現状の生産拠点を変更する必要性が希薄化している。現在の拠点を如何に有効利用するのかが課題となる。

台湾企業への生産委託も日本企業の選択肢の1つである。一般的に，競争が激しい市場にどう臨むか，新市場開拓にどう対応するか等市場環境が変化すると，事業システムの組み換えに着手する[1]。事業システムとは，経営資源を一定のしくみでシステム化したものである。事業システムの組み換えとは，どの活動を自社のコアとするか，社外の取引相手との間にどのような関係を築くか，製品企画から販売までのサプライチェーンをどう再構築するか，企画，設計開発，製造，販売について何を自社で担当して，何を他社に任せ，どの企業に担当してもらうか選択することである。日本の電機メーカーは，伝統的に台湾企業に量産品の生産を委託してきた。

表6-3 日本メーカーのブラウン管テレビとLCD,PDPテレビのアジア生産
（2001年，2008年）　　　　　　　　　　　　　　　　（単位：1,000台）

		世界生産 2001	世界生産 2008	日本 2001	日本 2008	中国 2001	中国 2008	タイ 2001	タイ 2008	マレーシア 2001	マレーシア 2008	シンガポール 2001	シンガポール 2008	インドネシア 2001	インドネシア 2008	ベトナムその他 2001	ベトナムその他 2008	アジア小計 2001	アジア小計 2008
船井	CRT	12,860	2,050			5,760	1,350		700	7,100								12,860	2,050
	LCD-TV	0	3,500				3,400												3,400
ソニー	CRT	11,380	1,840	480		420		440	550	2,150	300			400		120	90	3,630	1,840
	LCD-TV	0	15,000		1,300		1,200		400		1,100								2,700
松下	CRT	8,220	920	650		650		290	300	1,570	320			240		300	200	3,460	820
	LCD-TV	0	4,400		3,900		60				300						500		450
	PDP-TV	15	5,180	15	1,040		690						200						940
オリオン	CRT	6,800	1,700					6,500	1,000									6,500	1,000
	LCD-TV	0	1,800						1,600										1,600
シャープ	CRT	6,460	3,030			500		390	250	2,770	1,100			300	1,000			4,090	2,530
	LCD-TV	0	10,500		2,500		2,000				500								2,500
三洋	CRT	6,270	2,120	30		600	500	80						720	940			1,440	1,440
	LCD-TV		0																
東芝	CRT	5,420	360			1,800			50			300		1,180	140		120	3,280	260
	LCD-TV	0	5,000		1,000		500								1,000		40		2,000
日立	CRT	1,040				100		120		10				360				590	
	LCD-TV	0	640		200		440												440
	PDP-TV	40	860	40	380		220												220
計	CRT	66,720	13,120	1,730	0	10,280	1,850	11,940	3,800	13,920	1,720	300	0	4,160	2,080	420	510	42,060	10,140
	LCD-TV	0	41,260	0	8,900	0	7,800	0	2,050	0	1,900	0	0	0	1,020	0	540	0	13,310
	PDP-TV	112	6,080	112	1,370	0	910	0	50	0	0	0	200	0	0	0	0	0	1,160

（出所）富士キメラ総研。

---

1) 中道〔2008〕。

2. 東アジアにおける日本のデジタル家電メーカーの分業体制

2-1 デジタル家電の貿易構造

東アジアに生産が集中しているデジタル家電の貿易は，2つのパターンに分けられる。第1は，デジタルカメラのように中国と日本等の東アジアを主力輸出拠点として世界市場に輸出する。表6-4は，2008年のデジタルカメラの貿易マトリクスである。デジタルカメラの世界輸出額が413億ドル，このうち日本が123億ドル，中国が108億ドルとこの2カ国で5割以上を占めている。ASEANでは，タイ，ベトナム，マレーシアなどからも輸出されているが，日本と中国にほぼ集中している。

第2は薄型テレビのケースである。薄型テレビの海外生産拠点はアジアに加えて欧州やメキシコなどに広がり，各生産拠点から世界市場に供給される。薄型テレビの生産拠点は，市場に近いところで生産する市場接近型である。(表

表6-4 デジタルカメラの貿易 (2008年)，100万ドル

IMPORT TO→ EXPORT FROM ↓	WORLD	ASIA	Japan	Chaina	ASEAN(5)	NAFTA	U.S.A.	SOUTH/ CENTRAL AMERICA	EUROPE	MIDDLE EAST (15)	AFRICA
WORLD (*)	41,331	12,411	1,418	2,189	2,154	9,210	7,885	1,075	16,471	1,093	273
EASTASIA (16)	30,674		1,315	2,104	2,020	8,073	7,231				
Japan	12,354	3,671		1,603	722	3,682	3,263	130	4,129	439	38
China+HongKong	14,697	6,504	998	245	869	3,496	3,146	413	3,503	342	48
China	10,818	5,274	774		461	2,516	2,230	299	2,408	133	36
HongKong (Re-Export)	3,879	1,230	224	245	407	980	917	114	1,095	209	12
SouthKorea	782	251	34	126	18	182	166	16	272	36	9
Taiwan	–	–	–	–	–	–	–	–	–	–	–
ASEAN (5)	2,317	1,116	205	102	404	550	507	12	566	39	7
Malaysia	503	167	53	13	78	153	136	8	168	1	2
Singapore	688	543	6	3	290	34	33	4	50	34	5
Singapore (Re-Export)	549	430	5	3	280	25	24	4	37	32	4
Thailand	1,126	406	146	86	37	363	338	0	348	4	1
Vietnam	523			78	28	7	163	149			
NAFTA	1,905	331	61	30	57	712	259	447	328	52	10
U.S.A.	1,558	287	55	28	56	452		435	306	49	10
EU (15)	7,462	282	32	46	68	369	343	24	6,438	174	149

(注) デジタルカメラは，HS番号で8525.80。
(資料) World Trade Atlas より作成。

6-5)

薄型テレビの貿易

表 6-5 は主要地域の薄型テレビを含むテレビ（欧米やアジアのテレビ貿易のほとんどが薄型テレビである）の貿易マトリクスである。主要市場別輸入先別構成比（2008 年）を見ると，最大の市場である米国のテレビの輸入先はメキシコが 7 割以上を占めている。欧州は 9 割以上が EU 域内からの調達である。欧州の生産拠点はポーランド，チェコなどの中東欧に集中している。ASEAN では，域内からの調達が 5 割，残りは中国，日本，韓国である。ASEAN の生産拠点はマレーシア，インドネシアなどである。日本は中国が 7 割を占めている。インドの輸入は中国と ASEAN が分け合っている。

薄型テレビの海外生産拠点の機能は，基本的には，パネルあるいはモジュール（例えば液晶パネルに偏向板，光学フィルム，バックライト，駆動 IC，外枠などを

表 6-5 テレビ受像機（液晶・プラズマを含む）の貿易（2008 年）100 万ドル

輸入→ 輸出↓	WORLD	ASIA	EAST ASIA (16)	ASEAN (10)	OCEANIA	NAFTA	U.S.A.	SOUTH/CENTRAL AMERICA	EU (27)	RUSSIA/CIS	MIDDLE EAST (15)	AFRICA
WORLD	79,368	4,024	3,411	758	1,711	30,118	27,010	2,185	33,683	2,816	2,422	802
Japan	799	267	261	62	243	25	23	6	127	1	128	3
China	14,141	2,143	1,857	208	620	6,875	6,531	573	1,736	985	730	420
SouthKorea	1,594	314	235	47	214	141	129	112	265	65	347	111
Malaysia	1,364	351	221	103	515	20	19	2	44	0	422	8
Singapore	492	200	156	141	13	9	9	0	17	0	139	112
Thailand	935	238	204	151	1	474	456	3	43	94	49	32
Vietnam	17			13		0	−					
India	190	10	2	0	0	146	146	0	6	13	14	1
NAFTA	23,689	56	54	2	4	22,337	19,613	1,266	23	0	1	2
Mexico	21,943	8	7	0	0	20,784	19,567	1,145	7		0	−
EU (15)	11,808	89	80	14	30	29	26	9	9,817	673	208	80
CzechRepublic	3,242	1	1	0	1	0	0	−	3,108	2	17	0
Hungary	4,200	3	2	1	7	0	0	0	3,585	351	87	2
Poland	5,325	2	2	0	4	0	0	0	5,056	146	65	2
Slovakia	8,080	3	3	0	0	0	0	0	7,324	389	127	0

（注）テレビ受像機の HS 番号は，8528.71，8528.72。
（出所）World Trade Atlas より作成。

組み立てた半製品）化した半製品を日本，韓国，中国，台湾から調達して，完成品（液晶テレビ）に製品に仕上げる組み立て拠点である。そのため，大市場に近くて，労働コストが割安な地域に生産拠点が構築されている。

薄型テレビの貿易は，①パネル，モジュール化した半製品や基幹部品の貿易（主に日本，韓国，中国，台湾からパネル，モジュールを海外生産拠点に輸出）。②海外の生産拠点で組み立て近隣の市場に輸出する完成品貿易，③韓国や台湾のパネルメーカーは，パネル生産に必要な素材，部材を主に日本から調達する素材・部材貿易の3重構造となっている。表6-6はフラットパネルの貿易マトリクスであるが，世界輸出額の8割以上は東アジアからの輸出となっている。テレビ輸出では，東アジア，NAFTA，EUがそれぞれ3割程度を占めている。

薄型テレビの貿易がこうした半製品・基幹部品貿易と完成品貿易の2段階になっている理由は，関税率，物流コスト，嗜好などの要因が挙げられる。

① 関税率

IT機器はITA（情報技術）協定[2]参加国間では関税がゼロとなっているが，TV完成品・部品には，ほとんどの国で関税が課せられている。テレビに対する関税は，米国では5％，EUは14％，ASEANでも域外からの輸入には0から14％。アジアから完成品を輸出するよりは，関税の安い部品の形態で輸出することで価格競争力を確保する。

② 物流コスト

薄型テレビは，画面の大型化で物流在庫管理コストが急増，市場に接近した地域での生産拠点確保が必須。テレビ本体を運ぶよりは部品で運んだほうが輸送コストは割安。

③ 嗜好

薄型テレビは，地域によってテレビの嗜好や規格が異なり，メーカーが導入する製品が異なる。タイムリーに市場ニーズを反映させるには消費地生産が適

---

[2] ITA = information technology agreement，情報技術協定。半導体やコンピュータ，通信機器，半導体製造装置などのIT製品の関税を撤廃する国際合意。世界貿易の97％以上を担う67の国と地域が参加している。

第6章　東アジアの生産ネットワークの拡大と日本企業の事業の再構築　95

表6-6　フラットパネルディスプレイ等部分品の貿易（2008年）100万ドル

IMPORT TO→ EXPORT FROM ↓	WORLD	ASIA	Japan	China	ASEAN (10)	NAFTA	U.S.A.	SOUTH/ CENTRAL AMERICA	EUROPE
WORLD（*）	61,708	28,404	3,609	11,911	4,597	10,251	5,150	2,262	18,416
Japan	8,904	4,191		2,345	802	2,305	1,131	45	2,322
China＋Hong Kong	21,956	16,100	2,516	7,405	1,479	2,163	1,539	513	2,812
China	10,820	6,295	1,607		501	1,646	1,201	403	2,163
Hong Kong（Re-Export）	11,128	9,796	908	7,398	979	518	338	110	648
South Korea	6,132	2,313	36	1,258	526	1,513	136	406	1,689
Taiwan	1,260	550	71	293	78	351	285	102	215
ASEAN（10）	5,382		499	293		819	646		
Indonesia	261	163	24	19	75	32	6	2	52
Malaysia	1,736	770	200	58	359	426	342	83	310
Philippines	581	268	64	15	24	189	177	13	95
Singapore	1,920	1,249	28	151	762	105	91	417	97
Singapore（Re-Export）	1,248	764	17	118	415	49	38	355	44
Thailand	740	304	115	29	75	62	28	28	179

（注）フラットパネルディスプレイ等部分品のHS番号は8529.90。
（出所）World Trade Atlas より作成。

当。欧州市場への供給スピード，輸送コストなどを考えると，消費地生産が有利である。

2-2　日本企業の競争力の源泉—擦り合わせ型垂直統合

　東アジアに生産を移管している日本のデジタル家電メーカーは，日本国内と東アジアの生産拠点との間で行っている分業体制を敷いている。デジタルカメラにおける日本と中国の生産拠点の役割分担でみると，次のような特徴を持っている。（表6-7）

　第1に機能別に見ると，中国拠点の役割は生産機能にほぼ限定されている。設計・試作は主に日本国内で行われ，技術・ノウハウは「ブラックボックス化」されている。第2に生産についても「高付加価値品は日本，普及品は中国」というかたちで分業が行われる傾向にある。第3に部材調達先については，現地調達比率は一定水準に達しているものの，現地日系企業からの調達が中心であ

り，中国地場企業からの部材調達は品質上の問題から，梱包材などに限定されている。調達先決定も日本国内で行われるケースが多く，その決定に従って，部材は日本国内企業，ないしは当該日系企業の現地法人から調達する傾向が強い。

　日系企業の中国拠点は，日本本社の強い統制の下にあり，あたかも日本国内の一部門のような位置付けとなっている。また，調達先としての地場企業との関係や販売先としての現地市場との関係はいずれも希薄である。従って，日本企業の中国拠点はいわば「オフショア」的な存在であるともいえる。

　デジタル家電の分業体制は，他の業界にも増して，コスト競争力とともに時間（リードタイム）が重要な競争要因となっている。市場が急速に拡大しているデジタル家電市場は，市場の変化や競争環境の変化が激しい点が大きな特徴となっている。製品のモデルチェンジサイクルは非常に短く，数ヶ月ごとに新製品を投入するといったことが決して珍しくない。各社の新製品投入のたびに，売れ筋メーカー，売れ筋商品は大きく変わりうる。従って，メーカーは，開発から販売までのリードタイムを短縮すると共に，欠品リスクや不良在庫リスクを軽減するために「必要な製品を，必要な時に必要な分のみ」供給できる体制を求められている。そのために，メーカーはサプライチェーン・マネージメント（SCM）の導入などにより，リードタイム短縮に注力している。このように，コストと共にリードタイムが重要な競争要因になったことは，従来の国内外棲み分けのあり方に大きな影響を与えている。

　また，デジタル家電は市場・競争環境の変化が激しいため，市場の近くで設計・生産できることが重要である。日本の強みは，①分厚い最終製品市場を抱えること，②設計機能が「ブラックボックス化」され国内に残されていること，③先端的な部品基盤が強固なことと要約される。当初，国内に大きな市場を抱える日本に優位性があった。さらに，商品の競争力を決定付ける設計を，関連部材メーカーとのすり合わせを行いつつ，国内で行えることも日本の強みである。それらの結果，デジタル化の進展は日本の競争力にとって優位に作用していた。ただし，日本は中国に比べ高コスト体質となっているために，今

後，上記の①，②，③といった条件が中国で整備された場合には，日本の優位性が低下する恐れがある。

デジタル家電における日本企業の強みは，国内に企画，設計，開発部門を置いて，国内の素材・部品・装置メーカーと研究開発から量産準備，生産までのあらゆる段階で擦り合わせを行うことが出来ることにある。パネルや半導体の材料や製造に必要なデジタル素材（樹脂，ゴム，繊維，ガラスなどの素材）では，化学，繊維，ガラス，印刷など幅広い業種の企業が手掛け，多くの素材で日本企業は高いシェアを握る。（表6-8）また，パネルやプリント配線基板の部材，半導体製造装置など，デジタル家電に使用するコア部品を製造する上で不可欠な要素技術の大半は日本国内にある。デジタル家電を開発する拠点としてうってつけなのが，ほかならぬ日本である。

日本企業の優位性は，高機能の製品，高付加価値製品を市場に投入して製品差別化を図る製品開発能力にある。画素数の増加競争が一段落したデジタルカ

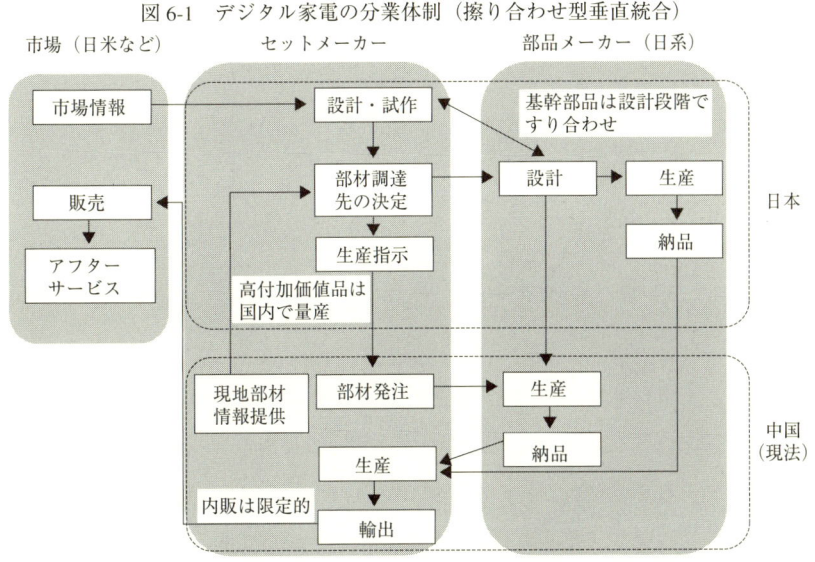

図6-1 デジタル家電の分業体制（擦り合わせ型垂直統合）

＊中国拠点で生産する場合も設計・試作は日本国内が基本。調達先も日本で決定する場合が多い。中国拠点はいわば「オフショア」として位置付けられる傾向が強い。

（出所）ジェトロ〔2004〕。

表 6-7 素材各社の生産品目と世界シェア (2007 年)

生産品目	企業名	世界シェア
液晶用カラーフィルター	大日本印刷	約 30%
	凸版印刷	約 40%
液晶用ガラス基板	旭硝子	約 30%
	日本電気硝子	約 10%
液晶用感光性スペーサー	JSR	約 80%
液晶用位相差フィルム	日本ゼオン	約 15%
	JSR	約 24%
液晶用着色レジスト	JSR	約 80%
液晶用偏光板	住友化学	約 12%
	日東電工	約 50%
液晶用偏光板保護フィルム	コニカミノルタ	約 20%
	富士写真フィルム	約 80%
液晶用ポバールフィルム	クラレ	約 90%
携帯電話用カメラレンズ	日本ゼオン	約 90%
半導体用フォトマスク	大日本印刷	約 20%
	凸版印刷	約 13%
半導体用フォトレジスト	JSR	約 30%
プラズマ用ガラス基板	旭硝子	約 90%
	日本電気硝子	約 10%

(注) シェアは業界推定, 一部日経推定。
(出所) 日経産業新聞 2007 年 5 月。

メラでは,一眼レフなど,画質で他社に差異化する動きが相次いでいる。機能や性能で差をつけるためには,機器の付加価値に直結する心臓部,つまり基幹部品を内製する必要がある。いかにブランド力がある企業でも,他社から基幹部品を購入する限り,製品の差別化が難しくなるからである。同様のことが薄型テレビにも当てはまる。研究開発から量産準備,生産まで戦略的パートナーとして囲い込まれた連携の中で擦り合わせによって新製品を開発することが日

本企業の競争力の源泉ある。

3. 韓国，台湾企業の台頭

デジタル家電の世界生産に占める日系企業のシェアを見ると，国内から海外に生産拠点を移し，海外生産を拡大することにより世界生産に占めるシェアを維持していることが分かる。しかし，世界生産に占める日系企業のシェアは2000年のはじめと比べて趨勢的に低下している。一方，韓国，台湾企業の世界生産に占めるシェアが上昇している。液晶テレビ（LCD-TV）の世界生産に占める韓国系企業のシェアは2008年で30％，台湾系企業は21％と2006年時点と比べて，韓国系企業では10％ポイント，台湾系企業では5％ポイントの拡大をみている。

3-1 台湾企業への生産委託と中国生産

デジタル家電で台湾企業が台頭している理由の一つが日本企業による台湾企業への生産委託である。台湾ではパソコンビジネスの領域を中心にODM（Original Design Manufacturing）というビジネスモデルが発展している。ODM企業は自主的にパソコンなどの製品を開発してそれをエレクトロニクスメーカー向けに多少カスタマイズしたものを製造する。他方，EMS（Electronics Manufacturing Service）は自社ブランドで製品を決して販売しない点でODMとは異なるビジネスモデルを展開している。ODMは設計に対する知的財産権を保有しているのに対して，EMSはたとえ設計の一部を請け負っていても設計に対する知的財産権はメーカーに帰属する。日系や欧米系エレクトロニクスメーカーは，機能よりも価格で競争する必要があるローエンド製品をODM企業から調達し，機能で競争すべき製品は自ら設計してEMSに製造をアウトソーシングする戦略を採用している。

エレクトロニクスメーカーがODM，EMSにアウトソーシングする理由は，製造そのものが従来のような差別化の要因にならなくなっているからである。製品の寿命が短くなり，製品の付加価値が半導体（LSI）やソフトウエアにシ

表6-8　国籍別世界生産台数（1000台）

		世界 2006 数量	構成	世界 2008 数量	構成
CRT TV		153,800	100%	89,000	100%
	日系	32,160	21%	13,120	15%
	韓国系	23,460	15%	14,690	17%
	中国系	54,700	36%	23,110	26%
	台湾系	5,500	4%	5,140	6%
	欧米系	7,000	5%	11,100	12%
	他系	30,980	20%	21,840	25%
PDP-TV		9,900	100%	13,910	100%
	日系	1,100	11%	6,080	44%
	韓国系	3,024	31%	5,650	41%
	中国系	600	6%	980	7%
	台湾系	586	6%	1,070	8%
	欧米系	900	9%	0	0%
	他系		0%	130	1%
LCD-TV		44,900	100%	106,000	100%
	日系	18,210	41%	41,260	39%
	韓国系	10,810	24%	31,500	30%
	中国系	3,100	7%	5,200	5%
	台湾系	7,330	16%	22,040	21%
	欧米系		0%	4,000	4%
	他系	5,450	12%	2,000	2%

（出所）富士キメラ総研。

フトして最新機能を組み込んだ製品を市場に次々と投入することが重要となった。

　台湾企業はデジタル家電においてもODM/EMSのビジネスを手がけている。デジタルカメラをみると，ニコン，オリンパス，カシオ各社の外部委託生

産比率は既に80%，富士フィルムは60%，ソニーは，機種を限定し，鴻海精密工業に総出荷台数の10%余りを生産委託している。世界のデジタルカメラメーカーの外注比率は6割を超えているとみられている。そのほとんどが，台湾メーカーに生産を委託している。台湾企業はデジカメ生産の9割弱を中国で生産している。デジカメの中国生産の6割が台湾企業，残り4割が日本企業によるものである。

　薄型テレビでも台湾企業は世界生産の3割を占めている。台湾企業で薄型テレビを委託生産している大手は，1990年代にPCモニター事業に参入した企業である。台湾のPCモニターメーカーは，LCDモニターを大型化したものが薄型テレビであるとして，積極的に新規を図った。こうしたPCモニターメー

表6-9　デジタルカメラの製品調達先・生産拠点（2008年）

ブランドメーカー	外部調達先	自社拠点
キャノン	―	日本，中国，マレーシア
ソニー	鴻海	日本，中国，マレーシア
オリンパス	鴻海，三洋電機，亜州光学	日本，中国
富士フィルム	三洋電機，ABICO，亜州光学等	日本，中国
カシオ	FLEXTRONICS，ABICO	日本
ニコン	FLEXTRONICS，ABICO	日本，中国，タイ
三洋電機	鴻海	中国，インドネシア，ベトナム
ペンタックス	鴻海，三洋電機	中国
リコー	三洋電機，亜州光学	―
サムスン	ABICO（佳能）	韓国，中国
台湾EMS企業	受託先	
鴻海	ソニー，オリンパス等	中国，中南米
ABICO	サムスン，カシオ，ニコン等	中国
亜州光学	ニコン，富士フィルム，オリンパス等	中国
華晶科技	コダック，ペンタックス，三洋電機等	中国

（出所）富士キメラ総研，新聞報道など。

カーはOEMに徹して顧客に納入するOEMのビジネスモデルに習熟しており，液晶テレビに容易に事業を広げることが出来た。

台湾企業がデジタルカメラや薄型テレビでOEMビジネスを展開することが出来た理由は，第1にOEM事業を繰り返すことでノウハウを身につけて，台湾企業が抱えた課題（納期遵守力が低く，受注しても予定通り納入できない等）を克服したこと，第2に画像処理など綺麗な「絵作り」に必要な技術をサポートする企業が出始めたことである。デジタルカメラでは，Zoran社をはじめとする画像処理系のLSIを設計・販売する企業が完成品メーカーの絵作りなどの画像処理をサポートする体制が構築されたこと[3]。薄型テレビでも，台湾のメディアテック社がテレビ用汎用システムLSI（ASSP：application specific standard product）を安価に提供し，カスタマイザされた日本メーカー製と比べて価格競争力で優位に立っている。

第3は，台湾企業は中国に生産拠点を構えコスト競争力を獲得したことである。中国での経営において，台湾企業は日本企業と比べておいて多くのアドバンテージを持っている。

3-2 韓国企業の戦略的提携戦略

韓国企業は，サムスン電子とLG電子が半導体やAV機器，家電の世界市場で躍進している。サムスン電子が液晶テレビ事業に本格的に参入したのは，2002年である。後発にもかかわらず，LG電子と同様に薄型テレビ市場で韓国ブランドが世界の市場のトップスクラスに入っている理由としては，技術導入，巧みなマーケティング戦略が指摘できる。DRAMとフラッシュ・メモリーで世界最大手のサムスンは，液晶パネルやプラズマパネルの生産量でも首位に立っている。LGはエアコンなど白物家電の他，薄型TVでも世界のトップクラスにある。携帯電話の販売台数では2004年，両社が揃ってベスト5に入っている。韓国企業が短期間に世界市場で有力なプレイヤーとして台頭してきた

---

3) 中道〔2008〕。

理由として，第1に技術面等で自社の弱い分野を補い，後発による不利な点を克服する提携戦略を有効に駆使している。第2が大規模な広告宣伝等によるマーケティング戦略が指摘されている。韓国企業は日本企業の製品と比べてワンランク上の機能がついた製品を投入し，価格は日本品と比べて2割程度安くして，広告宣伝費に巨額な資金を投じて企業ブランドイメージを向上させて，市場シェア拡大につながっている。

　これをサムスン電子の事例で見ると次のようになる。まず前者の提携戦略について，サムスン電子は製品開発，マーケティング，製品の相互補完など，様々な部門でコンペティターとの戦略的提携を結び，戦略的提携がサムスン電子の力を最大限発揮させる最も効果的な方法と考えている。とりわけ，技術提携について，李健熙サムスン会長は「1億ウォン支払えば1週間で手に入る技術を，10億〜20億ウォン投資し3〜5年もかけて開発するのは浪費だ。5%の技術料を支払っても10%の利益を上げればいい」と述べている[4]。最近における携帯電話事業の拡大は，携帯電話（CDMA）用チップのコア技術を保有する米国のクアルコム社との協力が基盤となっている。ソニーとは，次世代メモリー・カードとしてソニーのメモリー・スティックを採用し，代わりにフラッシュ・メモリーをソニーに供給する形となっている。サムスン電子の事業は家電，デジタルメディア，通信，半導体など，多方面に及んでいるため，多くの企業と提携・協力関係を結んでいる。

3-3　日本からの設備導入と技術流出

　デジタル家電の生産ネットワークが韓国，台湾，中国に広がった背景には，日本からの製造設備の輸出，日本企業からの技術流出がある。液晶技術は，日本企業が世界シェアの大半を独占してきた。ところが，テレビ用パネルは，今では，韓国，台湾企業が市場シェアを握っている。薄型テレビ使われる大型TFTの世界生産（2008年）に占める日系メーカーのシェアは2008年で7%，

---

4)　ジェトロ〔2004〕59ページ。

台湾が46%，韓国が43%と台湾，韓国企業が市場を握っている。

韓国で液晶パネル生産が始まったのは，1990年後半に日本から技術や生産ノウハウが移転したからのことである。韓国メーカーが日本の生産設備・装置メーカーや主要コンポーネント（カラーフィルター，ガラス基盤や偏光板等）メーカーといった川上分野の企業との連携を強化したことにより，韓国のTFT-LCD産業が急成長した。サムスンやLGフィリップの韓国勢の台頭に懸念を感じた日本企業は，2000年から台湾企業に技術供与を開始，生産設備・装置や主要コンポーネントも台湾へ輸出するようになった。

台湾のパネルメーカーがTFT-LCD生産を本格化させたのは2002年からであるが，台湾はパソコンのOEM生産（相手先ブランド受託生産）において既にサプライヤーとしての基盤を構築しており，当時，台湾は既に世界のノートブックパソコン市場の6割近くのシェアを有しており，TFT-LCDベンダー企業の事業拡大と相まって，中国には台湾メーカーによるノートブックを始めとするTFT-LCD等，IT製品のサプライチェーンマーケットが確立されたのである。技術移転を受けた台湾メーカーは，ノートPCの大陸投資解禁とともにTFT-LCDモジュールの組立生産拠点（後工程）を中国，とりわけ江蘇省を始めとする華東地区に移転させた。その後，韓国，台湾パネルメーカーは不断に投資を行い，第4，第5，第6世代とパネル生産ラインを拡張し急成長を遂げ，世界のTFT-LCDパネル市場のトップを争うようになった。

また，液晶パネルで日台のシェア急逆転の一因として，国際標準の存在がある。1999年にデル社，IBM社，コンパック社，HP社，東芝の5社は，ノートPC向け液晶パネルの標準規格（SPWG）を制定した。大きさ，本体とのインターフェース，ねじ穴の位置などが定められており，SPWGに満たないパネルは原則として調達対象にならない。米各社が調達費削減を狙って制定したものだが，日本メーカーの強みである画面の美しさ，応答速度や視野角などの仕様はほとんど織り込まれず，当時まだ技術水準が低かった韓国や台湾に，活躍の場を与えた。

技術移転を受けた台湾メーカーは，大規模投資を行った。液晶部材では，ガ

ラス，偏光膜は輸入に依存していたが，カラーフィルター，バックライドなどを含め，有力日本メーカーが大挙台湾への投資を行った。液晶パネルの国際競争はさらに激化し，日本メーカーの地位はさらに低下の一途をたどった。

　日本から最新設備を導入して最新の技術を獲得できたことが韓国，台湾企業に優利に働いた。台湾の液晶パネルメーカーは日本の最新設備を，ほぼそっくり導入して，まさに日本メーカーの工場をほぼコピーであった。台湾企業は，先行メーカーと同じ工場を後から立ち上げながら，コスト競争によって必ずシェアを取れるという自信を持っていたという。その理由は，日本から輸入した最新設備には，日本企業が試行錯誤を繰り返して獲得した製造ノウハウの暗黙知がぎっしり詰まった機械であったことにある。技術流出には，技術ライセンス，機械や設備に体化された技術流出，製造に必要な図面やノウハウの流出，人を通じた流出などがある。日本からの最新設備の導入が，台湾や韓国企業にとって後発者利益となっていた。

　また，日本側は，技術供与先の企業の実力を見誤ったことも指摘できよう。台湾のTFT液晶産業は日本メーカーの上流・下流を含めた液晶生産全分野への技術移転により，短期間に立ち上がりを見たが，台湾側にも，CRTやDRAM製造に携わっていたエンジニアが多数いたことや，政府の手厚い投資奨励措置などの要因が指摘できる。

　しかし，より根本的な問題は，技術流出に対する警戒感が日本企業の間で希薄であったことにあろう。かつての半導体がそうであったように，液晶も装置産業としてのリスクを抱えている。液晶の製造においては，製造工程におけるガラス基板の搬送，基板の貼り合せや液晶の注入などのさまざまなプロセスにおいて製造技術が蓄積されている。しかし，一旦これらの技術が製造装置の中に組み込まれてしまうと，その装置によって外部に流出してしまい，第三者は装置を購入することによって製造技術を持たなくても同様の製品が容易に製造できてしまうという現象が起こる。

　また，日本人技術者によるノウハウの漏洩も指摘されている。人材面では企業の競争力を左右するような重要なノウハウを持つ人材に対する処遇も問われ

る。こうした人材は,定年以降もできるだけ社内で処遇し,簡単に海外企業に重要ノウハウが流出しない工夫が重要になる。

さらに,知財戦略の欠如も指摘できる。各社の持つ技術が,製造装置や人材を通して,適切な対価を受け取らないまま,簡単に海外企業に流出したのに即座に対抗手段をとらなかったことである。この結果,アジアなど海外メーカーは,低価格製品や汎用的製品の市場シェアを取り,そこで技術を習得し利益を確保し,低コストを武器に高級製品市場でのシェアを増加させるというパターンが続いている。

4. リーマンショック後の市場の変化と日本企業の事業の再構築

4-1 リーマンショック後の市場の変化

デジタル家電市場は,リーマンショック後に構造変化が起きている。

第1は,デジタル家電の成長市場は先進国から新興市場にシフトしている。米家電協会 (CEA) の予測によれば,デジタル家電市場は,09年には欧米(北米と西欧)の市場規模が世界全体の39%を占め,日本や中国を含むアジア全体は34%,これが10年にはともに36%となり,アジア市場が欧米市場と肩を並べる。製品別では液晶テレビが引き続きデジタル家電市場のけん引役である。米ディスプレイサーチの見通しでは中国の薄型テレビ販売(09年は1650万台)は,10年には西欧を,11年には北米を上回ってトップと強気の予測を立てている[5]。

第2は,デジタル家電市場を牽引している薄型テレビで,日本メーカーの後退が起きていることである。2009年の薄型テレビの世界出荷額に占める日系メーカーは37%とトップを維持したが,前年と比べて6ポイント低下している。中国・台湾系メーカーのシェアは09年に18.4%となり,4年前の約3倍に増加した。中国台湾勢の拡大は09年に中国の薄型テレビ市場は44%拡大。急成長する市場で地場企業が7割以上のシェアを抑え,中国・台湾系の世界

---

5)「日経産業新聞」2010年1月7日付。

シェア躍進につながった。台湾企業の中では日韓4社に次いで世界5位の生産台数を誇る冠捷科技は，現在中国の2か所の生産拠点の生産能力は1000万台に達している。鴻海精密工業は，ソニーから海外の組み立て拠点を買い取り，液晶パネルで世界4位の奇美電子を吸収合併する。一連の買収で，川上のパネル生産から川下の組み立てまで液晶テレビで一貫体制を整える。

　韓国企業は2.2ポイント増の35.7％と，日系との差を1.3ポイントまで縮めた。特にサムスン電子は，2009年10～12月期の薄型テレビの世界販売台数が，1088万台と四半期で初めて1000万台を突破した。バックライトに発光ダイオード（LED）を搭載した高級タイプの液晶テレビと新興国向けのローエンド製品が拡大したためである。

　第3は，基幹部品の中国生産の開始。中国市場での薄型テレビ販売の拡大に伴い，中国国内でパネルを生産する動きが本格化しており日本のシャープも中国生産に動いている。これまで，大型液晶パネルの生産は，日本，韓国，台湾に限られていた。ところが，韓国政府は2009年12月24日，サムスン，LGディスプレーの両社が申請していた中国での大型液晶パネル工場建設を承認した。LGディスプレーはこれに先立って，広州市との間で8.5世代の工場建設について覚書を調印し，資本金13億4,000万ドルで合弁会社を設立する。LGディスプレーが70％，中国家電メーカーが残りを出資する予定で，家電メーカーは創維と報道されている。また，サムスンは蘇州に7.5世代の工場建設を計画中である。

　台湾は2010年2月10日，大型液晶パネル工場を中国本土で建設することを解禁すると発表した。これまで液晶パネル分野では4インチまでのパネル生産しか認めなかったが，第6世代以降の大型液晶パネルへの投資を解禁した[6]。台湾当局の発表を受け，中国大陸への投資を表明している友達光電（AOU）

6）　ただし，次世代の工場を台湾に設置すること，全体で3工場に限定するとの条件を付けている。台湾企業は現在8.5世代の大型液晶パネル工場で生産を行っているため，中国大陸への投資は7.5世代以下と予想される。こうした事態に中央政府は，液晶パネル産業を大事に育成したいものの，各社が生産を開始すれば直ちに供給過剰になるのではないかと懸念している。（『ジェトロ通商弘報』2010年2月5日）

と，鴻海グループの群創光電と奇美電子が合併した新奇美電子も早急に大陸投資を決めた。

日本企業では，シャープが南京中電熊猫液晶顕示科技に日本の亀山工場の6世代工場の設備を売却するとともに，8世代について南京中電熊猫信息産業集団（南京パンダ）と協議中と伝えられている。シャープが亀山第一工場の第6世代設備を中国に輸出，国産に限定してきた薄型テレビ用液晶パネルの中国生産に踏み切った理由が，①韓国，台湾勢に席巻されたパソコン用液晶の二の舞いを避けるには海外進出しかないという判断。②「地産地消」，シャープ1社で現地にすべての工場を作る体力がない中，現地企業と提携し，消費地で工場を展開する。③液晶や太陽電池の技術指導料などロイヤルティを確保するといったことが指摘されている。

シャープ関連，LGディスプレー関連，サムスン関連に加え，新たに台湾企業2社が大型液晶パネル工場建設を計画，各社ともに11年から12年にかけて

表6-10 中国での大型液晶パネル生産計画

メーカ名	パートナー （中国企業）	場所	世代 （代）	生産開始 時期	計画生産量 （万枚／月）
シャープ（日本）	中電熊猫	南京	6	11年	8
			8	12年	9
—	京東方	北京	8.5	11年10月	6
LG Display（韓国）	パートナー不明	広州	8.5	12年	6
三星電子（韓国）	パートナー不明	蘇州	7.5	11年	6
奇美電（台湾）	広新光電	仏山	8.5	12年	6
友達（台湾）	龍飛光電	昆山	7.5／8.5	11年	8
—	京東方	合肥	6	10年	3
群創（台湾）	深超光電＋TCL	深セン	8.5	11年	—
詳創（台湾）	深超光電	成都	8.5	12年	—
—	龍飛光電	昆山	8.5	—	—

（出所）新聞など各種報道を基に作成。
『通商弘報』2010年2月15日付。

生産を開始する予定である。今後は液晶パネルの部材メーカーが中国市場でどのように展開するかが注目される。現在液晶パネル生産を支えるサプライチェーンは，まだ日本，韓国，台湾での生産が中心だが，大型液晶パネル工場建設が中国で進めば，部材メーカーが北京，長江デルタまたは珠江デルタ地域のどこに進出するか，中央政府の認可次第と予想される。

4-2　日本企業の対応とその影響

　デジタル家電における日本企業の優位性は，①分厚い最終製品市場を抱えること，②設計機能が「ブラックボックス化」され国内に残されていること，③先端的な部品基盤が強固なことと要約される。国内に大きな市場を抱える日本に強みがあった。さらに，商品の競争力を決定付ける設計を，関連部材メーカーとのすり合わせを行いつつ，国内で行えることも日本の強みである。しかし，成長市場が新興国にシフトするにつれて，日本市場を基盤とする競争力の優位性が絶対的なものではなくなった。特に新興市場では低価格品が市場の成長を牽引しており，デジタル家電製品の競争は付加価値競争から価格競争に移り，製品の日用品化が進んでいる。デジタル家電製品の価格下落は，高コスト体質の日本企業にとって，優位性を維持することを難しくさせている。

　特に，薄型テレビ市場では，市場の拡大と価格の下落が同時に進行しており，価格競争力に優位性がある韓国や台湾メーカーが台頭している。日本を基盤として優位性を築いてきた日本企業は再構築を余儀なくさせられている。日本企業が進めている事業の再構築は，水平分業への移行である。

　第1は，アセットライト戦略である[7]。海外のテレビ組み立て拠点の統廃合や撤退である。ソニーは09年に国内の一宮工場の閉鎖，メキシコ工場を鴻海精密工業へ売却，ASEANの生産拠点をマレーシアに集約（タイ，ベトナムでの生産終了）した。東芝は，欧州でのテレビ生産をポーランド工場に集約，ASEANでは10年2月にベトナム工場の生産を終了し，ASEANではインドネシアが

---

7)　『日本経済新聞』2009年5月14日，5月15日付。

中核となる。日立は09年に中国でのテレビ生産を中止，メキシコ工場を売却して海外生産から撤退した。ビクターは，英国工場の閉鎖に続いて2010年にはメキシコ工場を閉鎖する。ASEANでの拠点の集約化は，AFTAの進展やASEANと日本，中国，韓国との2国間FTAの締結により，複数に拠点を構える必要性がなくなったことが上げられる。

第2は，海外生産拠点の閉鎖を進める一方で，台湾EMSへの生産委託を進めている。新興市場で普及している低価格製品をEMSからの調達することで対応している。ソニーは海外製造拠点の売却する一方で中国市場向け普及品を外部委託している。東芝の外部調達比率は5割を超える見込みである。東芝は製造を委託する時にはすべて任せる「ODM（相手先ブランドによる設計・生産）」方式をとっている。これは，自社で設計して製造を委託する狭義のEMSとは違った委託方式で，パソコンでのノウハウを液晶テレビ事業にも横展開したものである。

第3は，開発コストの削減である。ソニーは，試作品生産をソニーEMCS（マレーシア）のスランゴール州バンギ工場に移管して，コスト削減に取り組んでいる。バンギ工場ではこれまで量産品を生産しており，試作品を手掛けるのは初めてである。ただし，設計やデザインは引き続き日本で行う。

第4は，囲い込みから標準化への転換である。日本企業は，製品出現の初期においては，自社独自技術で囲い込んだ製品で市場を創出し高い世界市場シェアを取るケースが多い[8]。しかし技術が成熟し，標準的・汎用的な基幹部品のセットが普及した段階になると世界市場をリードすることが少ない。これは標準化した基幹部品セットを自らつくり他社に供給し自社の部品を世界的に標準化し広める戦略志向が少なく，引き続き市場囲い込み型のやり方を続けることが多いためである。他社に自社独自の基幹部品を供給しないで完成品の独自性や差別性を維持するか，自社基幹部品の標準化を図り，完成品ではシェアを落としても基幹部品での市場を取るかという選択において，完成品の独自性や差

---

[8] 安部〔2004〕。

表6-11 薄型テレビ（LCD-TV，PDP-TV）の生産拠点，調達先（2009年）

ブランドメーカー	自社組み立て拠点					調達先等
	日本	中国	アセアン	欧州	米州	
パナソニック	○	○	マレーシア,シンガポール	チェコ	墨	
シャープ	○	○	マレーシア	ポーランド	墨	
ソニー	○	○	マレーシア			鴻海，景智科技
東芝	○	○	インドネシア	ポーランド	墨	OEM比率は6割
日立	○					
船井		○	タイ	ポーランド		米市場ではフィリップスブランドで販売
サムスン	韓国	○	タイ,インドネシア	チェコ,ハンガリー	墨	
LG	韓国	○	タイ,インドネシア	ポーランド	墨	
VISIO						瑞軒科技，INNOLUX
TCL		○				
海信（PDP）		○				
EMS						
鴻海			○		墨	
瑞軒科技	台湾	○				

（出所）富士キメラ総研，新聞報道等。

別性を強調することを選ぶという姿勢が強いためである。前述したシャープは，完成品の独自性を強調することから，パネルの外販ビジネスを開始したことで基幹部品市場のシェア拡大に方向転換したものである。東芝はパネル開発／製造から手を引いてシャープから液晶パネルを大量調達する一方，得意とする半導体開発／製造を強化してシャープに供給する補完的関係を築いた。

　基幹部品の開発投資では，韓国や台湾企業は，巨額な投資に耐えられるほどの企業規模に拡大している。日本企業はDRAMやパソコン用液晶パネルに見られたように，韓国や台湾企業に対し生産技術面で優位性を持っていても，生

産のための設備投資金額が何世代にも亘って継続的に多額に必要な時期になると，1社単独では投資力が無くなり継続投資をあきらめ，世界市場シェアを急速に失ってしまった歴史を持つ。デジタル家電における薄型テレビ用の液晶パネルやPDPパネルにおいても，巨額の設備投資を継続できないと，同じようにシェアを失う危惧がある。得意分野に特化することで規模の利益を享受するものである。

日本メーカーが，水平分業の中で得意分野に特化して再構築しているのに対して，台湾EMSは，パネル生産からテレビ組み立て間での垂直統合を強めている。鴻海精密工業は，ソニーから組み立て工場を買い取る一方でグループ傘下の群創光電と，パネル世界4位の奇美電子，中小型パネルが主力の統宝光電を合併し，新・奇美電子を発足させた。パネル専業だった台湾・友達光電（AUO）もテレビの生産受託を積極化させている。台湾のパネル2社がテレビ生産も手がける垂直統合で韓国勢に対抗する動きが鮮明になってきた。台湾，韓国メーカーとも必要な基幹部品の内製化も進めている。さらに，台湾メーカーは中国での自社ブランド品の販売促進にも取り組んでいる。

4-3　水平分業への懸念

日本企業は，製品開発初期における自社独自技術で囲い込んだ製品では先行し高い世界シェアを取ることは得意だが，技術が成熟化し汎用的な基幹部品のセットが普及した段階において，市場をリードすることができていないという大きな欠点を抱えている[9]。製品が成熟化しオープン・モジュール化が進むと，台湾企業を中心とするODM/EMSなど海外企業との価格競争も激しくなる。製品の成熟化に対する日本メーカーの対応は，製品の高付加価値化を進めることで製品の差別化を図り，優位性を維持する戦略をとってきたが，価格を重視する新興市場の成長と品質面で向上している台湾EMS企業や韓国企業の台頭により日本企業の優位性が危うくなってきている。

---

9)　安部〔2004〕。

こうした台湾，韓国企業の台頭に対して，日本企業が進めている事業の再構築は，得意分野に特化する動きであるが，これは，パソコンのビジネスモデルに代表される水平分業への対応である。

パソコンのビジネスモデルでは，利益率がネットワーク用OS，半導体や液晶パネルなどの基幹部品・ソフトと高いブランド力等最終製品の販売に集中し

表6-12 日本の品目別貿易収支（対中国，香港，韓国，台湾）（2008年，100万ドル）

品　目	世界	中国	香港	韓国	台湾
IT関連機器（合計）	52,649	−6,926	13,647	4,234	4,330
部品	37,945	5,316	10,099	308	−263
最終財	14,705	−12,242	3,548	3,926	4,593
コンピュータ及び周辺機器類	−12,551	−11,620	950	−283	−756
複合デジタル機器	−612	−937	24	−26	4
コンピュータ及び周辺機器	−10,472	−8,716	314	−103	−120
コンピュータ部品	−1,467	−1,967	612	−153	−640
事務用機器類	−153	−200	−5	−18	−5
通信機器	−2,096	−3,377	1,403	−651	−333
半導体等電子部品類	20,720	7,531	5,645	−736	−371
電子管・半導体等	8,530	1,174	1,812	724	239
集積回路	12,190	6,357	3,834	−1,460	−610
その他の電気・電子部品	16,929	−371	3,822	781	111
フラットパネルディスプレイ	4,322	264	703	−619	−114
映像機器類	10,412	−2,247	932	242	171
デジタルカメラ	10,716	749	733	359	129
テレビ受像機（液晶・プラズマを含む）	−351	−768	46	−119	74
音響機器	−288	−336	4	−3	−1
ポータブルプレーヤー	−208	−264	2	−0	−1
計測器・計器類	8,433	1,904	731	1,607	843
半導体製造機器	11,244	1,790	165	3,295	4,671
化学品	22,756	5,841	4,562	9,287	7,760

（出所）World Trade Atlasより作成。

ており，製品の利幅はきわめて小さい。パソコンのサプライチェーンごとの利益率をプロットするとスマイルカーブが描かれる。デジタル家電製品もパソコン産業と同じようにスマイルカーブが描かれることを前提として，基幹部品やブランド力の強化に動いているといえよう。

水平分業に軸足を動かす影響として，日本，台湾，韓国，中国のIT貿易の構造変化が考えられる。デジタル家電製品の外部調達比率が高まれば，日本への製品輸入の拡大のみならず，部材・部品産業の海外生産も拡大するものと見込まれる。生産地で部材や部品を調達する現地調達が原則であるからである。そこで日本からの輸出代替が起きる。また，普及品には映像処理ICなど汎用品が使用されることから，非日本製品の普及が進む。すでに，日本の対台湾，韓国とのIT貿易収支は電子部品で黒字を稼ぐことは出来ず，資本財や化学品が黒字部門である。中国（香港経由を含む）に対しては，電子部品で大幅な黒字を出しているが，製品の外部調達が進むと電子部品も現地調達に代替される。

また，デジタル家電はVTRやブラウン管テレビなどアナログ家電の代替であるため，機能的にこれらの代替製品以上のものを提示できないと，市場の拡大が代替製品以上には広がりにくい。デジタル家電市場は，テレビを除けば，パソコンや携帯電話市場と比べるとはるかに小さい市場である。特化することで規模の利益を得る企業は限られている。

日本のデジタル産業の競争力は，高付加価値品を作り出すことにある。水平分業のリスクは，高付加価値品を作り出す基盤を失う懸念である。日本メーカに必要なのは「攻めの戦略」であろう。すなわち①既存分野でより高付加価値品にシフトする，②革新的な技術で新たな市場を創出，これまでのセオリー（差別化戦略）を今後とも継続していくこと以外なさそうである。そのためには，第1に研究開発と生産現場が密接な連携を保つ必要があることから国内生産を重視する，第2に東アジア企業とのアライアンスを重視する，第3に海外拠点における製品開発機能の充実によって国際的なイノベーション力を高めることが重要であろう。

参 考 文 献

安部忠彦〔2004〕「デジタル家電の成長戦略」富士通総研研究レポート No 212。
大木博巳〔2006〕「東アジア企業の台頭と日本企業の成長戦略」アジア経営研究 No. 12。
ジェトロ〔2004〕『ジェトロ貿易投資白書2004年版』。
富士キメラ総研『ワールドワイドエレクトロニクス市場総合調査』各年版。
中田行彦〔2007〕「液晶産業における日本の競争力」, RIETI DISCUSSION PAPER。
中道一心〔2008〕「デジタルスチルカメラ:中核企業の事業システムの戦略的マネジメント」, 塩地洋編『東アジア優位産業の競争力――その要因と競争・分業構造』ミネルヴァ書房, 2008年。
日経産業新聞「世界の家電市場横ばい, 今年62兆円, 米協会予測, 新興国の成長が下支え。」2010年1月7日。
横田光弘, 天野真也 「台湾が中国での大型液晶パネル工場建設を解禁」ジェトロ通商弘報 2010年2月15日。

第 7 章

アジア諸国の産業スカイラインと需要構造

1. はじめに

　世界経済におけるアジア経済のウエイトは，中国の市場経済への参加に伴って大きく変化してきた。国民経済 GDP と貿易の規模（財貨・サービスの輸出）を過去 30 年に亘り比較すると，世界経済の中でのユーロ経済圏から，アジア太平洋経済圏への比重がシフトしてきたこと示すことができる。（図 7-1 を参照）しかしながら，どのように産業構造が，これらのアジア太平洋地域において変化してきたのかは，産業連関分析のアプローチを使うことなしには，厳密な分析は不可能である。とはいえ，国際的に比較できる産業連関表は，OECD 等の極めて限られたものしか利用可能ではない。本分析では，JETRO－アジア経済研究所が作成・公表している国際産業連関表を利用して，このデータベースの対象とするアジア地域 10 カ国についての分析を行うことにした。

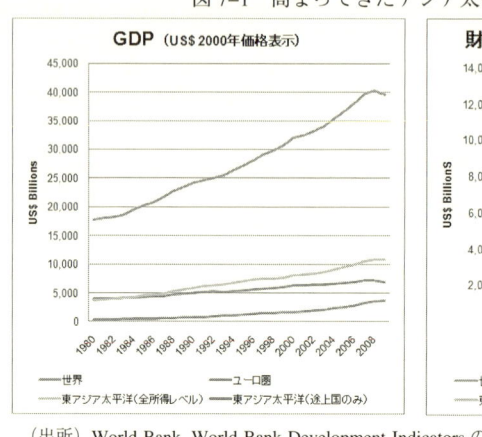

図7-1 高まってきたアジア太平洋経済圏の比重

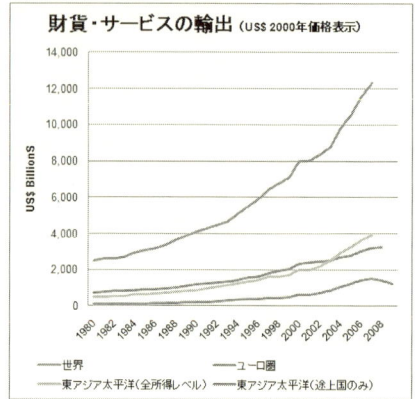

（出所）World Bank, World Bank Development Indicators のデータより作成した。
http://databank.worldbank.org/ddp/home.do?Step=3&id=4

2. 分析の手法

2-1 自給率（生産構造）の捉え方

これまでの先行研究では，生産構造の捉え方はいくつかある。例えば，投入係数による直接な分析方法，レオンチェフ逆行列による直接・間接な分析方法などがある。ここでは，産業スカイライン分析を援用して，アジア諸国の生産構造を捉えたい。

しかし，産業スカイライン分析では，一般的に，完全競争輸入型産業連関表が多く使われてきた。つまり，輸入をマイナスの需要とみなすことができる。この点に対して，ここで使用するJETROアジア経済研究所のASIAN INTERNATIONAL INPUT-OUTPUT TABLE『アジア国際産業連関表』は，完全非競争輸入型産業連関表である。したがって，スカイライン分析を行うために，まず，完全非競争輸入モデルを完全競争輸入モデルに組み替えて分析する必要がある。

説明を解り易くするために，内生国がC国とJ国，外生国がR国というモデルを想定して考えることにしよう。したがって，需給バランス式は，行列式

で表示すると,

$$\begin{bmatrix} X^C \\ X^J \end{bmatrix} = \begin{bmatrix} A^{CC} & A^{CJ} \\ A^{JC} & A^{JJ} \end{bmatrix} \begin{bmatrix} X^C \\ X^J \end{bmatrix} + \begin{bmatrix} F^{CC} \\ F^{JJ} \end{bmatrix} + \begin{bmatrix} F^{CJ} \\ F^{JC} \end{bmatrix} + \begin{bmatrix} E^{CR} \\ E^{JR} \end{bmatrix}$$

となる。

完全競争輸入モデルでは

$$\begin{bmatrix} X^C \\ X^J \end{bmatrix} = \begin{bmatrix} A^{CC*} & A^{CJ} \\ A^{JC} & A^{JJ*} \end{bmatrix} \begin{bmatrix} X^C \\ X^J \end{bmatrix} + \begin{bmatrix} F^{CC*} \\ F^{JJ*} \end{bmatrix} + \begin{bmatrix} F^{CJ} \\ F^{JC} \end{bmatrix} + \begin{bmatrix} E^{CR} \\ E^{JR} \end{bmatrix} - \begin{bmatrix} M^{JC*} \\ M^{CJ*} \end{bmatrix} - \begin{bmatrix} M^{RC} \\ M^{RJ} \end{bmatrix}$$

となる。

　　ただし, A^* :完全競争輸入モデルの投入係数
　　　　　 F^* :完全競争輸入モデルの国内最終需要
　　　　　 M^* :完全競争輸入モデルの内生国からの輸入

　連立方程式で示すと

$$X^C = A^{CC*}X^C + A^{CJ}X^J + F^{CC*} + F^{CJ} + E^{CR} - M^{JC*} - M^{RC} \quad (1)$$

$$X^J = A^{JC}X^C + A^{JJ*}X^J + F^{JJ*} + F^{JC} + E^{JR} - M^{CJ*} - M^{RJ} \quad (2)$$

となる。

　ここでJ国の生産額は外生的に与えられるとすれば, (1) 式においては, X^C のみが未知数となり, X^C を求めることができる。したがって, (1) 式だけがモデルとして存在するようになる。すなわち,

$$X^C = (I - A^{CC*})^{-1}(A^{CJ}X^J + F^{CC*} + F^{CJ} + E^{CR} - M^{JC*} - M^{RC}) \quad (3)$$

となる。これは, J国の生産額が外生化された簡易モデルである。

　さらに, (3) 式を整理すると,

$$X^C = (I - A^{CC*})^{-1} F^{CC*} + (I - A^{CC*})^{-1}(A^{CJ}X^J + F^{CJ}) + (I - A^{CC*})^{-1} E^{CR} -$$
$$(I - A^{CC*})^{-1} M^{JC*} - (I - A^{CC*})^{-1} M^{RC} = X_{Fcc*} + X_{Fcj} + X_{Ecr} - X_{Mjc*} - X_{Mrc} \quad (4)$$

また, C国の各産業部門を示すため, (4) 式は以下のように表わされる。

$$X_i^C = X_{FCCi^*} + X_{FCJi} + X_{ECRi} - X_{MJCi^*} - X_{MRCi} \tag{5}$$

そして，(5) 式の両辺を X_{FCCi^*} で割れば

$$\frac{X_i^C}{X_{FCCi^*}} = I + \frac{X_{FCJi}}{X_{FCCi^*}} + \frac{X_{ECRi}}{X_{FCCi^*}} - \frac{X_{MJCi^*}}{X_{FCCi^*}} - \frac{X_{MRCi}}{X_{FCCi^*}} \tag{6}$$

また

$$\rho_{ci} = \frac{X_i^C}{X_{FCCi^*}} \qquad \rho_{FCJi} = \frac{X_{FCJi}}{X_{FCCi^*}} \qquad \rho_{ECRi} = \frac{X_{ECRi}}{X_{FCCi^*}}$$

$$\rho_{MJCi^*} = \frac{X_{MJCi^*}}{X_{FCCi^*}} \qquad \rho_{MRCi} = \frac{X_{MRCi}}{X_{FCCi^*}}$$

と定義し，(6) 式に代入すれば，

$$\rho_{ci} = I + \rho_{FCJi} + \rho_{ECRi} - \rho_{MJCi^*} - \rho_{MRCi} \tag{7}$$

ただし ρ_{ci} は C 国の i 産業の国内最終需要規模を基準とした自給率。

ρ_{FCJi} は C 国の i 産業の国内最終需要規模を基準とした内生国 J 国への輸出率。

ρ_{ECRi} は C 国の i 産業の国内最終需要規模を基準とした外生国 R 国への輸出率。

ρ_{MJCi^*} は C 国の i 産業の国内最終需要規模を基準とした内生国 J 国からの輸入率。

ρ_{MRCi} は C 国の i 産業の国内最終需要規模を基準とした外生国 R 国からの輸出率。

これらの指標とともに，産業別の割合 S_i

$S_{ci} = \frac{X_i^C}{\Sigma_i X_i^C}$ (8) を用いて，C 国のスカイライン図を作成することができる。[1]

それで，今回の非完全競争輸入型産業連関モデルを以上のモデルに当てはめるとすれば，(1) 式が以下のように表わすことができる。

$$X^C = (A^{CC} + A^{JC} + A^{RC})X^C + A^{CJ}X^J + (F^{CC} + F^{JC} + F^{RC}) + F^{CJ} + E^{CR} - A^{JC}$$

---

1) スカイライン図の作成に関する具体的な説明は，徐 (2008) を参照されたい。

$$(A^{CC}X^C + A^{CJ}X^J + F^{CC} + F^{CJ} + E^{CR}) - F^{JC} - A^{RC}(A^{CC}X^C + A^{CJ}X^J + F^{CC} + F^{CJ} + E^{CR}) - F^{RC} \tag{9}$$

また，$A^M = A^{JC} + A^{RC}$, $A^{*} = A^{CC} + A^M$ と定義し，(9) 式を整理すれば

$$X^C = (A^{*} - A^M A^{CC}) X^C + A^{CJ}X^J + F^{CC} + F^{CJ} + E^{CR} - A^M(A^{CJ}X^J + F^{CC} + F^{CJ} + F^{CR}) \tag{10}$$

となる。

ここで J 国の生産額は外生的に与えられるとすれば，(10) 式においては，X^C のみが未知数となり，X^C を求めることができる。すなわち，

$$X^C = (I - A^{*} + A^M A^{CC})^{-1}[X^J + (F^{CC} + F^{JC} + F^{RC}) + F^{CJ} + E^{CR} - A^M(A^{CJ}X^J + F^{CC} + F^{CJ} + E^{CR}) - F^{JC} - F^{RC}] \tag{11}$$

また，$F^{*} = (I - A^{*} + A^M A^{CC})^{-1}(F^{CC} + F^{JC} + F^{RC})$
$E^{*} = (I - A^{*} + A^M A^{CC})^{-1}(F^{CJ} + E^{CR})$
$M^{*} = (I - A^{*} + A^M A^{CC})^{-1}[A^M(A^{CJ}X^J + F^{CC} + F^{CJ} + E^{CR}) + F^{JC} + F^{RC}]$

と定義すれば，(11) から

$$X^C = F^{*} + E^{*} - M^{*} \tag{12}$$

が得られる。

これで，完全競争輸入モデルになり，上記で説明したように，C 国の産業スカイライン図を作成することができる。なお，アジア国際産業連関表では，内生国が十カ国になるため，C 国から J 国への輸出，輸入が九つの国に分かれることになる。

2-2 需要構造の捉え方

一国の産業連関モデルの中では，レオンチェフ逆行列は各産業の経済全体に及ぼす影響を直接・間接の波及効果として示している。通常のレオンチェフ逆行列を利用し，生産誘発構造の分析ができる。すなわち，どういう最終需要（民間消費，政府消費，投資，輸出など）によって各産業の生産が誘発されるかを分

析することである。

 理解しやすいことに，国際産業連関分析における生産誘発構造の分析は，さらに，どの国の最終需要によって各産業の生産が誘発されるかを分析することができる。一方，一国の産業連関分析と異なり，国際産業連関分析では，ある国の各産業の生産が単なる最終需要だけによって誘発されるのではなく，他国の中間需要によっても誘発されることは明らかである。

 また，一国の産業連関モデルでは，最終需要が外生化され，それを外生値としてモデルに与えることによって，誘発される生産額が求められる。しかし，国際産業連関の性格から，モデルの中に，幾つかの国が内生化されている。ここでは，それぞれ内生化された国を外生化し，中間需要による誘発も含めた需要構造分析を行う。このアイデアは，既に，国際産業連関の先行研究で利用されている[2]。実際，国際産業連関モデルでは，各国の生産額は内生化されており，モデルの中にある。国の外生化とは，他国の生産額をモデルの外から与えられているように見なすことである。これにより各国の誘発生産額を求めることができる。

 2-1と同様に，行列式で表せば，以下のようになる。

$$\begin{bmatrix} X^C \\ X^J \end{bmatrix} = \begin{bmatrix} A^{CC} & A^{CJ} \\ A^{JC} & A^{JJ} \end{bmatrix} \begin{bmatrix} X^C \\ X^J \end{bmatrix} + \begin{bmatrix} F^{CC} & F^{CJ} \\ F^{JJ} & F^{JC} \end{bmatrix} + \begin{bmatrix} E^{CR} \\ E^{JR} \end{bmatrix}$$

連立方程式で示すと

$$X^C = A^{CC}X^C + A^{CJ}X^J + F^{CC} + F^{CJ} + E^{CR} \tag{1}$$

$$X^J = A^{JC}X^C + A^{JJ}X^J + F^{JJ} + F^{JC} + E^{JR} \tag{2}$$

となる。

 ここでJ国の生産額が外生的に与えられるとすれば，(1) 式においては，X^Cのみが未知数となり，X^Cを求めることができる。したがって，(1) 式だけがモデルとして存在するようになる。すなわち，

---

 2) 詳しい内容は玉村千治・内田陽子・岡本信広 (2003) を参照されたい。

第 7 章　アジア諸国の産業スカイラインと需要構造　123

$$X^C = (I - A^{CC})^{-1}(A^{CJ}X^J + F^{CC} + F^{CJ} + E^{CR}) \tag{3}$$

となる。これは，J 国の生産額が外生化された簡易モデルである。

さらに，(3) 式を整理すると，

$$X^C = (I - A^{CC})^{-1}(A^{CJ}X^J + F^{CJ}) + (I - A^{CC})^{-1}F^{CC} + (I - A^{CC})^{-1}E^{CR}$$

となり，生産額は，以下の 3 つの需要要因によって誘発されている。

$(I - A^{CC})^{-1}(A^{CJ}X^J + F^{CJ})$：内生国 J 国への中間財・最終財輸出需要による C 国の生産誘発額。

$(I - A^{CC})^{-1}F^{CC}$：C 国国内の最終需要による生産誘発額。

$(I - A^{CC})^{-1}E^{CR}$：外生国 R 国への最終財輸出需要による C 国の生産額誘発額。

なお，アジア国際産業連関表では，内生国が 10 カ国になるため，C 国から J 国への輸出が九つの国に分かれることになる。

3．アジア諸国のスカイライン

20 世紀の 90 年代中頃に，世界銀行によるアジアの経済発展に関する報告書『東アジアの奇跡－経済成長と政府の役割—』(1993) に対して，著名な経済学者クルーグマン教授が「まぼろしのアジア経済」(1994) をもって反論を展開したことは，非常に有名である。事実として，1997 年のアジア金融危機を経験した東アジア，特に，東南アジア諸国，韓国などの国々が極度な経済混乱に陥ったことは今でも，人々の記憶から消え去ったものではない。一方，その後の経済景気回復の速度は国によって違いがあるものの，東アジア全体から見て頗る早いものであることをも見落とすべきではない。実際，東アジア諸国は，金融危機の影響を受け，その結果，実体経済が一体どうなっていたかについて今回の研究を通じて少しでも解明したい。

3-1　アセアンの発展途上国

まず，金融危機の打撃を深刻に受けたタイから見てみると，全産業の名目産出額は，1995 年の 3559 億ドルから 2000 年の 3009 億ドルへ，約 -15.4% の縮

小を呈した[3]。産業構造からいうと，農業のシェアは，5%前後に安定し，軽工業のシェアは，比較的に大きく，約20%前後まで占めていた[4]。(表7-1) また，同期間中，重化学工業と機械産業とのシェア拡大が見られており，それぞれ，1995年の9.5%，12.3%から2000年の11.9%，14.8%へと拡大した。全体的に，起伏が大きいスカイライン図となっており，平準化していく先進国の発展経験から考えると，依然として発展途上国の特徴がはっきり示されている。1995年の時点では，農業，軽工業，また，第14部門ゴム製品製造業において，強い輸出力を見せ，2000年では，それに加わり，第17部門機械製造業も強い外貨獲得産業になった。

表7-1 タイの生産構造

産業部門	1995 輸出率	輸入率	自給率	構成比%	2000 輸出率	輸入率	自給率	構成比%
1	66.26	20.97	145.28	1.09%	79.86	22.92	156.94	0.96%
2	39.67	24.46	115.21	1.87%	62.82	32.00	130.82	2.17%
3	56.37	19.83	136.54	1.01%	60.69	20.53	140.16	0.92%
4	28.38	75.86	52.52	0.14%	139.86	146.04	93.82	0.06%
5	33.51	13.05	120.46	1.08%	48.60	16.46	132.14	1.08%
6	41.84	84.33	57.51	0.37%	89.31	107.15	82.16	0.90%
7	25.17	28.09	97.08	0.57%	57.02	55.90	102.12	0.39%
8	69.66	21.39	148.27	8.68%	74.63	21.08	153.55	9.17%
9	88.17	27.64	160.53	8.74%	92.37	27.04	165.33	6.95%
10	27.43	29.50	97.93	1.38%	115.21	36.71	178.50	0.84%

3) アジア経済研究所の国際産業連関表では，全てドル評価されているので，当該年度における対象国の対ドル為替レートによる影響を相当受けている。例えば，タイの場合，バーツ評価であれば，1995年の名目GDP 4186.2（10億バーツ），2000年の名目GDP 4922.7（10億バーツ）であり，必ずしも，今回の分析結果と一致していない。しかし，1枚の国際産業連関表（金額表）を作成する際に，同じ通貨で評価する必要があるため，今回の分析においては，それを受け入れて行うことにしたい。実際，視点を変えて，国際通貨ドルで評価された各国の産業構造を見たら，どうなっているかという問題意識として理解すれば，納得しやすくなる。

4) 本章の分析において，産業の分類に関しては，ASIAN INTERNATIONAL INPUT-OUTPUT TABLEの24部門分類を踏襲したうえ，説明をしやすくするために，さらに7部門に統合した。詳しくは，文末の付表7-1を参照されたい。

11	57.57	55.74	101.83	1.16%	77.24	49.36	127.88	1.37%
12	65.64	99.65	65.98	1.66%	100.27	86.00	114.28	3.47%
13	39.25	44.75	94.50	2.05%	69.74	40.30	129.43	3.83%
14	165.01	42.47	222.54	1.72%	197.42	49.21	248.21	1.15%
15	18.12	16.26	101.86	1.92%	52.87	23.85	129.03	1.36%
16	43.98	100.87	43.11	2.10%	120.22	135.92	84.31	2.15%
17	80.22	106.42	73.80	7.40%	286.86	201.56	185.29	10.64%
18	11.71	46.15	65.56	4.97%	44.38	43.54	100.83	4.13%
19	101.69	66.10	135.59	4.10%	89.33	61.87	127.47	4.03%
20	35.21	34.04	101.17	2.33%	52.09	33.36	118.72	3.41%
21	0.62	0.57	100.05	9.40%	0.77	0.46	100.31	3.53%
22	33.36	27.22	106.14	16.04%	58.47	32.04	126.43	17.52%
23	27.30	22.01	105.29	17.29%	31.99	20.14	111.84	15.11%
24	0.00	0.00	100.0	2.93%	0.00	0.00	100.0	4.88%

図7-2 タイのスカイライン

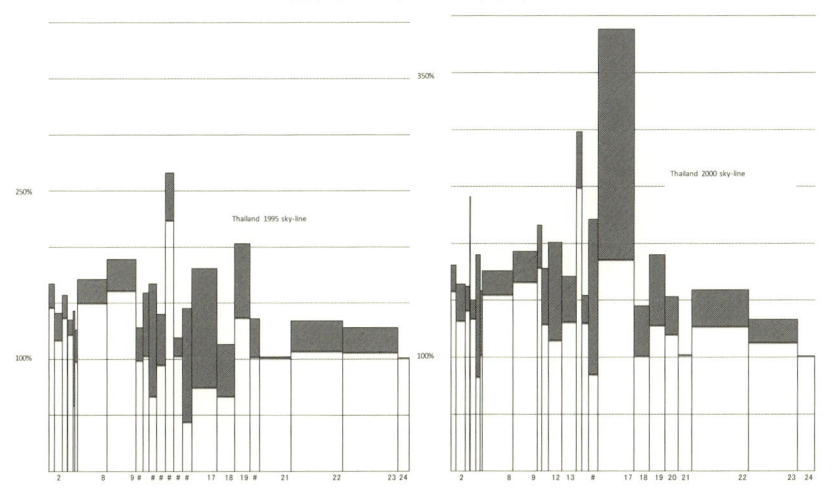

同時期，タイと同じく，経済状況が深刻な混乱に陥ったインドネシアにおいては，全産業の産出額に関して，1995年の4420億ドルから2000年の3207億ドルへ，約-27.4%の縮小がみられた。産業構造において，農業のシェアは，比較的に大きく，ほぼ10.6%前後に安定している。また，鉱業生産のシェアが拡大したことは，経済混乱から脱却するために，インドネシアの1つの大きな

特徴といえる。インドネシアの輸出面から考えると，そもそも，鉱業への特化あるいは大きく依存する構造を持っていた。それがこの5年間を通して，さらに突出した存在を示したことをスカイライン図から読み取れる。特に，表（7-2）からいえば，第6部門原油天然ガス製造業の輸出率[5]が1995年の170%から2000年の209%にまで上昇したことは注目に値する。そして，軽工業のシェ

表7-2　インドネシアの生産構造

産業部門	1995 輸出率	輸入率	自給率	構成比%	2000 輸出率	輸入率	自給率	構成比%
1	7.71	5.46	102.26	2.37%	14.54	11.42	103.12	2.10%
2	7.83	9.62	98.21	4.51%	25.73	18.69	107.04	4.58%
3	5.95	6.63	99.32	1.53%	9.52	9.18	100.34	1.72%
4	58.27	3.40	154.87	1.00%	97.11	7.50	189.61	0.74%
5	7.50	2.91	104.60	1.20%	9.08	3.75	105.33	1.44%
6	170.26	24.19	246.07	3.71%	208.97	74.24	234.72	6.90%
7	58.99	13.93	145.06	1.96%	114.42	28.36	186.06	2.49%
8	7.72	5.45	102.27	12.99%	14.58	11.59	102.99	12.14%
9	103.17	25.34	177.83	4.46%	251.21	37.73	313.48	4.87%
10	113.63	4.52	209.11	2.35%	297.87	8.57	389.30	2.13%
11	45.91	22.94	122.97	1.48%	142.24	46.73	195.51	2.07%
12	37.55	50.47	87.09	2.79%	89.12	76.67	112.46	2.81%
13	35.11	28.20	106.92	1.73%	44.93	61.18	84.76	2.00%
14	123.17	28.52	194.65	1.52%	79.29	41.67	137.62	0.60%
15	11.09	15.44	95.65	0.85%	40.42	12.55	127.87	0.88%
16	24.03	43.18	80.84	2.14%	55.65	49.16	106.49	2.27%
17	19.46	76.05	43.42	2.50%	137.04	82.98	154.06	3.90%
18	9.63	35.99	73.63	3.03%	16.33	34.95	81.38	3.97%
19	20.05	32.35	87.70	1.55%	47.55	26.38	121.17	1.57%
20	14.42	13.00	101.42	1.21%	36.86	19.63	117.23	1.13%
21	1.30	1.04	100.26	10.43%	2.60	1.43	101.17	8.43%
22	25.51	18.65	106.86	13.20%	46.99	25.76	121.24	13.82%
23	14.23	12.98	101.25	18.66%	22.21	20.83	101.38	14.86%
24	0.99	2.45	98.54	2.84%	2.00	2.98	99.02	2.57%

[5] ここでいう輸出率は，国内最終需要規模を基準とした輸出率であり，通常，GDPを基準とした輸出率と違いがある。詳細は，徐（2008）を参照されたい。

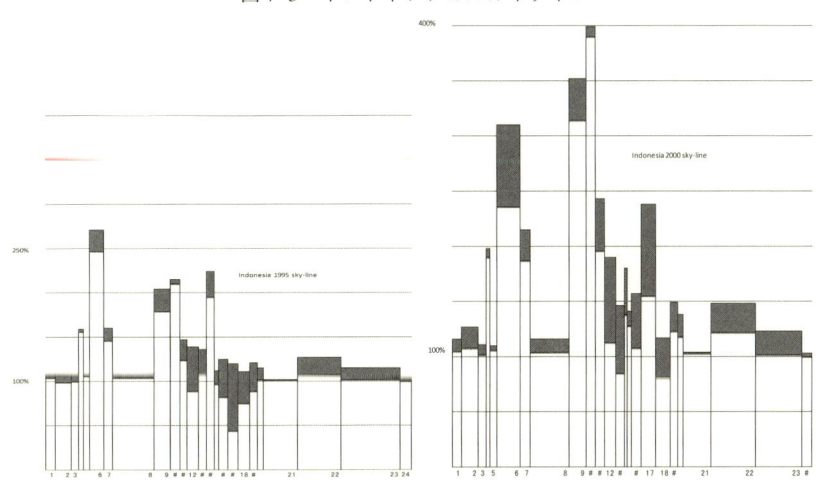

図7-3 インドネシアのスカイライン

アは,タイと同じく,わりと大きいものであり,23%前後に安定している。重化学工業と機械産業とのシェアは,全体から見て,大きくない。基本的に,タイのスカイラインと同じく,起伏が激しく,工業化が進んでいるとはいい切れない。輸出は主に,鉱業と軽工業に依存している構造が大きく変わっていないものの,2000年の時点においては,第17部門機械製造業がタイと同じく,シェアが小さいながら,外貨獲得産業になったことが図7-3から分かる。

そして,フィリピンに関して,1995年を比較すると,全産業の産出額は1418億ドルから1525億ドルに,約7.5%上昇した。同じく,アセアンの発展途上国として,タイとインドネシアと違い,いち早く経済の成長に回復できた原因を産業の生産構造からみれば,少しでも,分かるようになる。それは,同期間中に,機械産業が大きく拡大したことに他ならない。1995年の時点では,農業のシェアは,まだまだ,大きい存在であったに対して,2000年の時点では,シェアが大幅に低下した。(表7-3)輸出面からみても,1995年,主に,軽工業に大きく依存したものは,2000年になってから,軽工業だけではなく,第17部門機械製造業も一大外貨獲得産業になった。まさに,この第17部門機械製造業の見事な成長ぶりがあったからこそ,この間のフィリピン経済が立ち直っ

表7–3　フィリピンの生産構造

産業部門	1995 輸出率	1995 輸入率	1995 自給率	1995 構成比%	2000 輸出率	2000 輸入率	2000 自給率	2000 構成比%
1	13.86	7.38	106.48	2.50%	8.72	10.94	97.78	1.52%
2	14.21	11.17	103.04	6.36%	27.47	24.58	102.89	3.14%
3	7.44	4.20	103.23	4.79%	4.56	7.43	97.13	2.32%
4	97.62	40.17	157.45	0.16%	55.09	40.99	114.10	0.06%
5	29.47	3.59	125.88	2.78%	14.95	4.74	110.21	1.57%
6	67.56	134.20	33.36	0.12%	47.35	144.09	3.26	0.00%
7	136.09	79.98	156.11	0.67%	105.91	53.78	152.13	0.53%
8	14.10	7.51	106.59	15.62%	8.72	10.93	97.78	14.78%
9	228.63	122.28	206.35	4.18%	208.55	119.56	188.99	2.31%
10	96.36	7.50	190.87	1.27%	63.92	36.72	127.21	0.80%
11	34.11	43.01	91.10	0.72%	55.38	67.40	87.98	0.53%
12	62.02	80.35	81.67	2.44%	55.23	92.27	62.96	1.62%
13	43.04	26.63	116.41	3.34%	50.86	51.16	99.70	3.14%
14	55.71	40.77	114.94	0.57%	78.47	80.12	98.35	0.26%
15	21.82	27.94	93.88	0.73%	42.28	31.91	110.37	0.80%
16	69.72	78.76	90.96	3.05%	122.20	154.38	67.83	1.36%
17	79.64	112.27	67.38	3.42%	376.08	285.09	190.99	12.95%
18	14.02	81.40	32.62	0.67%	72.14	75.20	96.93	1.32%
19	66.88	79.56	87.32	1.03%	273.02	161.67	211.36	2.86%
20	25.23	19.71	105.51	2.41%	44.76	33.25	111.51	3.83%
21	3.12	1.26	101.86	6.52%	4.47	3.26	101.20	5.37%
22	39.21	32.02	107.19	13.79%	97.98	47.09	150.89	13.95%
23	36.09	14.85	121.24	16.19%	39.12	27.94	111.19	20.06%
24	0.16	0.07	100.10	6.68%	0.00	0.00	100.0	4.91%

たといっても過言ではない。

　次に，マレーシアに目を移すと，全産業産出額は，タイ，インドネシアより，少ないであるものの，1995年の2050億ドルと比べて，17.4%の拡大を見せ，2000年2408億ドルとなった。最も他のアセアン発展途上国と違ったことは，マレーシアの産業構造がかなり進んでおり，アジア中進国諸国の産業構造に類似してきたことである。例えば，農業のシェアは，タイ，インドネシアと比べると，相当小さいものであり，製造業の中でも，軽工業が中心的な存在ではな

第7章 アジア諸国の産業スカイラインと需要構造　129

図7-4　フィリピンのスカイライン

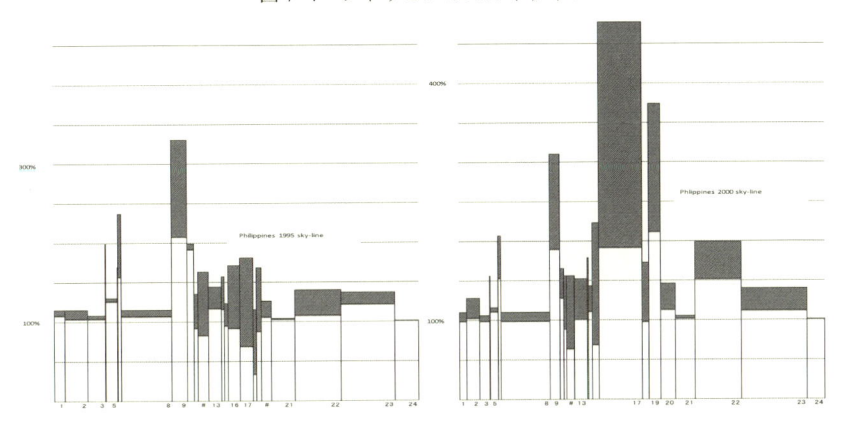

く，機械産業が主要産業になりつつある。(表7-4) 特に，第17部門機械製造業は，2000年において，全産業の25.9％のシェアを占めるようになり，マレーシアの産業構造において非常に，目立つ部門になっている。一方，そのシェアの拡大は，対外依存度を高めたことに大きく関連していることが図7-5から容易に推測できる。(表7-4) から見ると，第17部門の輸出率は，1995年の155.29％から2000年の504.98％までに急上昇した。実際，程度の差があるものの，この時期における大部分の産業において，同様な上昇が見られる。

表7-4　マレーシアの生産構造

産業部門	1995				2000			
	輸出率	輸入率	自給率	構成比%	輸出率	輸入率	自給率	構成比%
1	44.55	29.34	115.20	0.22%	102.17	62.77	139.40	0.15%
2	67.75	74.61	93.14	1.03%	89.96	73.04	116.92	1.43%
3	26.20	19.75	106.46	0.98%	43.54	20.47	123.07	0.68%
4	573.18	116.53	556.66	1.40%	337.52	86.68	350.84	1.19%
5	28.00	20.08	107.92	0.75%	41.70	22.84	118.86	0.60%
6	351.37	128.85	322.52	2.88%	387.49	113.07	374.43	4.32%
7	110.67	143.45	67.21	0.32%	58.34	77.78	80.56	0.28%
8	145.05	57.97	187.08	6.83%	98.28	60.30	137.98	6.40%
9	181.74	107.52	174.22	1.92%	147.30	85.73	161.57	1.94%
10	541.33	69.39	571.94	2.70%	628.87	112.83	616.04	2.29%

11	93.84	100.22	93.62	1.31%	110.71	98.19	112.52	1.17%
12	131.67	129.83	101.84	2.83%	270.59	218.49	152.10	2.44%
13	108.47	88.15	120.32	1.22%	143.71	89.88	153.84	3.63%
14	170.10	77.45	192.65	2.94%	411.36	104.51	406.85	0.90%
15	72.58	66.30	106.28	1.57%	73.95	53.54	120.41	1.21%
16	94.89	125.35	69.55	3.83%	205.34	189.96	115.39	3.89%
17	155.29	136.06	119.23	21.20%	504.98	355.88	249.10	25.91%
18	59.93	76.87	83.06	3.24%	33.69	51.67	82.02	2.57%
19	79.01	63.62	115.39	7.02%	159.27	120.01	139.26	2.98%
20	78.67	68.27	110.40	1.75%	109.53	77.55	131.98	1.90%
21	12.69	10.45	102.24	8.93%	13.88	11.99	101.89	4.93%
22	88.85	77.37	111.48	11.13%	218.15	163.07	155.08	9.55%
23	44.76	40.34	104.42	10.39%	65.65	36.42	129.24	17.21%
24	22.36	13.56	108.80	3.60%	0.66	0.34	100.32	2.43%

図7-5 マレーシアのスカイライン

3-2 東アジアの中進国

これまで，東南アジアの発展途上国を中心に，1995年から2000年にかけて産業構造の変化を捉えてきた。周知の通り，1997年のアジア金融危機は，これらの発展途上国だけではなく，中進諸国にまで打撃を与えたものである。したがって，今回，シンガポール，台湾，韓国の産業構造の分析を加えてこの間

の変化を見てみよう。

まず,同じアセアン中心国であるシンガポールから見てみたい。周知の通り,人口,国土,天然資源などにおいて,シンガポールは他のアセアン諸国より規模が小さい都市国家である。一方,全産業の産出額では,他のアセアン諸国との大きな差がみられていない。1995年では2228億ドルであり,2000年では2529億であった。その主な理由に関しては,シンガポールの産業スカイラ

表7-5 シンガポールの生産構造

産業部門	1995 輸出率	1995 輸入率	1995 自給率	1995 構成比%	2000 輸出率	2000 輸入率	2000 自給率	2000 構成比%
1	10.06	110.02	0.04	0.00%				0.00%
2	42.29	108.97	33.32	0.06%	37.51	108.10	29.40	0.06%
3	25.77	81.45	44.32	0.04%	24.42	108.48	15.93	0.01%
4	47.90	145.99	1.91	0.00%				0.00%
5	83.20	63.85	119.35	0.11%	86.76	53.44	133.33	0.06%
6	192.25	290.40	1.85	0.00%				0.00%
7	86.28	130.75	55.54	0.03%	46.16	124.40	21.76	0.02%
8	74.82	62.37	112.45	1.44%	69.83	76.89	92.94	1.00%
9	70.58	106.17	64.41	0.61%	147.46	142.32	105.14	0.54%
10	40.78	62.89	77.69	0.35%	30.29	60.25	70.04	0.19%
11	148.03	93.52	154.51	1.44%	114.37	72.58	141.79	0.96%
12	229.55	149.40	180.16	4.01%	240.56	124.67	215.90	3.78%
13	524.27	176.76	447.50	5.43%	1492.39	1250.64	341.74	6.29%
14	125.41	127.70	97.71	0.22%	108.65	114.75	93.90	0.16%
15	54.32	72.49	81.82	0.71%	65.45	78.98	86.47	0.40%
16	133.09	133.66	99.43	3.19%	108.40	108.01	100.39	2.10%
17	422.50	258.57	263.93	24.98%	340.29	190.13	250.16	25.15%
18	44.74	77.63	67.11	2.18%	34.43	61.13	73.30	1.78%
19	138.89	146.83	92.06	1.73%	157.15	148.14	109.02	2.09%
20	96.08	57.20	138.88	1.03%	115.23	76.01	139.22	1.11%
21	10.39	6.10	104.29	6.45%	13.55	7.96	105.59	4.98%
22	211.19	75.48	235.71	20.08%	289.39	126.04	263.36	19.21%
23	94.70	46.36	148.34	22.30%	119.88	74.65	145.23	25.52%
24	9.55	5.37	104.18	3.63%	9.97	6.31	103.67	4.59%

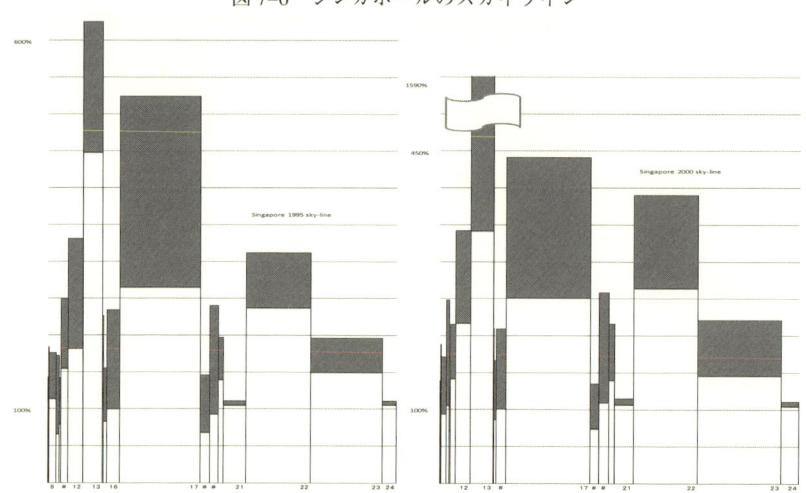

図7-6 シンガポールのスカイライン

イン図から，容易に理解できる。産業全体を見ると，サービス業が半分近くのシェアを占め，残りはほぼ製造業であり，一次産業のシェアは極めて少ない。(表7-5) 就中，第13部門石油精製及び関連製品製造業と第17部門機械製造業のシェアは著しく大きい。同時に，これらの製造業だけではなく，サービス業まで外部経済と大きく関わって，非常に開かれるというか，外部経済との緊密度が大きい産業構造になっていることはシンガポールの特徴である。

そして，台湾に関して，1995年の全産業産出額と比べると，2000年の全産業名目産出額は，16.22%の上昇が見られ，6579億ドルとなった。東南アジアの発展途上国とアジアの先進国日本に比較しながら，台湾の産業構造を分析すると，中進国の産業構造の特徴を鮮明に捉えることができる。例えば，2000年における農業の2.4%シェアは，日本やアメリカの先進国ほど低くないものの，発展途上国と比べれば，相当低いものである。(表7-6) また，製造業は依然として，全体の大きなシェアを占めていたものの，中身では，産業迂回度あるいは加工度が比較的に低い産業から，加工度が高い機械産業にシフトした。2000年の時点では，機械産業のシェアは22.6%にまで成長した。特に，第17部門機械製造業のシェアに関して，1995の11.9%から2000年の19.2%

にまで大きく伸び，自国の自給をもはるかに超えた輸出率を加味して考えると，もはや，台湾の経済成長の源であるといっても過言ではない[6]。一方，日本やアメリカの産業構造スカイラインと比較してみると，各産業の天井の起伏が依然と激しいものである。通常に，安定感を帯びる成熟した経済と思われる産業構造になったと言い切れない。主な原因は，台湾経済自体のキャパシ

表7-6 台湾の生産構造

産業部門	1995 輸出率	輸入率	自給率	構成比%	2000 輸出率	輸入率	自給率	構成比%
1	23.05	22.83	100.21	0.27%	12.73	27.45	95.28	0.19%
2	10.43	32.50	77.82	0.90%	13.78	36.44	77.34	0.82%
3	16.88	18.57	98.31	1.19%	12.08	24.08	88.00	0.85%
4	55.26	94.93	60.34	0.06%	31.52	87.12	44.40	0.02%
5	45.23	12.30	132.94	0.69%	12.89	15.69	97.20	0.50%
6	57.20	113.84	43.36	0.10%	93.56	169.34	24.22	0.07%
7	43.27	48.50	94.77	0.31%	75.35	79.38	95.97	0.32%
8	20.56	21.28	99.28	4.19%	12.49	26.30	86.19	3.42%
9	187.37	49.93	237.45	4.15%	294.72	75.60	319.12	3.72%
10	94.55	72.40	122.15	0.56%	92.62	74.67	117.95	0.41%
11	49.01	37.02	111.99	2.07%	57.61	42.11	115.50	1.68%
12	156.28	90.09	165.19	5.62%	195.79	129.73	167.07	4.28%
13	59.86	45.76	114.10	1.59%	91.21	65.53	125.68	1.73%
14	107.78	60.00	147.78	0.41%	188.14	72.30	215.84	0.37%
15	38.74	25.41	113.33	1.46%	61.50	42.14	119.37	1.26%
16	132.83	90.67	142.15	7.43%	214.65	120.15	194.50	5.82%
17	173.01	103.24	169.76	11.94%	195.59	117.37	178.22	19.19%
18	42.09	38.81	103.28	3.77%	43.10	53.46	80.64	3.43%
19	110.61	58.84	151.77	3.47%	211.85	84.28	227.57	3.02%
20	51.06	31.58	119.48	2.32%	46.94	33.49	113.45	1.01%
21	4.48	2.89	101.59	6.06%	10.36	7.27	103.08	5.41%
22	50.66	28.55	122.11	13.30%	72.17	41.61	130.57	12.34%
23	27.21	17.88	109.32	22.84%	29.31	23.11	106.21	25.32%
24	0.00	0.00	100.00	5.29%	0.00	3.57	95.43	4.79%

6) 台湾の圧縮型経済発展に関しては，朝元昭雄（1996）を参照されたい

図 7-7　台湾のスカイライン

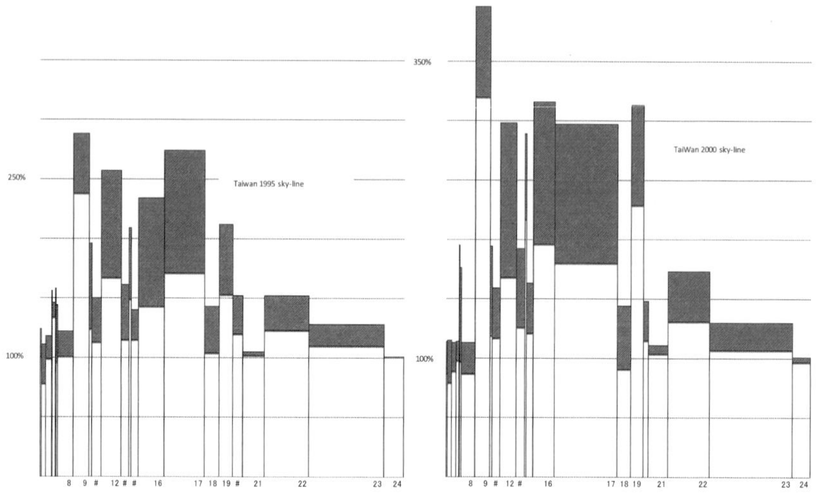

ティーに関わると推測できる。

　次に，一時，金融危機の荒波に厳しくさらされた韓国では，1995 年の全産業産出額の 1 兆 584 億ドルから，2000 年の 1 兆 2000 億ドルに，約 13.4% 成長した。金融的な撹乱があったものの，2000 年の時点では，1995 年より産業経済が縮小した事態を免れた。韓国はアジアの中進諸国の中でも，早い階段から，見事に産業構造の高度化を成し遂げた国といわれている。スカイラインからみても，この 5 年間，韓国の産業構造が大きく変わったというより，経済全体の生産がさらに外部経済への依存にシフトしたことが特徴として読み取れる。(表 7-7) 例えば，第 9 部門の繊維皮革製品製造業の輸出率が 1995 年の 142.5% から 2000 年の 184.3% へ，第 12 部門化学製品製造業の輸出率が 1995 年の 70.5% から 2000 年の 108.9% へ，第 16 部門金属製品製造業の輸出率が 1995 年の 62.5% から 2000 年の 96.21% へ，第 17 部門機械製造業の輸出率が 1995 年の 75.15% から 2000 年の 118.61% へ，第 18 部門輸送設備製造業の輸出率が 1995 年の 44.78% から 2000 年の 103.15% へと軒並みに大きくなった。

表 7-7 韓国の生産構造

産業部門	1995 輸出率	1995 輸入率	1995 自給率	1995 構成比%	2000 輸出率	2000 輸入率	2000 自給率	2000 構成比%
1	14.16	12.46	101.69	0.90%	10.44	12.60	97.84	0.78%
2	9.11	15.33	93.79	1.63%	8.25	17.22	91.03	1.03%
3	14.27	15.56	98.72	0.76%	12.51	15.57	96.94	0.60%
4	20.76	43.76	77.01	0.12%	17.64	27.94	89.71	0.10%
5	25.02	12.41	112.61	0.51%	15.56	14.32	101.24	0.31%
6	46.85	146.18	0.67	0.00%	66.77	166.56	0.22	0.00%
7	30.37	37.89	92.48	0.40%	55.19	59.63	95.56	0.20%
8	14.84	12.91	101.93	5.13%	11.08	13.14	97.94	4.31%
9	142.50	34.88	207.61	4.04%	184.30	39.24	245.06	3.33%
10	11.46	16.16	95.30	0.85%	19.92	18.19	101.72	0.54%
11	30.95	20.25	110.70	2.11%	46.27	24.70	121.56	1.70%
12	70.48	38.69	131.79	4.70%	108.90	46.08	162.82	4.71%
13	40.91	29.93	110.98	2.38%	62.53	27.70	134.82	3.88%
14	102.70	31.02	171.67	0.72%	154.89	37.25	217.64	0.52%
15	20.21	13.91	106.29	1.88%	35.82	19.16	116.66	1.19%
16	62.47	31.60	130.86	7.67%	96.21	39.49	156.72	6.14%
17	75.15	46.94	128.21	11.48%	118.61	56.46	162.14	13.30%
18	44.78	15.36	129.42	6.03%	103.15	19.70	183.45	5.77%
19	49.45	36.06	113.39	2.29%	74.07	44.40	129.68	2.13%
20	27.08	15.12	111.95	1.85%	31.82	14.68	117.15	2.29%
21	1.30	0.83	100.48	10.11%	2.02	1.09	100.93	7.30%
22	34.86	17.97	116.00	10.16%	56.08	26.07	130.00	8.89%
23	14.97	10.74	104.23	21.16%	18.21	11.66	106.55	27.80%
24	0.00	0.00	100.00	3.15%	0.00	0.00	100.00	3.20%

図 7-8　韓国のスカイライン

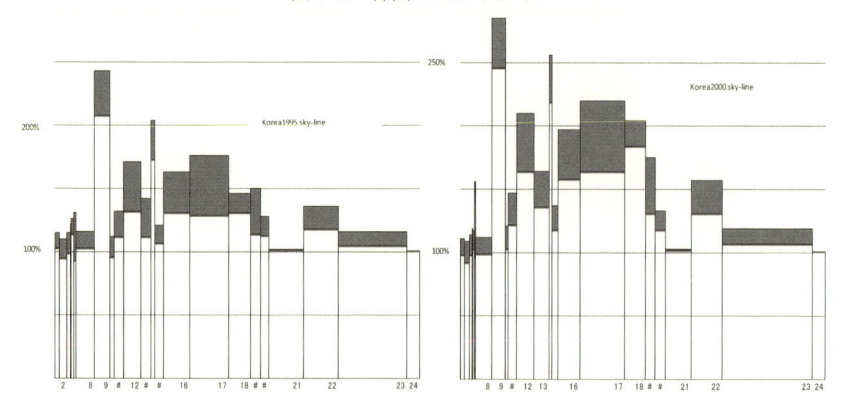

3-3　中国

　同時期に，発展途上国といわれながら巨大な経済規模を持つ中国では，非常に大きな存在感を示してくれた。全産業の産出額を見ると，1995 年の 1 兆 8745 億ドルから，2000 年の 3 兆 1111 億ドルへ，約 65% 上昇した。平均年間成長率でいうと，10.5% の成長率である。なぜ，アジアの金融危機があったにもかかわらず，あたかも，1 人勝ちのような経済成長を成し遂げたかについて，徐（2008）による中国経済の産業構造分析の結果から，ヒントを得ることができる。ここでも，簡単にいうと，1995 年〜2000 年の 5 年間において，中国経済にとって，外部経済の需要牽引が大きな役割を果たしたことを認めざるを得ない。結果として，産業の生産構造を見ると，緩やかな高度化が進んでいることが読み取れる。農業のシェアは 1995 年の 12.84% から 2000 年の 10.03% へ低下し，軽工業のシェアも 1995 年の 21.9% から 2000 年の 17.4% へ大きく低下した。（表 7-8）それに対して，重化学工業のシェアは僅かの縮小にとどまり，機械産業のシェアは 1995 年の 12.76% から 2000 年の 15.92% への上昇ぶりを呈していた。一方，この間の産出量の増大が外部経済への依存と大きく関連していることが図から推測できる。例えば，第 9 部門の繊維皮革製品製造業の輸出率は 1995 年の 58.4% から 2000 年の 96.48% へ，第 19 部門その他製造業の輸出率は 1995 年の 72.13% から 2000 年の 107.74% へと大幅に上昇した。さら

に，シェアを拡大できた第17部門機械においても，輸出率が1995年の25.39%から2000年の42.12%へ大きな上昇を見せている。

表7-8 中国の生産構造

産業部門	1995 輸出率	輸入率	自給率	構成比%	2000 輸出率	輸入率	自給率	構成比%
1	10.78	4.82	105.96	0.90%	9.95	2.85	107.10	1.63%
2	11.82	6.78	105.04	6.55%	14.33	5.66	108.67	3.93%
3	17.38	6.29	111.09	3.86%	8.94	2.77	106.17	3.17%
4	18.90	7.13	111.77	0.45%	23.56	18.29	105.27	0.34%
5	6.83	1.67	105.16	1.09%	6.17	2.23	103.94	0.95%
6	45.26	18.16	127.10	0.96%	35.00	12.91	122.09	1.70%
7	25.18	14.42	110.76	2.10%	37.38	14.92	122.47	1.39%
8	14.27	6.99	107.28	6.85%	11.31	4.00	107.31	5.80%
9	58.40	16.61	141.79	8.73%	96.48	15.07	181.42	6.71%
10	22.22	10.03	112.19	1.30%	51.10	14.49	136.60	0.63%
11	24.95	14.52	110.43	1.59%	29.22	12.62	116.60	1.51%
12	36.02	21.53	114.49	5.35%	42.88	18.50	124.38	6.07%
13	31.64	16.90	114.74	1.69%	31.26	13.25	118.01	3.09%
14	24.95	14.21	110.75	0.81%	39.89	13.67	126.22	0.72%
15	15.12	7.67	107.45	3.92%	15.22	5.74	109.48	2.47%
16	33.74	22.03	111.71	7.35%	44.43	21.69	122.74	6.32%
17	25.39	31.90	93.48	9.91%	42.12	24.23	117.89	12.15%
18	15.23	17.73	97.50	2.85%	20.15	10.37	109.79	3.77%
19	72.13	24.76	147.37	3.44%	107.74	25.42	182.32	2.75%
20	25.06	14.46	110.60	2.01%	28.90	11.88	117.02	3.73%
21	3.20	2.01	101.19	9.53%	1.02	0.54	100.49	8.60%
22	46.72	16.10	130.62	8.19%	34.97	11.51	123.46	7.90%
23	16.66	8.06	108.59	8.41%	13.01	5.26	107.75	12.51%
24	1.72	1.89	99.83	2.17%	0.42	0.26	100.17	2.17%

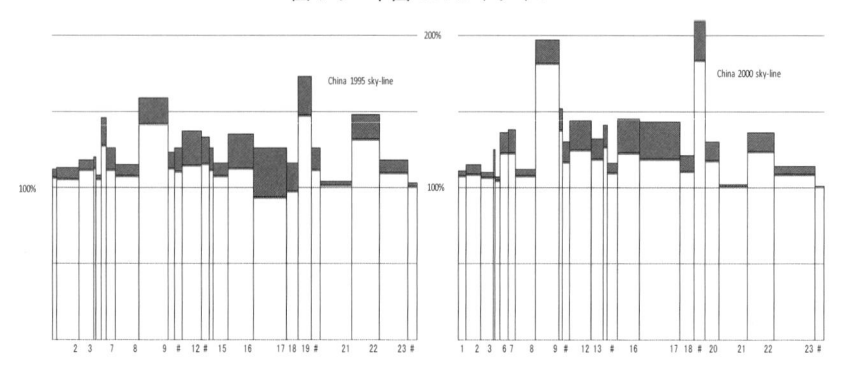

図 7-9　中国のスカイライン

3-4　先進国の日本とアメリカ

　日本経済にとって，対象期間はまさに失われた十年と称される時期であった。全産業の産出額を見ると，1995 年の 9 兆 7459 億ドルから 2000 年の 8 兆 6823 億ドルへ約 11% も委縮した。日本は既に成熟した先進国であるので，産業構造がもはや易々とは変わらない。したがって，金融危機があったとはいえ，産業構造が大きな変化を図 7-10 から読み取れない。代わりに，外部経済の需要が日本経済にとって，益々大きな牽引力を発揮していることが分かる。例えば，第 14 部門ゴム製品製造業の輸出率が 1995 年の 51.14% から 2000 年の 74.46% へ，第 18 部門輸送設備機械の輸出率が 1995 年の 45.04% から 2000 年の 63.86% へと大きく上昇した。(表 7-9) 勿論，輸出率の上昇はこれらの産業だけではなく，日本経済における大部分の産業において共通する。国内需要の不足を補う形で，国外に活路を開く。そのために，自国通貨の円安傾向はその一助になっていると理解しても不自然ではない。

表 7-9　日本の生産構造

産業部門	1995				2000			
	輸出率	輸入率	自給率	構成比%	輸出率	輸入率	自給率	構成比%
1	6.48	7.91	98.57	0.34%	2.23	9.45	92.78	0.26%
2	1.61	15.10	86.51	0.58%	1.70	15.92	85.78	0.55%

第7章　アジア諸国の産業スカイラインと需要構造　139

3	2.03	8.58	93.45	0.32%	2.16	8.93	93.23	0.30%
4	2.56	15.04	87.52	0.16%	2.53	11.68	90.85	0.15%
5	2.81	17.89	84.92	0.25%	4.90	19.25	85.65	0.21%
6	8.75	101.50	7.25	0.01%	7.65	103.48	4.18	0.01%
7	10.95	19.01	91.94	0.17%	14.35	24.12	90.22	0.14%
8	1.70	8.40	93.30	4.23%	1.87	9.20	92.67	4.15%
9	8.51	23.37	85.14	1.32%	11.26	37.19	74.07	0.85%
10	3.62	11.41	92.20	0.80%	5.20	15.72	89.48	0.57%
11	10.25	6.14	104.10	2.36%	12.43	7.20	105.22	2.22%
12	27.29	12.34	114.95	2.82%	34.90	15.13	119.77	2.80%
13	10.41	8.57	101.83	1.14%	10.94	11.19	99.75	1.39%
14	51.14	14.24	136.90	0.33%	72.46	14.87	157.59	0.30%
15	12.80	5.08	107.72	1.06%	18.91	7.30	111.60	0.89%
16	27.91	8.37	119.54	4.71%	36.18	11.33	124.85	3.88%
17	45.45	10.72	134.73	9.21%	56.40	16.59	139.81	9.54%
18	45.04	7.88	137.16	5.32%	63.86	8.94	154.93	5.29%
19	20.79	15.90	104.89	2.18%	28.25	19.29	108.96	2.07%
20	8.45	4.31	104.14	2.55%	11.19	5.77	105.42	2.52%
21	0.78	0.43	100.35	9.62%	1.14	0.62	100.52	8.26%
22	10.13	5.27	104.86	15.62%	13.79	6.91	106.88	14.50%
23	4.36	3.52	100.84	32.03%	4.91	3.61	101.30	35.28%
24	0.08	0.06	100.01	2.86%	0.09	0.07	100.03	3.87%

図7-10　日本のスカイライン

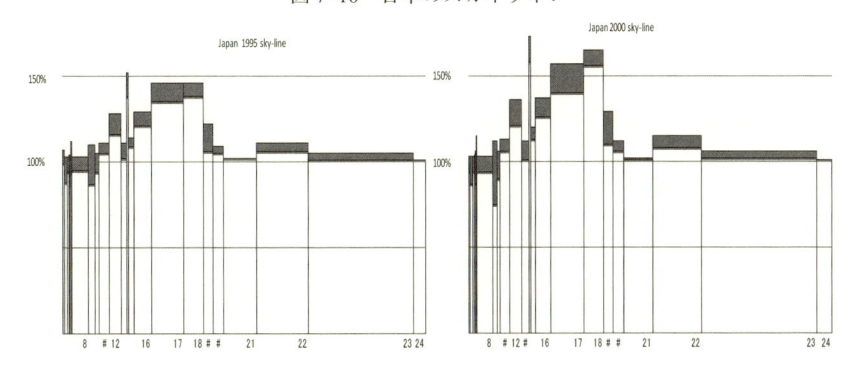

もう1つの先進国，アメリカはどうであろう。全産業の産出額を見ると，1995年の13兆4565億ドルから2000年の17兆9446億ドルへ33.3%の上昇が見られた。その成長のスピードは中国を除き，今回分析対象とする全てのアジアの国より速いものである。さらに，産業構造を分析すると，アジアの国々と驚くほど異なっている。何より，アメリカのサービス化のレベルがあまりにも高く，全産業の6割強のシェアを占めている。（表7-10）しかも，その5年間

表7-10　アメリカの生産構造

産業部門	1995				2000			
	輸出率	輸入率	自給率	構成比%	輸出率	輸入率	自給率	構成比%
1				0.00%				0.00%
2	30.04	14.78	115.26	0.90%	22.10	16.27	105.83	0.66%
3	10.34	8.10	102.24	0.68%	8.75	9.31	99.44	0.60%
4	23.98	15.35	108.63	0.27%	15.81	17.58	98.23	0.16%
5	77.73	78.82	98.91	0.03%	44.05	80.81	63.23	0.02%
6	17.03	27.20	89.83	0.73%	10.38	30.90	79.48	0.89%
7	33.28	13.27	120.01	0.42%	17.36	14.94	102.42	0.28%
8	9.88	6.35	103.53	3.65%	7.27	7.63	99.64	3.10%
9	12.04	37.16	74.88	1.26%	11.94	51.54	60.40	0.82%
10	9.19	13.13	96.06	0.80%	8.10	18.73	89.37	0.78%
11	14.92	8.49	106.43	2.58%	13.21	10.46	102.75	2.06%
12	30.44	20.32	110.12	2.69%	27.79	30.41	97.38	2.47%
13	13.91	9.45	104.46	1.16%	12.30	13.39	98.91	1.37%
14	19.36	28.68	90.68	0.25%	21.13	29.06	92.07	0.19%
15	15.18	15.81	99.37	0.55%	13.32	18.08	95.23	0.54%
16	25.34	24.65	100.69	3.16%	24.44	28.74	95.70	2.56%
17	36.44	36.03	100.41	4.74%	33.40	37.27	96.13	5.12%
18	17.07	22.37	94.70	4.34%	19.44	28.84	90.60	4.39%
19	19.81	20.28	99.53	2.38%	21.42	28.09	93.33	1.90%
20	7.37	6.06	101.31	2.75%	6.08	6.96	99.12	2.32%
21	2.28	1.80	100.48	5.97%	0.87	0.88	100.00	5.08%
22	15.27	7.27	108.00	13.33%	12.92	8.33	104.59	13.65%
23	6.59	4.80	101.80	37.91%	5.69	4.95	100.74	44.96%
24	0.00	0.00	100.00	9.44%	0.00	0.00	100.00	6.09%

図7-11 アメリカのスカイライン

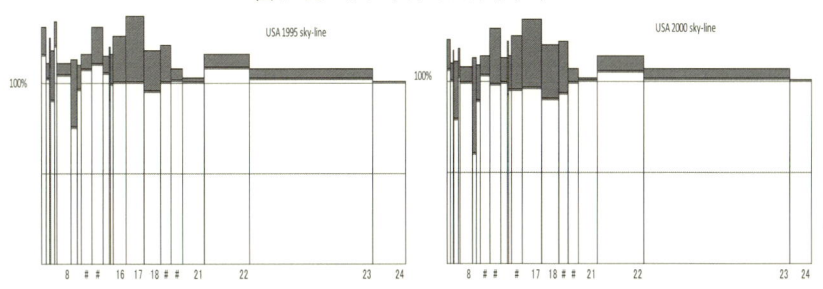

の傾向は下降するのではなく，上昇していた。また，製造業においては，アジア諸国のように，外部経済への依存が高まる傾向を捉えることができない。アジアとまったく違う産業構造をもつことが，いくつかの角度から理解できる。①経済発展とともに，産業構造が次第にサービス化にシフトすることは，経験上，これまで先進国として発展してきた経路である。②アジア諸国と違って，輸出志向経済発展戦略をとる必要がない。その裏付けとして産業技術だけではなく，国際通貨としてのドルは国際貿易の中で圧倒的な優位を持つ面が大きい。それゆえ，アメリカの「二子の赤字」問題は国際経済における大きな懸念事項になりつつある。③IT革命の旋風を引き起こしたアメリカの産業構造に対して，もはや，伝統的な産業分類で分析する限界が現われてきたかもしれない。

以上，分析してきたように，1995-2000年の間で，アメリカを除きアジア金融危機を経験した全てのアジアの国々の経済は外部経済への依存度が高まったことが1つの大きな特徴といえる。そこで，外部経済という言葉は具体的にどこを指すかを解明すること自体大きな意味をなしてくると考えられる。したがって，以下では，国際産業連関分析を用いてアジア諸国の需要構造を分析してみたい。

4. アジア諸国の需要構造

2-2の方法によって，一国の生産額をいくつかの需要（民間消費，政府消費，

投資，輸出など）による生産誘発額に分割することができる。そのうえ，国際産業連関表では，各国の最終需要による生産誘発額まで追究することができる。いわば，一国の経済の需要構造を見事に捉えることができる。さらに，ここでは各産業における国内市場の生産誘発力の強弱を国際比較しやすくするために，国内最終需要による生産誘発割合70％を1つの目安として分析を展開していきたい。以下でも3節と同じ順番で各国の需要構造を見ていくことにする。

4-1 アセアンの発展途上国

表（7-11）からタイの需要構造を窺うと，24産業分類のうち，1995年では，11部門の国内市場の生産誘発力が70％を下回ったのに対して，2000年では，20部門の国内市の生産誘発力が70％を下回った。特に，国内市場の生産誘発力が大きく低下したのは，第4部門林業の46.6％，第6部門原油天然ガス製造業の22.65％，第10部門木材家具製造業の31.92％，第16部門金属製品製造業の24.19％，第17部門機械製造業の21.66％，第18部門輸送設備製造業の21.14％であった。タイの産業経済にとって，大きなシェアを占める軽工業についてみれば，中間財より最終財のほうが生産誘発力が大きい。主な国外需要国はアメリカ，EU，日本に次ぎ，アセアンと香港である，さらに，2000になって，この誘発力を増したのはアメリカとEUである。そして，2000年になって，生産シェアを拡大できた第17部門機械製造業に関しては，実際国内需要による誘発割合はわずか8.03％にすぎない。主な国外需要国は中間財においてアセアン，アメリカ，日本であり，最終財においてアメリカ，日本，アセアン，EU，香港である。ここで，1つ注意に値することは，2000年になって中国，台湾，韓国といった東アジア諸国が第17部門の中間財における生産誘発力を大きく強めたことである。

次に，表（7-12）からインドネシアの需要構造を見ると，24産業部門のうち，70％を下回る国内需要生産誘発割合を持った産業は，1995年の9部門であったに対して，2000年になって14部門にまで増えた。国内需要による生産

第7章 アジア諸国の産業スカイラインと需要構造 143

表7-11 タイ

	国内最終需要による生産誘発割合	諸外国の中間需要による生産誘発割合							諸外国の最終需要による生産誘発割合									
1995	Thailand	ASEAN	CHINA	KOREA	JAPAN	USA	TAIWAN	C, K, J	中間財	ASEAN	CHINA	KOREA	JAPAN	USA	TAIWAN	C, K, J	HONGKON	EU	ROW	誤差	最終財
1	57.08%	1.56%	1.59%	0.59%	5.73%	3.45%	0.25%	7.91%	13.18%	3.50%	0.99%	0.13%	3.48%	2.24%	0.39%	4.60%	1.58%	2.17%	14.68%	0.58%	29.16%
2	71.61%	0.91%	1.04%	0.74%	3.42%	2.29%	0.29%	5.20%	8.69%	1.48%	0.45%	0.10%	2.28%	2.06%	0.67%	2.83%	1.47%	1.44%	9.65%	0.11%	19.58%
3	61.71%	0.79%	1.27%	0.49%	4.79%	3.03%	0.27%	6.55%	10.64%	2.02%	0.83%	0.11%	2.92%	2.01%	0.39%	3.86%	1.47%	1.86%	12.81%	3.27%	24.35%
4	75.49%	0.88%	1.80%	0.49%	4.16%	1.93%	7.08%	6.46%	16.35%	0.37%	0.18%	1.82%	1.68%	0.02%	2.16%	1.35%	1.64%	5.69%	-4.74%	12.91%
5	74.25%	0.55%	0.84%	0.32%	3.15%	1.92%	0.16%	4.31%	6.94%	1.33%	0.54%	0.07%	1.91%	1.28%	0.25%	2.53%	1.15%	1.23%	9.73%	1.31%	17.50%
6	73.06%	1.67%	0.42%	0.20%	1.64%	1.39%	0.28%	2.26%	5.59%	0.67%	0.17%	0.04%	1.16%	1.86%	0.18%	1.37%	1.03%	1.37%	13.99%	0.86%	20.48%
7	82.49%	2.70%	1.07%	0.92%	4.58%	0.74%	1.60%	6.57%	11.60%	0.36%	0.08%	0.05%	0.48%	1.00%	0.11%	0.61%	0.63%	0.67%	5.27%	-2.75%	8.65%
8	55.65%	0.89%	1.58%	0.61%	6.00%	3.60%	0.26%	8.19%	12.94%	2.51%	1.04%	0.14%	3.62%	2.29%	0.40%	4.80%	1.61%	2.24%	15.07%	2.49%	28.91%
9	48.69%	0.72%	0.39%	0.16%	0.86%	1.64%	0.36%	1.42%	4.14%	0.54%	0.06%	0.04%	2.59%	6.37%	0.42%	2.70%	2.09%	4.59%	27.69%	2.78%	44.39%
10	75.16%	0.61%	0.19%	0.16%	5.10%	1.74%	0.57%	5.45%	8.38%	0.28%	0.09%	0.25%	4.32%	4.56%	0.31%	4.64%	0.60%	2.35%	4.73%	-0.99%	17.45%
11	57.64%	2.37%	0.89%	0.62%	1.51%	1.58%	0.59%	3.02%	7.56%	0.69%	0.14%	0.04%	1.01%	1.65%	0.26%	1.19%	2.09%	1.51%	24.61%	2.80%	31.99%
12	31.90%	8.10%	2.10%	0.42%	3.85%	0.49%	1.12%	6.52%	17.38%	1.18%	1.09%	0.07%	2.02%	2.64%	0.38%	3.17%	3.92%	2.20%	16.21%	0.76%	29.70%
13	69.14%	1.71%	0.44%	0.26%	1.61%	1.24%	0.23%	2.31%	5.49%	0.76%	0.14%	0.04%	0.91%	1.36%	0.15%	1.08%	0.78%	1.00%	19.61%	0.62%	24.74%
14	28.95%	4.26%	4.40%	3.38%	18.84%	5.30%	0.22%	26.62%	36.40%	0.47%	0.03%	-0.01%	0.12%	3.49%	0.16%	0.14%	2.45%	5.15%	16.31%	6.47%	28.18%
15	86.08%	2.39%	0.26%	0.20%	1.19%	1.03%	0.37%	1.64%	5.42%	0.40%	0.11%	0.04%	0.46%	1.49%	0.18%	0.61%	0.70%	0.84%	5.00%	-0.72%	9.21%
16	61.28%	4.14%	0.53%	0.20%	5.66%	3.99%	0.95%	6.38%	15.46%	0.86%	0.09%	0.06%	1.56%	1.76%	0.33%	1.72%	1.77%	2.24%	10.11%	4.47%	18.79%
17	29.68%	11.28%	0.28%	0.68%	5.46%	10.60%	1.34%	6.42%	29.64%	5.20%	0.31%	0.24%	5.60%	8.88%	0.90%	6.14%	2.78%	5.03%	11.59%	0.14%	40.54%
18	85.36%	0.56%	0.09%	0.05%	0.55%	0.52%	0.06%	0.69%	1.84%	0.36%	0.00%	0.27%	0.40%	0.04%	0.32%	0.38%	0.68%	9.11%	1.52%	11.28%
19	36.63%	5.06%	0.21%	0.14%	1.92%	2.98%	0.27%	2.27%	10.57%	1.35%	0.07%	0.21%	4.61%	8.66%	0.37%	4.90%	5.40%	5.18%	24.73%	2.20%	50.59%
20	73.23%	1.54%	0.38%	0.19%	1.66%	1.47%	0.27%	2.23%	5.51%	0.67%	0.16%	0.05%	1.24%	2.02%	0.19%	1.44%	1.49%	13.46%	0.96%	20.31%
21	99.50%	0.03%	0.01%	0.00%	0.03%	0.03%	0.01%	0.04%	0.10%	0.01%	0.00%	0.02%	0.02%	0.00%	0.03%	0.02%	0.27%	0.02%	0.39%
22	74.30%	1.26%	0.43%	0.22%	1.62%	1.57%	0.22%	2.27%	5.37%	0.68%	0.15%	0.03%	1.11%	1.70%	0.18%	0.94%	1.25%	1.34%	13.44%	0.83%	19.50%
23	77.44%	0.67%	0.19%	0.10%	0.81%	0.73%	0.13%	1.10%	2.62%	0.42%	0.08%	0.58%	0.87%	0.08%	0.68%	0.53%	0.72%	15.96%	0.67%	19.27%
24	100.00%	0.00%	0.00%	0.00%	0.00%	0.00%	0.00%	0.00%	0.00%	0.00%	0.00%	0.00%	0.00%	0.00%	0.00%	0.00%	0.00%	0.00%	0.00%
2000	Thailand	ASIAN	CHINA	KOREA	JAPAN	USA	TAIWAN	C, K, J	中間財	ASIAN	CHINA	KOREA	JAPAN	USA	TAIWAN	C, K, J	HONGKON	EU	ROW	誤差	最終財
1	52.39%	1.57%	0.48%	0.46%	4.74%	5.25%	0.50%	5.67%	12.98%	1.82%	0.36%	0.27%	4.70%	3.93%	0.82%	5.33%	2.38%	8.00%	11.16%	1.17%	33.46%
2	60.14%	3.72%	0.62%	1.01%	4.67%	3.89%	1.10%	6.34%	15.05%	1.31%	0.37%	0.13%	1.92%	2.19%	0.34%	2.42%	2.44%	5.09%	11.26%	-0.24%	25.05%
3	60.71%	1.34%	0.50%	0.37%	3.67%	4.32%	0.43%	4.53%	10.62%	1.48%	0.28%	0.21%	3.57%	3.17%	0.63%	4.05%	2.69%	6.18%	9.30%	1.17%	27.22%
4	28.88%	2.50%	3.81%	1.62%	7.73%	7.65%	1.02%	13.17%	24.34%	0.93%	0.93%	0.29%	8.10%	6.11%	0.57%	9.32%	7.76%	6.96%	11.84%	3.30%	43.48%
5	66.23%	1.17%	0.37%	0.32%	3.14%	3.40%	0.45%	3.84%	8.87%	1.25%	0.24%	0.18%	3.02%	2.59%	0.52%	3.44%	2.05%	5.13%	9.30%	0.64%	24.26%
6	50.40%	6.25%	3.86%	1.29%	2.53%	2.43%	0.67%	7.69%	17.03%	0.73%	0.11%	0.07%	1.37%	2.56%	0.18%	1.57%	2.13%	3.65%	21.61%	0.14%	32.42%
7	70.57%	3.94%	0.78%	0.87%	3.25%	2.80%	1.04%	4.90%	12.68%	1.11%	0.07%	0.07%	0.94%	2.03%	0.13%	1.07%	1.97%	3.67%	7.52%	-0.75%	17.50%
8	54.43%	1.48%	0.45%	0.43%	4.55%	5.04%	0.47%	5.43%	12.42%	1.75%	0.35%	0.26%	4.52%	3.76%	0.79%	5.13%	2.26%	7.68%	10.66%	1.12%	32.03%
9	49.16%	1.18%	0.72%	0.45%	1.13%	4.30%	0.57%	2.29%	8.33%	0.38%	0.05%	0.05%	2.02%	11.74%	0.47%	2.12%	5.44%	8.21%	14.93%	-1.95%	43.29%
10	44.21%	1.35%	2.17%	1.38%	7.54%	8.77%	1.14%	11.08%	17.28%	0.49%	0.11%	0.45%	9.70%	10.95%	0.45%	10.30%	3.19%	7.44%	8.62%	-1.95%	41.43%
11	52.70%	4.70%	4.29%	0.40%	1.75%	3.22%	1.80%	6.94%	16.66%	0.99%	0.09%	0.11%	1.57%	2.21%	0.49%	1.77%	4.73%	5.39%	16.71%	-1.65%	30.63%
12	44.84%	6.71%	1.76%	1.04%	5.25%	3.44%	2.15%	8.05%	20.35%	1.02%	0.08%	0.08%	1.51%	3.76%	0.29%	1.66%	8.03%	5.37%	13.98%	0.71%	34.11%
13	57.57%	4.31%	2.98%	0.92%	1.95%	2.11%	0.66%	5.85%	12.93%	0.65%	0.14%	0.12%	1.47%	2.05%	0.18%	1.73%	1.67%	2.98%	19.99%	0.25%	29.24%
14	26.05%	5.24%	1.01%	2.54%	14.34%	9.56%	0.78%	17.88%	33.46%	1.95%	0.24%	0.08%	0.90%	2.71%	0.21%	1.20%	4.35%	6.58%	20.81%	2.69%	37.80%
15	66.19%	3.84%	0.92%	0.52%	3.10%	6.26%	1.03%	4.53%	15.66%	0.52%	0.20%	0.08%	0.95%	2.93%	0.14%	1.22%	2.26%	4.95%	8.86%	-2.64%	20.80%
16	37.10%	7.60%	3.26%	0.57%	9.39%	7.27%	1.80%	13.21%	29.89%	0.67%	0.23%	0.07%	2.20%	3.51%	0.33%	2.44%	3.80%	6.98%	14.17%	0.91%	32.10%
17	45.01%	11.32%	4.24%	1.84%	4.60%	12.25%	3.50%	11.08%	38.4%	3.67%	0.23%	7.71%	9.31%	0.66%	8.88%	4.74%	5.69%	20.44%	0.12%	53.39%
18	64.22%	1.36%	0.37%	0.18%	5.27%	3.27%	0.07%	5.82%	10.72%	1.97%	0.08%	0.41%	1.67%	1.04%	0.41%	1.78%	0.57%	12.02%	0.72%	24.34%
19	46.75%	3.87%	0.40%	0.23%	2.65%	3.07%	0.33%	3.34%	10.61%	0.96%	0.09%	0.21%	4.26%	8.49%	0.09%	4.56%	3.47%	10.19%	12.85%	2.02%	40.62%
20	67.68%	2.17%	0.82%	0.37%	1.95%	2.58%	0.60%	3.14%	8.49%	0.61%	0.07%	1.44%	2.91%	0.19%	1.61%	1.98%	3.14%	13.32%	0.07%	23.76%
21	99.39%	0.03%	0.01%	0.01%	0.05%	0.04%	0.01%	0.05%	0.13%	0.01%	0.00%	0.00%	0.05%	0.05%	0.01%	0.05%	0.03%	0.32%	0.02%	0.47%
22	64.49%	2.38%	1.10%	0.44%	2.13%	2.62%	0.68%	3.67%	9.35%	0.25%	0.18%	0.09%	1.55%	2.83%	0.22%	1.82%	2.16%	3.14%	14.68%	0.55%	25.61%
23	75.34%	1.15%	0.32%	0.15%	0.83%	0.94%	0.22%	1.30%	3.61%	0.27%	0.05%	0.03%	0.58%	0.99%	0.09%	0.66%	0.68%	1.15%	17.24%	-0.02%	21.07%
24	100.00%	0.00%	0.00%	0.00%	0.00%	0.00%	0.00%	0.00%	0.00%	0.00%	0.00%	0.00%	0.00%	0.00%	0.00%	0.00%	0.00%	0.00%	0.00%

誘発力が大きく低下したのは，第9部門繊維皮革製品製造業21.8%の低下，第10部門木材家具製造業21.77%の低下，第11部門パルプ，製紙，印刷業の27.61%，第12部門化学製品業の22.26%，第17部門機械製造業39.67%の低下である。スカイラインの分析で既に分かったように，インドネシアにとって，第6部門原油天然ガス製造業は非常に重要な産業である。ここで，この産業の国内需要による生産誘発割合を見ると，実は1995年と比べて低下し，2000年になって21.23%でしかなかった。主な国外需要国は，日本，韓国，中国，台湾，アセアン，アメリカである。ほとんどの国外需要国はアジアの国々に集中し，その中でも，日本の存在が非常に大きい。また，2000年になって，韓国の需要先としての存在感が大きく増大したことは大きな特徴である。同じく，輸出において非常に重要な軽工業各部門を見ると，第9部門繊維皮革製品製造業では，欧米，日本およびその他世界が大きな国外需要国であり，2000年になって欧米がさらにその誘発力を増大した。第10部門木材家具製造業においては，日本，EU，アメリカ，中国，台湾が大きな国外需要国である。その5年間，欧米に次ぎ，中国も大きな誘発力を増してきたことは1つの動きである。しかし，誘発力の度合いから見る，欧米と肩を並べる日本は依然として大きな力を発揮している。最後に，産業シェアを拡大できた第17部門機械製造業を見てみると，1995年の国内需要による生産誘発割合が65.36%から一気に下落し，2000年の25.7%になった。主要な国外需要先はアセアン，日本，アメリカ，EUである。特に，2000年になってから，アセアン，EU，日本，中国，台湾からの需要はさらに大きな誘発力を増強した。この産業にとってアセアン，日本，中国，韓国，台湾，香港を含めたアジア勢からの需要が実に生産の約4割を誘発したことは大きな特徴の1つである。

　同様に，フィリピンの需要構造を表から読むと，24産業部門のうち，国内需要による生産誘発の割合が70%を下回った産業は，1995年の12部門に対して，2000年には14部門となった。表（7-13）。国内需要による生産誘発力が大きく低下したのは，第17部門機械製造業13.25%の低下，第18部門輸送設備製造業の53.88%，第19部門その他製造業37.73%の低下である。スカイ

第7章 アジア諸国の産業スカイラインと需要構造 145

表7-12 インドネシア

1995	国内最終需要による生産誘発割合	諸外国の中間需要による生産誘発割合								諸外国の最終需要による生産誘発割合								誤差	最終財
	Indonesia	ASEAN	CHINA	KOREA	JAPAN	USA	TAIWAN	C,K,J	中間財	ASEAN	CHINA	KOREA	JAPAN	USA	TAIWAN	C,K,J	HONGKON	EU	ROW		
1	92.67%	0.25%	0.11%	0.15%	1.05%	0.22%	0.05%	1.31%	1.83%	0.16%	0.05%	0.02%	0.58%	0.34%	0.04%	0.65%	0.16%	0.51%	3.28%	0.36%	5.14%
2	93.07%	0.89%	0.21%	0.25%	1.24%	0.50%	0.07%	1.70%	3.17%	0.44%	0.15%	0.02%	0.29%	0.69%	0.07%	0.46%	0.14%	0.64%	2.64%	-1.33%	5.08%
3	94.15%	0.15%	0.12%	0.11%	0.66%	0.25%	0.10%	0.89%	1.52%	0.14%	0.03%	0.01%	0.32%	0.29%	0.02%	0.33%	0.13%	0.31%	2.90%	-0.03%	4.13%
4	62.69%	0.93%	2.70%	2.81%	10.74%	2.61%	3.78%	16.24%	23.56%	0.34%	0.04%	0.22%	1.48%	0.13%	0.12%	1.73%	2.01%	2.46%	7.28%	-1.16%	15.25%
5	92.96%	0.19%	0.06%	0.11%	2.35%	1.14%	0.02%	2.52%	3.86%	0.19%	0.02%	0.04%	0.78%	0.32%	0.04%	0.85%	0.44%	2.23%	2.23%	-1.16%	4.32%
6	33.08%	3.79%	4.78%	9.82%	38.03%	2.94%	4.32%	52.64%	63.68%	0.88%	0.00%	-0.16%	0.61%	0.41%	-0.11%	0.45%	0.16%	0.22%	4.63%	-3.41%	6.65%
7	60.63%	2.63%	0.22%	2.79%	15.10%	0.63%	2.24%	18.12%	23.62%	0.15%	0.00%	0.04%	-0.02%	0.23%	-0.09%	0.03%	1.21%	1.09%	12.41%	0.73%	15.02%
8	92.66%	0.24%	0.11%	0.15%	1.06%	0.22%	0.05%	1.31%	1.83%	0.16%	0.05%	0.02%	0.58%	0.34%	0.04%	0.65%	0.16%	0.51%	3.28%	0.36%	5.14%
9	45.58%	2.08%	0.44%	0.58%	2.01%	1.86%	0.69%	3.03%	7.66%	1.45%	0.04%	0.11%	3.02%	10.31%	0.30%	3.16%	2.81%	8.25%	21.54%	-1.05%	47.81%
10	45.96%	0.52%	3.77%	4.00%	16.29%	3.99%	4.32%	24.06%	32.90%	0.37%	0.01%	0.30%	2.23%	1.97%	0.21%	2.54%	2.81%	3.65%	9.82%	-0.23%	21.37%
11	66.69%	4.35%	3.19%	2.73%	1.69%	0.56%	1.43%	7.61%	14.05%	0.47%	0.01%	0.02%	0.30%	0.61%	0.09%	0.34%	2.67%	0.90%	13.70%	0.49%	18.77%
12	71.56%	4.54%	1.91%	1.35%	2.81%	1.42%	1.28%	6.04%	13.30%	0.78%	0.02%	0.04%	0.70%	1.53%	0.11%	0.80%	1.75%	1.45%	10.98%	-2.25%	17.39%
13	69.66%	2.97%	0.57%	1.77%	8.75%	2.17%	0.71%	11.10%	16.98%	0.33%	0.02%	0.01%	1.92%	1.88%	0.06%	1.97%	0.65%	1.93%	7.82%	-0.27%	13.63%
14	37.75%	0.72%	1.30%	2.88%	3.64%	16.14%	0.11%	7.81%	24.77%	0.77%	0.03%	0.06%	0.86%	11.31%	0.07%	0.95%	0.59%	5.47%	16.05%	2.26%	35.22%
15	89.48%	1.98%	0.23%	0.44%	0.91%	1.14%	0.28%	1.58%	4.98%	0.47%	0.01%	0.04%	1.05%	0.11%	0.26%	0.29%	0.42%	4.59%	-1.64%	7.18%
16	75.86%	4.65%	0.51%	0.84%	7.90%	1.84%	0.78%	9.25%	16.51%	0.82%	0.05%	0.01%	0.71%	0.17%	0.16%	0.65%	0.75%	3.89%	-0.43%	8.05%
17	65.36%	5.61%	0.30%	0.51%	2.61%	3.52%	0.43%	3.42%	12.98%	2.31%	0.16%	0.13%	1.78%	6.53%	0.20%	2.07%	0.95%	2.68%	7.07%	-0.14%	21.80%
18	88.62%	0.88%	0.13%	0.19%	1.40%	0.60%	0.15%	1.73%	3.36%	1.65%	0.16%	0.01%	0.32%	0.75%	0.03%	0.49%	0.48%	0.51%	3.96%	0.15%	7.86%
19	79.14%	2.32%	0.25%	0.27%	1.49%	1.23%	0.28%	2.02%	5.84%	2.41%	0.02%	0.04%	1.76%	0.18%	1.92%	2.05%	5.04%	-0.82%	15.84%
20	87.23%	0.92%	0.34%	0.40%	1.61%	0.62%	0.33%	2.36%	4.23%	0.32%	0.02%	0.04%	0.47%	1.03%	0.05%	0.51%	0.48%	5.56%	-0.24%	8.78%
21	98.79%	0.06%	0.03%	0.04%	0.17%	0.05%	0.03%	0.24%	0.37%	0.02%	0.02%	0.00%	0.06%	0.05%	0.00%	0.05%	0.03%	0.03%	0.65%	-0.02%	0.85%
22	77.59%	1.45%	0.58%	0.73%	3.09%	1.35%	0.61%	4.40%	7.81%	0.86%	0.04%	0.08%	1.88%	0.07%	0.76%	1.34%	9.46%	-1.50%	15.09%
23	86.77%	0.37%	0.19%	0.26%	1.05%	0.33%	0.19%	1.50%	2.39%	0.15%	0.01%	0.43%	0.02%	0.33%	0.20%	0.34%	9.61%	-0.12%	10.95%
24	99.00%	0.00%	0.00%	0.00%	0.00%	0.00%	0.00%	0.00%	0.00%	0.00%	0.00%	0.00%	0.00%	0.00%	0.00%	0.00%	0.00%	0.00%	1.00%	0.00%	1.00%
2000	Indonesia	ASEAN	CHINA	KOREA	JAPAN	USA	TAIWAN	C,K,J	中間財	ASEAN	CHINA	KOREA	JAPAN	USA	TAIWAN	C,K,J	HONGKON	EU	ROW	誤差	最終財
1	86.65%	0.79%	0.45%	0.20%	1.09%	0.74%	0.12%	1.74%	3.38%	0.5%	0.15%	0.08%	0.98%	0.74%	0.15%	1.21%	0.27%	2.51%	4.94%	-0.36%	10.33%
2	80.47%	1.09%	0.38%	0.63%	1.94%	3.48%	0.36%	2.95%	7.88%	0.69%	0.07%	0.07%	0.40%	1.54%	0.08%	0.55%	0.32%	3.05%	5.11%	0.29%	11.35%
3	91.49%	0.43%	0.22%	0.13%	0.58%	0.54%	0.10%	0.92%	1.99%	0.26%	0.03%	0.41%	0.50%	0.06%	0.50%	0.15%	1.15%	3.59%	0.30%	6.22%
4	50.51%	2.61%	5.83%	1.88%	10.87%	5.36%	1.73%	18.58%	28.29%	0.45%	1.44%	0.29%	1.78%	3.44%	1.02%	3.51%	2.52%	10.13%	8.76%	-8.64%	29.84%
5	91.67%	0.28%	0.14%	0.05%	2.34%	3.13%	0.12%	2.53%	6.07%	0.66%	0.03%	0.01%	0.93%	1.15%	0.04%	1.00%	0.40%	0.86%	2.15%	-4.00%	6.26%
6	21.23%	2.31%	5.65%	15.18%	37.85%	3.12%	3.93%	58.68%	68.04%	0.31%	0.03%	0.22%	0.35%	0.81%	0.10%	0.60%	0.40%	1.43%	6.33%	0.74%	9.99%
7	42.78%	4.16%	1.06%	4.35%	18.43%	1.44%	5.04%	23.83%	34.48%	0.70%	0.03%	0.14%	0.37%	0.92%	0.16%	0.54%	1.09%	9.77%	7.38%	2.18%	20.56%
8	86.53%	0.79%	0.41%	0.19%	1.10%	0.74%	0.11%	1.69%	3.33%	0.47%	0.16%	0.08%	1.02%	0.75%	0.15%	1.25%	0.26%	2.56%	5.00%	-0.37%	10.50%
9	23.78%	2.08%	1.20%	1.52%	2.32%	5.19%	1.05%	5.04%	13.36%	0.62%	0.04%	2.44%	16.85%	0.70%	2.58%	2.17%	18.87%	21.76%	-0.69%	63.46%
10	24.19%	0.70%	4.03%	2.04%	2.19%	17.36%	6.30%	24.89%	2.18%	23.58%	32.85%	0.29%	0.47%	2.60%	5.68%	1.04%	3.36%	2.39%	16.62%	13.01%	0.67%	42.28%
11	39.09%	4.53%	12.60%	3.73%	5.93%	2.63%	2.62%	22.25%	32.03%	0.57%	0.08%	0.74%	1.76%	0.65%	1.07%	3.60%	6.06%	18.21%	-3.19%	32.07%
12	49.30%	8.61%	3.86%	1.69%	4.03%	2.85%	3.95%	9.58%	24.99%	1.12%	0.09%	0.85%	2.58%	0.48%	1.04%	2.41%	6.20%	13.39%	-1.51%	27.23%
13	56.26%	3.90%	1.94%	8.23%	10.19%	2.14%	2.44%	20.36%	28.83%	1.00%	0.07%	0.81%	1.97%	1.93%	0.28%	2.85%	0.53%	3.45%	8.57%	-3.69%	18.60%
14	45.43%	2.80%	0.65%	1.09%	3.46%	11.73%	0.53%	5.20%	20.26%	1.00%	0.28%	0.40%	3.31%	0.19%	1.18%	0.87%	12.54%	14.37%	0.67%	33.64%
15	69.51%	2.74%	0.74%	1.10%	1.58%	2.58%	0.84%	3.42%	9.58%	0.40%	0.08%	0.19%	2.18%	0.13%	0.63%	0.15%	3.32%	11.47%	2.27%	18.65%
16	56.94%	9.41%	0.92%	1.44%	9.28%	3.97%	2.49%	11.64%	27.51%	0.71%	0.09%	0.95%	2.58%	0.47%	1.11%	0.90%	3.99%	4.89%	0.84%	17.77%
17	25.69%	13.77%	1.84%	0.49%	4.94%	4.33%	1.57%	7.28%	26.95%	7.40%	0.47%	6.03%	7.44%	0.69%	6.76%	2.24%	10.21%	10.06%	2.57%	44.79%
18	83.30%	1.36%	0.44%	0.28%	1.56%	1.48%	0.39%	2.27%	5.50%	1.93%	0.00%	0.55%	1.04%	0.01%	0.65%	0.31%	0.90%	5.33%	-0.25%	11.46%
19	63.86%	2.85%	0.62%	0.26%	2.77%	2.39%	0.52%	3.65%	9.40%	1.43%	0.11%	0.02%	2.53%	5.83%	0.12%	2.66%	1.10%	5.39%	6.99%	3.18%	23.56%
20	72.11%	2.31%	1.13%	0.68%	2.51%	1.94%	0.74%	4.32%	9.31%	0.81%	0.08%	0.13%	3.22%	0.25%	0.12%	0.78%	4.50%	7.75%	0.07%	18.51%
21	97.70%	0.15%	0.09%	0.10%	0.34%	0.12%	0.08%	0.51%	0.89%	0.05%	0.01%	0.01%	0.07%	0.16%	0.02%	0.09%	0.05%	0.33%	0.72%	-0.01%	1.42%
22	65.48%	2.41%	1.52%	0.83%	3.46%	2.58%	0.87%	5.81%	11.67%	1.03%	0.17%	0.14%	1.55%	3.49%	0.31%	1.86%	0.92%	5.23%	10.20%	-0.18%	23.04%
23	80.70%	0.82%	0.42%	0.25%	1.07%	0.71%	0.27%	1.74%	3.53%	0.34%	0.05%	0.04%	0.43%	0.94%	0.09%	0.51%	0.27%	1.51%	12.13%	-0.02%	15.79%
24	98.08%	0.03%	0.02%	0.01%	0.04%	0.03%	0.01%	0.07%	0.15%	0.01%	0.01%	0.00%	0.02%	0.04%	0.00%	0.00%	0.01%	0.06%	1.62%	0.00%	1.77%

ライン分析で分かるように，この時期のフィリピン経済にとって，第17部門機械製造業は不況から脱却するための重要産業である。一方，その産業の国内需要による生産誘発割合を見ると，驚くほど低いものであり，2000年は4.88％にまで落ちてしまった。1995年に主な国外需要国は，アメリカ，アセアン，日本，EUであったのに対して，2000年になって，アセアンの誘発力が相対的に低下し，アメリカ，EU，中国，台湾からの需要が上昇した。アセアン，日本，韓国，中国，台湾を含めたアジア勢からの生産誘発割合は，実際，4割近くを占めた。また，外貨獲得の面で非常に重要な軽工業では，日本を除いたアジア諸国より，明らかにアメリカ，EUからの需要が生産の大半を誘発したことも表から読み取れる。

そして，産業構造がアジアの中進国に接近してきたマレーシアの需要構造を見ると，24産業分類のうち，国内需要生産誘発割合が70％を下回った産業は20部門に及ぶ。(表7-14)。経済全体として，国外経済の需要に極めて強く依存していると理解できる。同様，スカイライン分析で分かったように，マレーシアにとって，最も重要ともいえる第17部門機械の需要構造を見ると，2000年になって，国内需要による生産誘発割合はただの1.8％にすぎない。ほぼ，国外経済の需要に誘発されて生産を行っているとも解釈できる。就中，国外中間財需要による生産誘発割合は40.70％であり，国外最終財需要による生産誘発割合は55.04％である。主な国外需要国はアメリカ，EU，アセアン，日本であるものの，1995年から2000年にかけ，中間財の需要による生産誘発割合においては，中国は2.96％，韓国は2.12％，台湾は1.79％上昇し，アセアン，香港を含めたアジア勢の中間財と最終財を合わせた需要による生産誘発割合は，2000年においては，実に43％にまで高まった。次に，外貨獲得の面では，大変重要な第6部門原油天然ガス製造業の需要構造をみると，国内需要による生産誘発割合は，実際1995年の7.89％から，2000年の14.23％に上昇したものの，まだまだ低いといわざるを得ない。主な国外需要国は日本，アセアン，韓国，台湾，中国である。2000年において，これらのアジア勢の合計で見ると，この産業の6割以上の生産を誘発している事実が分かる。中でも，日本

第7章 アジア諸国の産業スカイラインと需要構造 147

表7-13 フィリピン

	国内最終需要による生産誘発割合	諸外国の中間需要による生産誘発割合							諸外国の最終需要による生産誘発割合									
1995	Philippines	ASEAN	CHINA	KOREA	JAPAN	USA	TAIWAN	C, K, J	中間財	ASEAN	CHINA	KOREA	JAPAN	USA	TAIWAN	C, K, J	HONGKON	EU	ROW	誤差	最終財
1	87.70%	0.25%	0.04%	0.24%	0.45%	3.37%	0.02%	0.72%	4.36%	0.17%	0.02%	0.10%	0.24%	1.38%	0.04%	0.35%	0.45%	0.49%	4.08%	0.97%	6.97%
2	87.74%	0.15%	0.07%	0.13%	0.98%	1.64%	0.02%	1.18%	2.99%	0.12%	0.11%	0.33%	1.69%	1.13%	0.04%	2.12%	0.54%	0.84%	3.56%	0.90%	8.36%
3	93.21%	0.13%	0.03%	0.12%	0.24%	1.02%	0.01%	0.39%	2.30%	0.10%	0.01%	0.07%	0.13%	0.78%	0.02%	0.20%	0.24%	0.17%	2.38%	0.45%	3.99%
4	50.69%	1.04%	0.48%	0.67%	2.67%	22.41%	1.98%	3.82%	29.25%	0.30%	1.08%	5.91%	0.01%	1.40%	0.66%	2.56%	3.37%	6.08%	13.98%
5	76.91%	0.08%	0.06%	0.21%	3.64%	4.22%	0.02%	3.91%	8.23%	0.06%	0.02%	0.15%	2.39%	0.93%	0.02%	2.56%	2.89%	0.27%	2.59%	5.51%	9.36%
6	68.69%	1.53%	2.39%	0.63%	3.64%	4.00%	0.48%	6.66%	12.66%	0.40%	0.03%	0.11%	1.12%	2.88%	0.20%	1.26%	1.10%	1.52%	7.76%	3.53%	15.12%
7	29.66%	2.29%	2.54%	1.81%	25.19%	5.26%	1.30%	29.54%	38.39%	0.25%	0.01%	0.03%	0.32%	1.20%	0.17%	0.37%	0.84%	1.79%	24.97%	2.37%	29.58%
8	87.50%	0.25%	0.04%	0.24%	0.45%	3.42%	0.02%	0.74%	4.43%	0.18%	0.02%	0.10%	0.24%	1.41%	0.04%	0.36%	0.46%	0.50%	4.15%	0.98%	7.09%
9	17.23%	0.26%	0.06%	0.09%	0.52%	5.69%	0.18%	0.66%	6.80%	0.22%	0.01%	0.16%	2.70%	34.93%	1.62%	2.87%	4.42%	7.07%	22.50%	2.34%	73.63%
10	49.22%	0.38%	0.29%	0.12%	2.93%	11.61%	0.53%	3.34%	15.86%	0.12%	0.21%	0.11%	1.08%	11.07%	0.09%	1.20%	2.06%	8.43%	7.39%	4.58%	30.35%
11	74.34%	1.52%	0.29%	0.27%	2.76%	3.50%	0.26%	3.32%	8.60%	0.29%	0.02%	0.07%	0.66%	2.02%	0.22%	0.75%	0.79%	3.07%	8.36%	1.56%	15.50%
12	63.53%	1.99%	0.30%	0.34%	6.22%	2.79%	0.69%	7.26%	12.12%	0.94%	0.02%	0.07%	3.04%	1.08%	2.39%	1.77%	12.92%	1.95%	21.80%
13	68.15%	1.54%	2.12%	0.63%	3.67%	4.02%	0.48%	6.42%	12.46%	0.41%	0.03%	0.11%	1.14%	2.89%	0.20%	1.28%	1.11%	1.53%	7.76%	4.21%	15.18%
14	58.33%	2.97%	0.52%	0.99%	3.79%	12.65%	0.45%	5.30%	21.37%	2.87%	0.37%	2.02%	5.10%	0.20%	2.43%	3.24%	1.42%	5.70%	-0.64%	20.95%
15	82.09%	1.52%	0.34%	0.77%	1.23%	3.40%	0.18%	2.33%	7.44%	0.18%	0.02%	0.06%	0.42%	2.96%	0.13%	0.49%	0.94%	2.24%	5.77%	-2.25%	12.72%
16	44.52%	5.93%	0.68%	4.91%	7.30%	14.41%	2.66%	12.89%	35.89%	0.58%	0.02%	0.06%	1.08%	2.84%	0.32%	1.16%	1.94%	4.82%	8.89%	-0.95%	20.55%
17	18.13%	13.66%	0.20%	2.09%	6.59%	17.27%	3.74%	8.88%	43.55%	3.45%	0.08%	0.26%	4.69%	4.34%	1.38%	5.03%	4.63%	8.08%	11.61%	-0.20%	38.52%
18	84.44%	3.75%	0.07%	0.19%	3.58%	2.87%	0.16%	3.83%	10.62%	0.74%	0.02%	0.78%	0.55%	1.67%	0.69%	1.36%	0.41%	1.58%	3.39%	-4.90%	9.84%
19	45.70%	2.29%	0.20%	0.34%	2.95%	8.29%	0.42%	3.49%	13.42%	0.43%	0.07%	0.23%	4.60%	13.82%	0.44%	4.90%	1.72%	6.52%	11.74%	1.26%	39.62%
20	80.51%	0.99%	0.11%	0.37%	1.51%	2.95%	0.35%	1.99%	6.28%	0.24%	0.02%	0.08%	0.81%	2.65%	0.15%	0.91%	0.74%	0.97%	7.75%	-0.44%	13.65%
21	97.05%	0.03%	0.00%	0.01%	0.06%	0.10%	0.01%	0.07%	0.22%	0.01%	0.00%	0.03%	0.07%	0.00%	0.04%	0.02%	0.03%	2.59%	-0.04%	2.77%
22	68.76%	2.78%	0.23%	0.74%	4.15%	7.95%	1.00%	5.13%	16.86%	0.74%	0.09%	0.27%	2.73%	5.91%	0.23%	3.09%	1.51%	2.55%	5.58%	-5.31%	19.70%
23	71.37%	0.34%	0.03%	0.10%	0.51%	1.00%	0.12%	0.65%	2.11%	0.09%	0.03%	0.73%	0.04%	0.38%	0.20%	0.34%	25.18%	-0.46%	26.97%
24	99.84%	0.00%	0.00%	0.00%	0.00%	0.01%	0.00%	0.01%	0.00%	0.00%	0.00%	0.00%	0.00%	0.00%	0.00%	0.00%	0.14%	0.00%	0.15%
2000	Philippines	ASEAN	CHINA	KOREA	JAPAN	USA	TAIWAN	C, K, J	中間財	ASEAN	CHINA	KOREA	JAPAN	USA	TAIWAN	C, K, J	HONGKON	EU	ROW	誤差	最終財
1	92.49%	0.26%	0.09%	0.18%	0.45%	1.30%	0.10%	0.72%	2.38%	0.22%	0.03%	0.09%	0.34%	1.10%	0.08%	0.46%	0.25%	1.28%	1.91%	-0.17%	5.30%
2	80.85%	0.36%	0.67%	0.93%	4.11%	1.35%	0.20%	5.71%	7.63%	0.24%	0.46%	0.48%	4.22%	2.00%	0.07%	5.16%	0.77%	1.59%	2.70%	-1.05%	12.53%
3	96.09%	0.13%	0.06%	0.04%	0.24%	0.75%	0.06%	0.39%	1.33%	0.12%	0.02%	0.04%	0.19%	0.57%	0.07%	0.25%	0.13%	0.66%	0.99%	-0.19%	2.76%
4	63.70%	0.62%	0.78%	0.24%	7.57%	5.81%	0.33%	8.59%	15.36%	0.15%	0.14%	0.10%	2.03%	8.49%	0.06%	2.28%	0.38%	5.24%	4.86%	-0.50%	21.44%
5	86.78%	0.05%	0.12%	0.06%	3.32%	2.86%	0.05%	3.50%	6.47%	0.08%	0.04%	0.02%	1.21%	1.03%	0.01%	1.27%	1.34%	1.84%	1.51%	-0.34%	7.09%
6	66.39%	2.40%	1.65%	1.11%	3.54%	3.70%	1.00%	6.30%	13.40%	0.34%	0.04%	0.17%	1.67%	3.48%	0.13%	1.94%	1.29%	3.88%	5.01%	4.13%	16.08%
7	42.55%	0.98%	0.98%	0.49%	26.89%	1.86%	1.41%	28.36%	32.60%	0.15%	0.02%	0.03%	0.46%	1.26%	0.24%	0.51%	6.97%	14.46%	4.19%	-2.93%	27.78%
8	92.49%	0.26%	0.09%	0.18%	0.45%	1.30%	0.10%	0.72%	2.38%	0.22%	0.03%	0.09%	0.34%	1.09%	0.08%	0.46%	0.25%	1.28%	1.91%	-0.17%	5.30%
9	15.34%	0.50%	0.15%	0.21%	6.36%	0.67%	1.01%	8.54%	0.51%	0.05%	0.05%	3.25%	51.57%	0.59%	3.33%	1.09%	10.14%	7.45%	1.44%	74.68%
10	57.81%	0.48%	0.57%	0.17%	9.01%	6.99%	0.26%	9.74%	17.46%	0.15%	0.06%	0.12%	2.20%	10.39%	0.05%	2.37%	0.38%	5.61%	5.63%	0.27%	20.12%
11	64.40%	2.70%	1.93%	0.55%	3.42%	4.17%	2.45%	5.90%	15.22%	0.57%	0.06%	0.07%	2.84%	0.51%	1.15%	1.33%	5.39%	8.33%	0.27%	20.12%
12	69.01%	2.58%	1.67%	0.91%	2.50%	2.90%	1.96%	5.07%	12.51%	0.39%	0.14%	0.09%	0.87%	2.31%	0.00%	1.10%	2.32%	2.65%	8.91%	0.72%	17.77%
13	66.40%	2.40%	1.65%	1.11%	3.54%	3.70%	1.00%	6.30%	13.39%	0.34%	0.04%	0.17%	3.48%	0.13%	1.94%	1.29%	3.88%	5.01%	4.13%	16.07%
14	48.16%	2.53%	1.14%	0.56%	6.09%	9.80%	2.21%	7.78%	22.22%	0.74%	0.29%	0.14%	2.21%	4.36%	0.24%	2.63%	1.12%	12.29%	6.74%	1.39%	28.13%
15	71.59%	1.99%	0.47%	0.30%	1.64%	5.70%	2.44%	2.40%	12.54%	0.92%	0.23%	0.22%	0.14%	1.04%	0.08%	1.40%	2.03%	3.46%	5.86%	-1.06%	16.94%
16	38.14%	4.11%	2.02%	1.47%	7.42%	11.23%	2.25%	10.91%	28.51%	0.96%	0.25%	3.18%	6.67%	0.13%	3.57%	3.16%	10.85%	7.95%	0.18%	33.17%
17	48.41%	7.31%	3.36%	3.75%	7.82%	2.53%	1.39%	14.92%	53.43%	1.36%	0.20%	0.41%	3.52%	0.22%	0.04%	4.18%	6.01%	17.87%	11.49%	-1.66%	43.17%
18	30.56%	3.85%	0.01%	0.02%	3.97%	17.92%	0.42%	4.00%	26.19%	0.28%	0.01%	0.74%	0.02%	3.65%	0.21%	3.66%	0.05%	24%	8.63%	2.31%	40.94%
19	7.97%	2.05%	0.96%	0.61%	3.46%	13.44%	0.39%	5.03%	20.91%	1.10%	0.42%	7.11%	34.41%	0.42%	7.85%	3.59%	7.75%	12.30%	3.70%	67.42%
20	74.07%	1.19%	0.58%	0.55%	1.88%	4.08%	1.04%	3.01%	9.32%	0.31%	0.08%	0.11%	3.46%	0.11%	1.49%	1.13%	3.83%	5.87%	0.40%	16.20%
21	96.85%	0.09%	0.05%	0.04%	0.21%	0.30%	0.08%	0.30%	0.77%	0.02%	0.01%	0.01%	0.11%	0.27%	0.01%	0.13%	0.07%	0.31%	0.51%	0.02%	2.36%
22	50.10%	2.31%	1.24%	1.16%	3.52%	7.94%	2.01%	5.92%	18.19%	0.62%	0.21%	0.27%	3.40%	8.28%	0.25%	3.88%	2.41%	8.03%	6.21%	2.04%	29.67%
23	73.93%	0.61%	0.30%	0.29%	1.13%	2.02%	0.52%	1.72%	4.88%	0.15%	0.05%	0.06%	0.73%	1.73%	0.05%	0.83%	0.59%	1.94%	15.79%	0.11%	21.08%
24	100.00%	0.00%	0.00%	0.00%	0.00%	0.00%	0.00%	0.00%	0.00%	0.00%	0.00%	0.00%	0.00%	0.00%	0.00%	0.00%	0.00%	0.00%	0.00%	0.00%	0.00%

表 7-14　マレーシア

	国内最終需要による生産誘発割合	諸外国の中間需要による生産誘発割合							諸外国の最終需要による生産誘発割合									
1995	Malaysia	ASEAN	CHINA	KOREA	JAPAN	USA	TAIWAN	C,K,J	中間財	ASEAN	CHINA	KOREA	JAPAN	USA	TAIWAN	C,K,J	HONGKON	EU	ROW	誤差	最終財
1	65.88%	2.41%	2.18%	0.62%	1.42%	0.89%	0.20%	4.22%	7.71%	1.02%	1.16%	0.08%	0.45%	0.46%	0.19%	1.69%	1.25%	1.17%	19.67%	0.94%	25.46%
2	50.06%	4.30%	2.27%	0.71%	1.95%	0.89%	0.28%	4.94%	10.40%	2.22%	1.99%	0.24%	0.58%	0.61%	0.25%	2.81%	2.22%	1.41%	26.83%	3.18%	36.36%
3	79.18%	3.82%	1.34%	0.55%	1.03%	0.62%	0.14%	2.92%	7.50%	1.19%	0.70%	0.10%	0.42%	0.35%	0.12%	1.23%	0.78%	0.66%	11.95%	-2.96%	16.27%
4	8.77%	10.24%	5.71%	6.43%	30.53%	4.26%	10.76%	42.67%	67.94%	0.94%	0.16%	0.11%	0.81%	4.24%	-0.06%	1.09%	3.47%	2.54%	19.53%	-8.47%	31.76%
5	77.18%	1.97%	0.87%	0.32%	1.90%	1.34%	0.19%	3.09%	6.59%	2.22%	0.44%	0.06%	0.74%	0.63%	0.11%	1.24%	0.64%	0.70%	14.73%	-4.03%	20.26%
6	7.89%	22.24%	2.02%	8.37%	35.94%	1.51%	2.96%	46.33%	73.04%	2.19%	0.06%	0.14%	0.51%	0.68%	-0.01%	0.72%	1.25%	1.02%	17.62%	-4.39%	23.46%
7	37.96%	8.79%	1.19%	2.44%	14.22%	3.26%	1.66%	17.86%	31.57%	10.29%	0.14%	0.09%	0.43%	1.72%	0.16%	0.66%	2.08%	2.10%	20.88%	2.24%	28.22%
8	29.97%	4.72%	4.69%	1.11%	2.76%	1.44%	0.34%	8.56%	15.05%	2.08%	2.55%	0.15%	0.89%	0.68%	0.39%	3.59%	2.50%	1.92%	41.76%	2.06%	52.92%
9	19.06%	6.95%	0.76%	0.71%	2.47%	4.49%	2.01%	3.93%	17.39%	5.44%	0.09%	0.07%	2.87%	17.50%	0.38%	3.04%	4.49%	11.62%	22.36%	-1.28%	64.83%
10	11.60%	10.27%	5.85%	6.48%	22.10%	4.13%	6.27%	34.44%	55.11%	1.46%	0.08%	0.16%	1.54%	6.05%	0.06%	1.78%	3.73%	3.97%	18.92%	-2.67%	35.96%
11	40.07%	6.83%	1.26%	0.88%	3.31%	5.57%	1.44%	5.45%	19.29%	2.23%	0.25%	0.11%	1.48%	4.29%	0.38%	1.84%	4.10%	3.60%	19.96%	4.24%	36.40%
12	23.08%	10.11%	3.93%	8.34%	6.20%	4.54%	1.85%	18.47%	34.96%	0.98%	0.34%	0.82%	0.93%	2.39%	0.25%	2.09%	8.24%	5.32%	22.63%	0.07%	41.89%
13	33.37%	15.51%	0.68%	3.28%	14.85%	2.37%	1.05%	18.81%	37.74%	4.47%	0.09%	1.14%	1.55%	1.71%	0.22%	2.78%	0.87%	1.75%	12.62%	4.47%	24.42%
14	21.41%	2.43%	2.59%	4.14%	5.27%	8.57%	1.57%	11.99%	23.54%	1.31%	0.06%	-0.06%	0.73%	2.67%	0.19%	0.73%	1.20%	17.69%	27.61%	3.66%	51.38%
15	55.56%	7.35%	0.57%	1.14%	4.36%	3.44%	0.85%	6.08%	17.72%	1.38%	0.12%	0.11%	1.00%	3.23%	0.21%	1.22%	2.14%	2.35%	15.76%	0.42%	26.30%
16	37.84%	11.90%	0.97%	2.38%	4.40%	5.82%	2.06%	7.71%	27.53%	1.05%	0.22%	0.08%	1.04%	2.73%	0.32%	1.34%	2.80%	3.35%	19.38%	3.67%	30.96%
17	7.69%	10.87%	0.96%	1.15%	3.34%	18.17%	2.56%	5.46%	37.06%	2.91%	0.45%	0.24%	4.54%	13.73%	0.98%	5.23%	4.90%	8.39%	17.72%	1.40%	53.85%
18	52.26%	1.96%	0.21%	0.20%	1.69%	8.58%	0.51%	2.10%	13.16%	5.36%	0.13%	0.05%	2.30%	4.86%	0.12%	2.48%	0.61%	5.22%	14.58%	1.36%	33.22%
19	50.34%	5.09%	0.48%	0.56%	1.71%	3.86%	0.69%	2.75%	12.39%	1.81%	0.13%	0.14%	1.66%	4.86%	0.33%	1.93%	3.06%	4.26%	16.99%	4.02%	33.25%
20	51.02%	4.91%	1.01%	1.32%	2.86%	5.05%	1.10%	5.18%	16.23%	1.26%	0.25%	0.13%	1.32%	4.06%	0.28%	1.70%	2.26%	3.53%	18.59%	1.08%	31.67%
21	90.95%	0.96%	0.19%	0.22%	0.65%	0.99%	0.21%	1.06%	3.22%	0.27%	0.05%	0.02%	0.26%	0.77%	0.06%	0.34%	0.41%	0.72%	2.94%	0.33%	5.51%
22	44.36%	6.54%	1.06%	1.21%	3.72%	7.63%	1.50%	5.99%	21.66%	1.90%	0.29%	0.15%	2.15%	6.19%	0.44%	2.59%	3.06%	4.96%	11.86%	2.99%	30.99%
23	67.20%	3.19%	0.74%	0.80%	2.20%	3.13%	0.82%	3.75%	10.89%	0.98%	0.21%	0.07%	0.77%	2.39%	0.11%	1.05%	1.40%	2.45%	12.00%	0.96%	20.95%
24	83.89%	1.13%	0.21%	0.25%	0.65%	1.22%	0.26%	1.12%	3.73%	0.31%	0.06%	0.02%	0.33%	1.00%	0.07%	0.41%	0.51%	0.83%	8.91%	0.34%	12.04%
2000	Malaysia	ASEAN	CHINA	KOREA	JAPAN	USA	TAIWAN	C,K,J	中間財	ASEAN	CHINA	KOREA	JAPAN	USA	TAIWAN	C,K,J	HONGKON	EU	ROW	誤差	最終財
1	37.65%	5.12%	2.72%	0.77%	2.41%	2.34%	0.60%	5.90%	13.96%	3.73%	1.09%	0.40%	1.07%	1.15%	0.53%	2.56%	2.95%	7.10%	25.53%	4.84%	43.55%
2	41.25%	7.38%	1.29%	0.84%	3.99%	6.36%	0.98%	6.12%	20.85%	3.43%	0.52%	0.25%	0.93%	1.63%	0.23%	1.70%	2.80%	9.99%	14.86%	3.26%	34.64%
3	68.45%	6.99%	0.42%	0.17%	0.77%	0.76%	0.16%	1.36%	9.27%	5.94%	0.15%	0.06%	0.39%	0.51%	0.09%	0.60%	0.60%	2.13%	5.51%	6.90%	15.38%
4	17.83%	5.87%	6.08%	3.24%	18.85%	6.98%	4.54%	28.17%	45.55%	1.48%	2.19%	0.38%	2.67%	5.95%	1.21%	5.24%	4.38%	9.00%	12.45%	-3.09%	39.71%
5	70.36%	2.28%	0.61%	0.27%	2.10%	1.78%	0.26%	2.99%	7.41%	2.34%	0.22%	0.09%	0.75%	0.85%	0.12%	1.06%	2.71%	2.85%	8.43%	3.86%	18.37%
6	14.23%	11.54%	3.16%	10.85%	29.22%	3.72%	4.10%	43.23%	62.59%	0.78%	0.13%	0.17%	0.53%	0.75%	0.44%	0.83%	0.54%	1.48%	15.95%	3.16%	20.02%
7	67.25%	8.17%	1.94%	0.96%	2.18%	2.21%	1.21%	5.08%	16.67%	0.41%	0.11%	0.07%	0.49%	1.53%	0.11%	0.67%	0.92%	2.61%	9.28%	0.15%	15.53%
8	39.28%	4.96%	2.65%	0.75%	2.34%	2.27%	0.58%	5.74%	13.55%	3.64%	1.07%	0.39%	1.04%	1.11%	0.52%	2.49%	2.88%	6.92%	24.87%	4.74%	42.43%
9	31.01%	4.54%	1.17%	0.57%	1.83%	7.48%	1.06%	3.58%	16.67%	1.71%	0.08%	0.08%	2.43%	14.02%	0.78%	2.59%	6.90%	12.81%	11.16%	2.35%	49.97%
10	8.31%	6.53%	5.92%	2.96%	18.24%	5.90%	3.20%	27.12%	42.75%	2.10%	0.41%	0.60%	3.72%	9.61%	1.23%	4.73%	4.09%	14.35%	12.94%	-0.12%	49.06%
11	43.14%	9.35%	2.19%	0.85%	4.36%	4.18%	1.22%	7.41%	22.16%	2.80%	0.22%	0.15%	1.53%	3.19%	0.29%	1.91%	2.97%	6.39%	11.99%	5.18%	29.52%
12	8.89%	17.00%	6.14%	1.88%	8.10%	7.94%	4.77%	16.11%	45.82%	2.03%	0.51%	0.16%	1.38%	4.01%	0.48%	2.05%	8.22%	9.76%	17.38%	1.55%	43.74%
13	41.37%	15.37%	4.74%	2.74%	7.17%	3.55%	3.45%	14.65%	36.62%	1.25%	0.42%	0.31%	1.85%	2.33%	1.47%	2.57%	1.51%	4.06%	8.83%	-0.91%	22.92%
14	10.41%	5.41%	0.96%	0.44%	5.01%	26.96%	0.46%	6.42%	39.25%	0.52%	0.24%	0.14%	0.90%	4.07%	0.07%	1.27%	2.90%	23.28%	15.99%	2.24%	50.34%
15	54.91%	8.20%	1.58%	0.65%	3.50%	3.56%	1.28%	5.73%	18.78%	0.44%	0.21%	0.10%	0.91%	2.53%	0.17%	1.22%	1.48%	4.64%	11.71%	4.13%	22.19%
16	27.76%	14.35%	3.33%	1.81%	5.87%	7.18%	2.49%	11.01%	35.04%	1.57%	0.36%	0.20%	1.88%	3.71%	0.30%	2.45%	3.01%	9.06%	16.62%	0.49%	36.71%
17	1.81%	9.61%	3.93%	3.27%	4.55%	14.99%	4.35%	11.74%	40.70%	4.19%	0.62%	6.71%	13.53%	0.69%	7.85%	4.65%	14.82%	9.30%	2.46%	55.04%
18	70.72%	2.03%	0.44%	0.28%	1.25%	1.77%	0.66%	1.97%	6.43%	1.36%	0.27%	0.11%	0.66%	1.28%	1.16%	1.04%	1.15%	5.53%	7.14%	4.18%	18.67%
19	21.95%	12.75%	1.23%	0.69%	5.45%	1.46%	7.37%	27.82%	3.97%	0.25%	0.24%	4.40%	9.16%	0.63%	4.87%	3.47%	13.10%	10.88%	4.14%	46.09%
20	51.23%	6.35%	0.85%	1.81%	1.05%	3.29%	4.95%	1.42%	6.15%	18.87%	1.71%	0.31%	0.18%	1.80%	3.99%	0.34%	2.29%	2.35%	6.42%	11.32%	1.47%	28.43%
21	91.47%	0.58%	0.13%	0.08%	0.29%	0.41%	0.10%	0.49%	1.58%	0.14%	0.02%	0.01%	0.14%	0.32%	0.03%	0.18%	0.19%	0.54%	5.27%	0.13%	6.82%
22	24.70%	10.42%	2.41%	1.71%	5.26%	9.55%	2.11%	9.38%	31.47%	2.77%	0.38%	0.28%	3.79%	7.24%	0.47%	4.45%	3.86%	10.06%	13.87%	1.10%	42.73%
23	64.51%	5.48%	0.47%	0.51%	2.25%	2.24%	0.48%	3.23%	11.43%	0.83%	0.18%	0.08%	0.51%	1.40%	0.09%	0.76%	0.77%	3.08%	17.06%	0.08%	23.98%
24	99.52%	0.06%	0.01%	0.01%	0.03%	0.03%	0.01%	0.04%	0.13%	0.01%	0.00%	0.00%	0.00%	0.02%	0.00%	0.01%	0.01%	0.04%	0.26%	0.00%	0.34%

は，ほぼ半分の誘発力を持っている。また，2000年において，国内需要による生産誘発割合が低い産業は，第4部門林業，第10部門木材家具製造業，第12部門化学製品製造業，第14部門ゴム製品製造業，第16部門金属製品製造業，第19部門その他製造業である。そのうちの第4，10，12部門に関しては，アジア勢はほぼ半分くらいの生産誘発割合を占め，第16，19部門に関しても，アジア勢は，35％前後の生産誘発割合を占めていた。対照的に，第14部門において，アメリカとEUの需要による生産誘発割合が半分くらいを占めた。

4-2 中進国

次に中進国経済としてのシンガポールの需要構造を分析してみたい。スカイライン分析で分かったように，シンガポールの産業構造において，サービス産業と第13部門石油精製及び関連製品製造業，第17部門機械製造業が非常に大きなシェアを占めていた。そして，表7-15からシンガポールの需要構造を窺うと，この2つの製造産業の国内需要による生産誘発割合は，それぞれ6.32％と8.46％にすぎない。第13部門に関して，主な国外需要国は，アセアン，香港，中国，台湾，日本，韓国，EU，アメリカである。2000年において，アジア勢からの生産誘発割合は52.42％もあったものの，1995年からの傾向を見ると，その誘発力が低下していたことを分かる。その間，EUとその他世界からの生産誘発力が増大した。第17部門に関して，主な国外需要国は，アメリカ，アセアン，EU，日本，台湾，香港，中国，韓国である。特に，その間，誘発力を増強したのはアセアンと中国である。総じていえば，シンガポールの製造業にとっては，アジア諸国，特に，アセアンの存在はとても大きいものである。もう1つ，シンガポールの特徴としていえるのは，経済全体にとって，非常に重要なサービス産業においても，国外需要の生産誘発力が大きいことである。例えば，2000年の第22部門貿易輸送業において，国内需要による生産誘発の割合は2割未満である。主な国外需要国は，本章では同一データの入手が困難であるが，その他世界からの生産誘発力が非常に大きい。第23部門サービス業においても，同じ傾向がみられることは，シンガポールのサービス産業

表7-15　シンガポール

1995	国内最終需要による生産誘発割合 Singapore	諸外国の中間需要による生産誘発割合							諸外国の最終需要による生産誘発割合										
		ASEAN	CHINA	KOREA	JAPAN	USA	TAIWAN	C, K, J	中間財	ASEAN	CHINA	KOREA	JAPAN	USA	TAIWAN	C, K, J	HONGKON	EU	ROW	誤差	最終財
1																				
2	43.39%	4.23%	0.51%	0.16%	3.75%	1.13%	0.28%	4.42%	10.06%	4.48%	0.18%	0.07%	11.94%	1.11%	0.11%	12.20%	5.11%	5.27%	16.74%	1.55%	45.00%
3	71.54%	1.93%	0.51%	0.21%	1.06%	3.73%	0.35%	1.78%	7.80%	1.42%	0.33%	0.09%	0.92%	2.75%	0.15%	1.34%	1.95%	0.96%	14.93%	-2.84%	23.50%
4																				
5	34.05%	2.94%	0.67%	0.49%	6.63%	22.78%	0.03%	7.79%	33.54%	0.16%	0.23%	0.59%	2.47%	3.89%	0.91%	3.30%	2.93%	8.65%	15.60%	-3.02%	35.43%
6																				
7	49.20%	24.19%	2.44%	2.71%	3.14%	1.52%	0.67%	8.29%	34.67%	1.91%	0.14%	0.18%	0.49%	1.15%	0.25%	0.81%	2.48%	1.29%	15.13%	-6.99%	23.03%
8	45.61%	4.28%	0.65%	0.25%	4.78%	1.73%	0.63%	5.69%	12.32%	7.27%	0.24%	0.12%	3.06%	1.32%	0.84%	3.42%	5.26%	1.15%	24.67%	-1.86%	43.93%
9	25.64%	6.23%	0.90%	1.86%	1.13%	4.87%	1.55%	3.89%	16.54%	4.10%	0.47%	0.15%	1.68%	28.60%	0.69%	2.30%	2.57%	6.28%	16.17%	-2.89%	60.71%
10	66.38%	1.94%	1.69%	0.61%	2.92%	2.76%	0.98%	5.22%	10.90%	1.20%	0.68%	0.31%	2.76%	6.56%	0.81%	3.75%	2.29%	3.61%	9.59%	-5.09%	27.81%
11	36.10%	9.08%	1.28%	0.74%	4.79%	5.11%	1.05%	6.80%	22.04%	3.86%	0.22%	0.36%	1.53%	4.81%	0.58%	2.10%	3.37%	5.22%	21.57%	0.37%	41.49%
12	18.16%	21.82%	7.62%	2.04%	4.17%	7.20%	5.48%	13.83%	48.33%	3.17%	0.44%	0.19%	1.05%	1.87%	0.27%	1.68%	6.89%	5.08%	19.21%	-4.66%	38.16%
13	8.49%	20.95%	8.43%	1.94%	7.01%	0.85%	3.65%	17.38%	42.83%	5.23%	0.02%	0.04%	0.07%	0.53%	0.04%	0.70%	16.29%	1.27%	27.97%	-3.34%	52.02%
14	27.78%	11.37%	1.87%	1.13%	3.37%	7.96%	1.25%	6.37%	26.95%	4.89%	0.40%	0.38%	1.62%	4.91%	0.68%	2.40%	3.87%	4.89%	23.93%	-0.29%	45.57%
15	66.29%	9.19%	1.09%	2.27%	1.46%	1.81%	0.55%	4.82%	16.36%	2.34%	0.15%	0.16%	0.67%	1.38%	0.21%	0.98%	1.77%	1.54%	9.73%	-0.61%	17.96%
16	33.51%	17.60%	1.84%	1.16%	3.73%	4.48%	2.54%	6.73%	31.35%	4.74%	0.65%	0.31%	1.47%	3.61%	0.48%	2.44%	4.82%	4.75%	15.06%	-0.76%	35.90%
17	5.29%	7.01%	0.84%	1.61%	3.24%	16.34%	2.10%	5.69%	31.14%	7.49%	0.79%	0.87%	5.48%	14.93%	1.07%	7.13%	5.89%	10.31%	16.09%	0.65%	62.91%
18	49.37%	3.58%	0.54%	0.40%	0.65%	2.81%	1.23%	1.59%	9.21%	3.35%	2.84%	0.62%	0.90%	1.93%	0.19%	4.36%	1.74%	3.28%	28.86%	-2.27%	43.70%
19	16.80%	13.87%	1.14%	1.26%	4.17%	7.71%	1.29%	6.57%	29.44%	6.18%	0.97%	1.33%	3.75%	9.16%	0.86%	6.05%	6.38%	8.32%	20.24%	-3.44%	57.20%
20	53.01%	6.37%	1.80%	0.72%	2.09%	3.27%	1.22%	4.61%	15.46%	2.50%	0.24%	0.28%	1.06%	2.90%	0.24%	1.58%	3.95%	2.41%	18.82%	-0.87%	32.40%
21	93.23%	0.63%	0.15%	0.08%	0.22%	0.48%	0.13%	0.44%	1.69%	0.32%	0.04%	0.03%	0.17%	0.46%	0.04%	0.24%	0.38%	0.35%	3.37%	-0.08%	5.16%
22	28.52%	2.54%	0.53%	0.31%	0.85%	2.00%	0.50%	1.68%	6.73%	1.29%	0.22%	0.14%	0.70%	1.85%	0.16%	1.37%	1.40%	1.40%	58.34%	-0.70%	65.45%
23	53.67%	3.26%	0.76%	0.43%	1.14%	2.78%	0.69%	2.34%	9.07%	1.73%	0.21%	0.19%	0.95%	2.60%	0.20%	1.34%	2.03%	1.95%	27.83%	-0.42%	37.68%
24	93.65%	0.57%	0.14%	0.07%	0.20%	0.41%	0.12%	0.41%	1.51%	0.28%	0.03%	0.03%	0.15%	0.38%	0.03%	0.21%	0.35%	0.30%	3.37%	-0.07%	4.92%
2000	Singapore	ASEAN	CHINA	KOREA	JAPAN	USA	TAIWAN	C, K, J	中間財	ASEAN	CHINA	KOREA	JAPAN	USA	TAIWAN	C, K, J	HONGKON	EU	ROW	誤差	最終財
1																				
2	49.01%	9.01%	0.50%	0.63%	7.03%	2.87%	0.39%	8.16%	20.43%	1.33%	0.17%	0.16%	3.62%	1.12%	0.06%	3.95%	3.34%	4.96%	17.91%	-2.10%	32.66%
3	72.25%	6.77%	2.86%	0.20%	1.46%	0.78%	0.26%	4.52%	12.34%	2.38%	0.30%	0.08%	1.38%	0.54%	0.29%	1.76%	0.99%	2.50%	13.83%	-6.89%	22.30%
4																				
5	38.70%	0.94%	0.81%	0.89%	8.55%	12.24%	0.14%	10.25%	23.57%	2.33%	0.28%	1.10%	3.60%	3.91%	0.01%	4.98%	2.66%	17.78%	10.77%	-4.70%	42.43%
6																				
7	50.89%	13.57%	3.61%	1.17%	0.95%	2.25%	0.67%	5.73%	22.21%	2.24%	0.15%	0.15%	0.35%	0.96%	0.14%	0.66%	2.42%	8.04%	14.91%	-2.48%	29.37%
8	46.61%	4.95%	0.80%	0.70%	3.70%	1.86%	0.79%	5.20%	12.80%	4.35%	0.39%	0.36%	2.84%	1.25%	2.52%	3.60%	1.69%	2.69%	29.16%	-4.67%	45.26%
9	31.56%	3.51%	1.40%	0.36%	0.45%	3.20%	0.49%	2.21%	9.41%	5.17%	0.24%	0.16%	1.01%	25.87%	0.33%	1.41%	2.09%	7.92%	19.31%	-3.06%	62.10%
10	78.02%	3.46%	0.78%	0.37%	0.81%	2.27%	0.76%	1.96%	8.44%	1.25%	0.37%	0.25%	0.71%	2.01%	0.31%	1.33%	1.20%	2.57%	7.73%	-2.87%	16.41%
11	45.59%	10.07%	1.34%	1.05%	2.48%	3.57%	1.29%	4.86%	19.80%	3.03%	0.15%	0.37%	0.97%	3.57%	0.24%	1.49%	1.93%	6.91%	20.00%	-2.56%	37.17%
12	24.35%	16.10%	6.17%	1.74%	2.52%	3.79%	3.47%	10.32%	33.79%	2.11%	0.77%	0.13%	0.62%	5.10%	0.20%	1.52%	4.84%	16.48%	15.33%	-3.43%	43.24%
13	6.32%	18.71%	5.48%	2.52%	2.32%	1.36%	4.74%	10.32%	35.13%	1.45%	0.13%	0.27%	1.10%	0.89%	0.39%	1.50%	15.31%	5.05%	37.05%	-3.08%	61.63%
14	55.39%	8.40%	2.83%	0.78%	0.89%	3.31%	0.77%	4.50%	16.99%	4.76%	0.12%	0.22%	0.40%	2.36%	0.16%	0.74%	3.08%	4.91%	10.05%	1.56%	26.07%
15	71.03%	10.18%	2.12%	1.16%	0.95%	1.39%	1.04%	4.22%	16.82%	1.18%	0.24%	0.22%	0.30%	0.75%	0.18%	0.76%	0.85%	2.49%	8.41%	-2.47%	14.62%
16	43.79%	22.08%	2.70%	3.04%	1.18%	3.12%	1.85%	6.93%	33.98%	2.55%	0.37%	0.35%	0.61%	1.56%	0.33%	1.33%	3.65%	4.99%	12.32%	-4.50%	26.73%
17	8.46%	15.15%	3.56%	2.53%	2.43%	15.48%	3.93%	8.52%	43.08%	3.69%	0.71%	1.08%	3.53%	9.14%	1.25%	5.32%	4.80%	15.65%	10.87%	-2.25%	50.71%
18	60.22%	2.44%	0.58%	0.45%	0.31%	3.34%	0.46%	1.33%	7.58%	1.36%	0.84%	0.48%	0.57%	1.76%	0.85%	1.90%	0.93%	3.40%	24.71%	-2.71%	34.91%
19	31.77%	12.29%	2.34%	1.47%	2.60%	5.31%	1.38%	6.41%	25.40%	7.18%	0.87%	1.02%	2.51%	7.65%	0.48%	4.39%	4.72%	5.31%	18.04%	-4.02%	46.85%
20	52.34%	6.39%	1.62%	0.89%	1.08%	3.59%	1.31%	3.59%	14.87%	1.44%	0.27%	0.28%	0.90%	2.71%	0.33%	1.45%	2.12%	5.19%	21.02%	-1.48%	34.27%
21	91.98%	0.54%	0.13%	0.08%	0.11%	0.35%	0.11%	0.31%	1.32%	0.13%	0.02%	0.03%	0.09%	0.25%	0.03%	0.14%	0.17%	0.44%	5.69%	-0.15%	6.85%
22	19.54%	5.11%	1.16%	0.72%	0.84%	2.88%	0.99%	2.72%	11.70%	1.24%	0.21%	0.22%	0.78%	2.15%	0.30%	1.21%	1.48%	3.73%	60.28%	-1.64%	70.40%
23	51.72%	3.13%	0.73%	0.46%	0.77%	2.09%	0.66%	1.96%	7.84%	0.74%	0.14%	0.16%	0.52%	1.46%	0.19%	0.81%	0.99%	2.57%	34.69%	-1.03%	41.47%
24	94.11%	0.71%	0.17%	0.10%	0.12%	0.47%	0.15%	0.40%	1.73%	0.17%	0.03%	0.04%	0.12%	0.34%	0.04%	0.18%	0.22%	0.61%	2.76%	-0.17%	4.32%

の特徴であろう。

　次に，表7-16から台湾の需要構造を見ると，24部門分類のうち，70%の国内需要による生産誘発割合を下回った産業は1995年の14部門があったに対して，2000年になって15部門になった。しかも，それだけではなく，各産業の国内需要による生産誘発力が軒並み低下傾向を見せている。2000年において特に国内需要による生産誘発割合が低い産業は，第9部門繊維皮革製品製造業の14.70%，第12部門化学製品製造業の22.69%，第14部門ゴム製品製造業の26.13%，第16部門金属製品業の24.28%，第17部門機械製造業の19.96%，第19部門その他製造業の18.83%である。そしてスカイライン分析で分かるように，第9部門繊維皮革製品製造業，第12部門化学製品製造業，第16部門金属製品製造業，第17部門機械製造業，第19部門その他製造業は，台湾の産業経済にとって比較的に大きなシェアを占める産業であり，重要な外貨獲得産業でもある。ここでは，第16部門金属製品製造業と第17部門機械製造業を取り上げて，その需要構造を見てみよう。まず，第16部門に関して，主な国外需要国はアメリカ，中国，日本，アセアン，EUである。2000年にアジア勢の需要による生産誘発割合は，全体の3割を超え，ほぼ国外需要による生産誘発の半分を占めている。特に，1995年から2000年にかけ，中国の誘発力が著しく増大していたことは1つの大きな変化である。次に，産業シェアを拡大し続けている第17部門機械製造業に関しては，主な国外需要国は，アメリカ，EU，日本，中国，香港，アセアンである。第16部門と同じく，中国からの生産誘発力の増大はこの間における大きな変化であろう。総じていえば，台湾経済にとって，欧米など先進国市場からの誘発は非常に重要である一方，中国からの誘発力が各産業において増大傾向を呈していることは，この間，最も顕著な動きである。

　韓国に関しては，この時期において産業構造が大きく変わったというより，経済全体の生産拡大がより多く国外の需要に依存していると既に述べた。ここで，韓国の各産業の需要構造をさらに究明する。24産業分類のうち，国内需要による生産誘発割合が70%を下回った産業は1995年の8部門から2000年

表 7-16 台湾

	国内最終需要による生産誘発割合	諸外国の中間需要による生産誘発割合						諸外国の最終需要による生産誘発割合									
1995	Taiwan	ASEAN	CHINA	KOREA	JAPAN	USA	C,K,J	中間財	ASEAN	CHINA	KOREA	JAPAN	USA	C,K,J	HONGKON	EU	ROW	誤差	最終財
1	78.88%	1.10%	0.23%	0.12%	8.62%	0.89%	8.96%	10.96%	0.50%	0.07%	0.10%	5.00%	0.66%	5.17%	1.79%	0.14%	3.15%	-1.26%	11.41%
2	92.14%	0.45%	0.25%	0.11%	2.42%	0.27%	2.78%	3.50%	0.65%	0.08%	0.19%	2.12%	0.20%	2.39%	0.70%	0.05%	1.66%	-1.29%	5.65%
3	85.47%	0.86%	0.21%	0.21%	5.31%	0.65%	5.73%	7.24%	0.38%	0.05%	0.11%	3.55%	0.47%	3.72%	1.30%	0.11%	2.46%	-1.16%	8.45%
4	81.49%	0.54%	1.51%	0.13%	4.21%	1.34%	5.86%	7.73%	0.14%	0.05%	0.15%	1.66%	1.29%	1.86%	3.67%	0.35%	1.74%	1.75%	9.03%
5	66.72%	0.18%	0.04%	0.02%	3.81%	0.12%	3.87%	4.18%	0.09%	0.01%	0.02%	1.71%	0.08%	1.74%	0.37%	0.02%	26.77%	0.03%	29.07%
6	61.50%	3.35%	1.59%	0.74%	2.19%	3.57%	4.52%	11.44%	1.20%	0.41%	0.11%	1.17%	2.85%	1.70%	9.75%	1.95%	10.84%	-1.24%	28.30%
7	76.78%	2.65%	1.90%	0.49%	3.07%	2.95%	5.45%	11.05%	0.58%	0.19%	0.06%	0.63%	1.74%	0.89%	5.30%	1.44%	5.23%	-3.01%	15.17%
8	81.05%	1.04%	0.22%	0.11%	7.05%	0.84%	7.37%	9.25%	0.47%	0.06%	0.10%	4.72%	0.62%	4.88%	1.68%	0.13%	2.96%	-1.03%	10.73%
9	27.15%	6.47%	0.38%	2.27%	1.39%	3.59%	4.04%	14.09%	3.59%	0.11%	0.14%	1.81%	9.37%	2.06%	26.33%	2.53%	16.36%	-1.49%	60.24%
10	45.62%	0.90%	1.29%	0.26%	6.59%	3.98%	8.14%	13.01%	0.58%	0.37%	0.27%	4.91%	17.91%	5.55%	7.20%	3.56%	8.03%	-1.46%	42.83%
11	65.08%	3.42%	0.95%	0.44%	1.92%	3.63%	3.31%	10.36%	1.09%	0.33%	0.11%	1.01%	2.09%	1.46%	10.49%	1.57%	9.76%	-1.89%	26.45%
12	31.32%	9.22%	3.54%	1.39%	3.30%	3.54%	8.23%	21.00%	1.91%	0.49%	0.12%	1.23%	3.24%	1.83%	26.69%	2.28%	13.88%	-2.15%	49.83%
13	61.21%	2.81%	1.59%	0.91%	2.91%	2.91%	4.50%	10.22%	0.98%	0.27%	0.11%	0.99%	2.33%	1.48%	7.56%	1.49%	15.82%	-1.10%	29.66%
14	40.01%	3.78%	1.00%	0.91%	3.18%	8.83%	5.10%	17.71%	2.15%	0.42%	0.35%	1.81%	7.15%	2.58%	10.59%	4.61%	18.43%	-3.23%	45.51%
15	74.31%	1.89%	2.06%	0.48%	2.14%	3.73%	4.68%	10.31%	0.72%	0.23%	0.06%	0.73%	2.49%	1.03%	4.69%	2.10%	6.30%	-1.95%	17.33%
16	38.64%	5.47%	3.70%	1.21%	5.56%	10.03%	10.46%	25.96%	1.58%	0.54%	0.18%	1.19%	5.03%	2.63%	13.42%	4.19%	11.17%	-2.61%	38.01%
17	21.13%	4.98%	0.95%	1.36%	3.97%	13.18%	6.28%	24.44%	4.16%	1.76%	0.51%	4.04%	9.51%	6.31%	12.43%	7.08%	15.42%	-0.50%	54.93%
18	65.81%	0.86%	0.85%	0.14%	1.46%	2.93%	2.46%	6.24%	0.79%	0.39%	0.06%	1.43%	3.40%	1.87%	6.86%	2.66%	11.97%	0.38%	27.56%
19	36.07%	3.46%	2.87%	0.56%	3.07%	6.10%	6.50%	16.06%	1.87%	1.78%	0.22%	2.39%	3.71%	4.39%	19.15%	3.55%	15.13%	0.06%	47.80%
20	66.72%	2.72%	1.15%	0.59%	1.93%	3.23%	3.67%	9.63%	1.11%	0.37%	0.10%	1.16%	2.74%	1.63%	8.38%	1.75%	9.10%	-1.04%	24.70%
21	96.41%	0.17%	0.09%	0.04%	0.16%	0.26%	0.28%	0.72%	0.10%	0.04%	0.01%	0.11%	0.22%	0.15%	0.59%	0.18%	1.75%	-0.11%	2.98%
22	65.73%	1.79%	1.35%	0.40%	1.64%	2.82%	3.39%	8.00%	0.99%	0.67%	0.10%	1.21%	2.91%	1.97%	5.18%	1.40%	16.39%	-2.58%	28.85%
23	78.61%	0.86%	0.43%	0.19%	0.83%	1.32%	1.45%	3.62%	0.50%	0.18%	0.04%	0.54%	1.08%	0.76%	3.14%	1.04%	11.84%	-0.59%	18.36%
24	100.00%	0.00%	0.00%	0.00%	0.00%	0.00%	0.00%	0.00%	0.00%	0.00%	0.00%	0.00%	0.00%	0.00%	0.00%	0.00%	0.00%	0.00%	0.00%
2000	Taiwan	ASEAN	CHINA	KOREA	JAPAN	USA	C,K,J	中間財	ASEAN	CHINA	KOREA	JAPAN	USA	C,K,J	HONGKON	EU	ROW	誤差	最終財
1	87.78%	0.62%	0.52%	0.17%	2.32%	0.46%	3.02%	4.10%	0.28%	0.15%	0.10%	1.90%	0.60%	2.15%	0.85%	0.38%	3.47%	0.39%	7.73%
2	93.17%	0.38%	0.44%	0.24%	1.22%	0.37%	1.90%	2.64%	0.16%	0.11%	0.02%	0.96%	0.33%	1.09%	0.53%	0.28%	2.18%	-0.44%	4.63%
3	90.09%	0.52%	1.04%	0.26%	1.66%	0.42%	2.97%	3.91%	0.28%	0.18%	0.12%	1.54%	0.49%	1.83%	0.71%	0.35%	2.86%	-0.47%	6.48%
4	83.64%	0.84%	5.19%	0.47%	1.85%	0.91%	7.51%	9.25%	0.15%	1.80%	0.03%	1.82%	0.39%	3.65%	0.27%	0.31%	4.48%	-2.15%	9.25%
5	88.75%	0.35%	0.36%	0.21%	3.49%	2.16%	4.05%	6.56%	0.44%	0.10%	0.07%	1.74%	1.01%	1.91%	0.68%	0.33%	3.58%	-3.26%	7.95%
6	41.08%	3.93%	10.31%	1.12%	3.20%	6.25%	14.63%	24.81%	0.75%	1.18%	0.18%	1.37%	3.58%	2.73%	6.84%	5.81%	15.41%	-1.00%	35.11%
7	66.67%	2.48%	6.44%	0.58%	2.79%	4.76%	9.81%	17.05%	0.42%	0.52%	0.09%	0.79%	2.09%	1.41%	3.59%	3.76%	8.09%	-3.07%	19.36%
8	88.15%	0.62%	0.51%	0.17%	2.00%	0.45%	2.68%	3.75%	0.28%	0.15%	0.10%	1.90%	0.59%	2.14%	0.84%	0.38%	3.42%	0.46%	7.64%
9	14.70%	5.20%	12.95%	1.31%	1.06%	6.09%	15.32%	26.60%	2.05%	1.59%	0.07%	6.65%	2.41%	10.31%	4.76%	31.48%	1.04%	57.66%
10	38.85%	1.36%	2.46%	0.28%	4.20%	4.97%	6.93%	13.26%	0.49%	1.04%	0.12%	5.22%	18.38%	6.38%	3.43%	5.77%	15.98%	-2.55%	50.30%
11	62.40%	2.99%	6.66%	0.61%	1.92%	3.59%	9.19%	15.77%	0.78%	0.50%	0.13%	0.88%	2.16%	1.50%	3.54%	3.41%	10.71%	-0.25%	22.08%
12	22.69%	6.05%	19.66%	1.41%	3.59%	5.80%	24.66%	36.51%	1.07%	2.12%	0.19%	1.36%	3.89%	3.66%	11.21%	5.89%	18.66%	-3.58%	44.38%
13	50.38%	3.23%	6.73%	1.28%	1.97%	3.82%	9.98%	17.04%	0.58%	0.77%	0.18%	0.96%	2.52%	1.91%	5.71%	3.59%	20.37%	-2.10%	34.68%
14	26.13%	2.76%	7.75%	0.51%	3.20%	9.68%	11.46%	23.90%	1.06%	1.93%	0.15%	4.52%	2.98%	11.47%	9.51%	20.57%	-0.15%	50.12%
15	65.73%	2.37%	5.66%	0.60%	3.11%	4.61%	9.37%	16.35%	0.41%	0.58%	0.11%	0.88%	2.06%	1.57%	4.08%	4.28%	7.76%	-2.23%	20.15%
16	24.28%	5.16%	12.54%	1.23%	5.05%	12.99%	18.83%	36.97%	0.70%	1.17%	0.18%	1.73%	4.98%	3.08%	6.63%	8.95%	16.48%	-2.07%	40.81%
17	19.96%	4.65%	6.13%	2.23%	6.40%	12.83%	14.76%	32.23%	1.51%	1.71%	0.45%	3.28%	7.56%	5.44%	6.09%	13.86%	13.18%	0.17%	47.64%
18	58.69%	0.73%	1.25%	0.17%	1.44%	5.52%	2.86%	9.11%	0.92%	1.04%	0.21%	1.58%	3.53%	2.84%	2.11%	8.45%	11.25%	1.39%	30.61%
19	18.83%	3.69%	6.50%	0.70%	1.97%	7.88%	10.24%	21.80%	1.12%	1.41%	0.46%	3.53%	9.03%	5.40%	14.04%	10.01%	20.33%	-0.56%	59.92%
20	69.72%	1.91%	4.44%	0.59%	1.66%	3.52%	6.65%	12.07%	0.47%	0.50%	0.10%	0.84%	2.28%	1.53%	3.28%	3.36%	7.79%	-0.53%	18.74%
21	92.53%	0.41%	0.74%	0.12%	0.38%	0.77%	1.24%	2.42%	0.10%	0.13%	0.02%	0.21%	0.52%	0.36%	0.61%	0.57%	2.79%	-0.09%	5.15%
22	56.74%	2.14%	4.72%	0.66%	2.05%	4.62%	7.43%	14.19%	0.74%	0.92%	0.16%	1.60%	4.06%	2.69%	4.22%	4.69%	13.33%	-0.65%	29.72%
23	79.57%	1.20%	1.91%	0.31%	1.08%	2.08%	3.30%	6.58%	0.28%	0.33%	0.07%	0.56%	1.36%	0.95%	1.56%	2.05%	7.91%	-0.26%	14.12%
24	100.00%	0.00%	0.00%	0.00%	0.00%	0.00%	0.00%	0.00%	0.00%	0.00%	0.00%	0.00%	0.00%	0.00%	0.00%	0.00%	0.00%	0.00%	0.00%

の10部門へ増大した。(表7-17)。2000年において相対的に国内需要の生産誘発割合が低い産業は、第9部門繊維皮革製品製造業の31.29%、第14部門ゴム製品製造業の34.76%、第17部門機械製造業の40.16%である。また、1995年から2000年にかけ、国外需要生産誘発の低下が最も激しかったのは第18部門輸送設備製造業の21.34%低下である。実際スカイライン分析で既に指摘したように、これらの産業が韓国の輸出面において非常に大きな役割を果たしていることが分かる。まず、2000年において第9部門繊維皮革製品製造業の最終財の主な国外需要国は、アメリカ、EU、香港、日本であるに対して、中間財の最人国外需要国は中国である。1995年と比べて、2000年における中国からの中間財の生産誘発力が著しく増大した傾向はこの間の台湾でも見られるものである。恐らく、この時期における韓国、台湾から、対中国直接投資と大きく関連していると推測できる。第16部門金属製品製造業は、また、産業の生産シェアにおいても、輸出面においても、韓国にとって、非常に重要な産業である。2000年において、主な国外需要国はアメリカ、中国、EU、日本、アセアンである。アジア諸国からの需要は実に、24.1%の生産、すなわち、国外需要による生産誘発分のおよそ半分を誘発している。そのうち、中国からの誘発力が日本からの誘発力を凌ぎ、1995年から2000年にかけ、中間財と最終財を合わせて5%の生産誘発割合を増大したことは大きな変化の1つである。第17部門機械製造業の主な国外需要国は、アメリカ、EU、日本、中国、アセアン、台湾、香港である。アジア勢からの需要は、2000年において24.1%の生産を誘発した。1995年と比べてみると、アジア勢からの需要による誘発力は持続的に拡大し続いているものである。特に、中国がこの点において大きな力を発揮していることが分かる。最後に、韓国の産業経済にとって、もう1つ大きな存在としての第18部門輸送設備製造業の需要構造を探ってみよう。この産業に関しては、以上で分析してきた各産業と少し違って、アジア勢からの需要はもはや、大きな誘発力を発揮することができない。主な国外需要国がその他世界、EU、アメリカであることをこの産業の需要構造における1つの特徴ともいえる。また、1995年から2000年にかけ、国内需要による生産誘発力が著し

表 7-17 韓国

1995	国内最終需要による生産誘発割合	諸外国の中間需要による生産誘発割合							諸外国の最終需要による生産誘発割合								
	Korea	ASEAN	CHINA	JAPAN	USA	TAIWAN	C,K,J	中間財	ASEAN	CHINA	JAPAN	USA	TAIWAN	C,K,J	HONGKON	EU	ROW	誤差	最終財
1	88.25%	0.37%	0.38%	1.42%	0.45%	0.10%	1.80%	2.71%	0.15%	0.08%	0.98%	0.47%	0.08%	1.05%	0.69%	0.26%	5.89%	0.44%	8.60%
2	94.02%	0.23%	0.26%	0.49%	0.26%	0.07%	0.75%	1.30%	0.10%	0.05%	0.37%	0.23%	0.08%	0.42%	0.29%	0.15%	3.25%	0.15%	4.53%
3	89.84%	0.32%	0.36%	1.14%	0.39%	0.09%	1.50%	2.30%	0.13%	0.08%	0.81%	0.42%	0.07%	0.90%	0.68%	0.24%	5.06%	0.35%	7.50%
4	78.65%	0.48%	0.28%	8.69%	0.39%	0.08%	8.97%	9.92%	0.11%	0.05%	3.90%	0.29%	0.05%	3.95%	0.35%	0.21%	3.62%	2.87%	8.57%
5	78.82%	0.20%	0.22%	9.86%	1.01%	0.06%	10.08%	11.35%	0.33%	0.06%	3.99%	0.32%	0.07%	4.05%	0.28%	0.13%	3.23%	1.43%	8.41%
6																			
7	82.49%	1.66%	1.06%	3.25%	1.69%	0.71%	4.31%	8.37%	0.40%	0.16%	0.49%	0.95%	0.13%	0.64%	1.13%	0.87%	4.66%	0.36%	8.78%
8	87.64%	0.39%	0.40%	1.51%	0.46%	0.10%	1.90%	2.85%	0.16%	0.08%	1.03%	0.49%	0.09%	1.12%	0.73%	0.27%	6.19%	0.46%	9.04%
9	38.00%	2.42%	4.41%	2.37%	2.43%	0.80%	6.78%	12.43%	1.38%	1.83%	6.40%	6.09%	0.26%	8.24%	9.75%	2.46%	21.46%	-0.08%	49.64%
10	89.69%	0.36%	0.81%	1.25%	0.57%	0.18%	2.06%	3.16%	0.20%	0.09%	0.86%	0.72%	0.05%	0.95%	0.43%	0.52%	3.73%	0.54%	6.60%
11	75.95%	1.57%	2.91%	1.46%	2.05%	0.56%	4.38%	8.55%	0.46%	0.21%	0.72%	1.25%	0.18%	0.93%	3.56%	0.95%	8.19%	-0.02%	15.52%
12	56.98%	4.45%	7.67%	2.73%	2.15%	1.78%	10.41%	18.78%	0.65%	0.39%	1.45%	1.90%	0.17%	1.84%	4.76%	1.71%	12.80%	0.40%	23.83%
13	69.98%	2.04%	2.67%	4.40%	1.58%	0.67%	7.07%	11.37%	0.44%	0.17%	0.61%	1.12%	0.09%	0.79%	2.26%	0.76%	11.28%	1.81%	16.84%
14	46.31%	1.26%	1.15%	3.96%	5.24%	0.32%	5.11%	11.93%	0.92%	0.29%	2.23%	5.78%	0.18%	2.52%	2.19%	5.24%	22.39%	2.56%	39.20%
15	84.28%	1.56%	0.76%	2.31%	1.94%	0.54%	3.07%	7.11%	0.47%	0.17%	0.53%	1.07%	0.15%	0.70%	0.99%	0.96%	4.26%	0.01%	8.60%
16	60.33%	4.71%	2.42%	5.69%	4.40%	1.44%	8.11%	18.66%	0.77%	0.29%	0.89%	1.79%	0.25%	1.18%	2.73%	2.18%	9.15%	2.95%	18.06%
17	49.44%	4.14%	1.23%	4.34%	9.75%	1.31%	5.57%	20.78%	2.24%	0.93%	1.61%	5.03%	0.70%	2.54%	3.37%	4.06%	11.24%	0.61%	29.18%
18	66.48%	0.62%	0.15%	0.27%	0.71%	0.11%	0.42%	1.86%	1.36%	0.37%	0.13%	3.61%	0.18%	0.50%	0.89%	3.60%	21.10%	0.42%	31.23%
19	60.69%	2.09%	1.59%	2.48%	3.84%	0.67%	4.07%	10.68%	1.20%	0.66%	2.94%	4.78%	0.45%	3.60%	2.53%	3.13%	13.06%	-0.10%	28.73%
20	79.46%	1.55%	1.40%	1.70%	1.77%	0.52%	3.10%	6.93%	0.47%	0.25%	0.77%	1.32%	0.13%	1.02%	1.63%	1.08%	7.4%	0.50%	13.11%
21	98.88%	0.05%	0.05%	0.06%	0.07%	0.02%	0.11%	0.26%	0.02%	0.01%	0.03%	0.06%	0.01%	0.04%	0.06%	0.05%	0.61%	0.01%	0.85%
22	73.72%	0.91%	0.74%	1.09%	1.28%	0.31%	1.83%	4.33%	0.37%	0.21%	0.63%	1.05%	0.11%	0.83%	1.03%	0.79%	17.65%	0.12%	21.83%
23	87.65%	0.54%	0.47%	0.63%	0.76%	0.18%	1.09%	2.58%	0.22%	0.12%	0.36%	0.63%	0.06%	0.47%	0.65%	0.49%	7.15%	0.09%	9.68%
24	100.00%	0.00%	0.00%	0.00%	0.00%	0.00%	0.00%	0.00%	0.00%	0.00%	0.00%	0.00%	0.00%	0.00%	0.00%	0.00%	0.00%	0.00%	0.00%

2000	Korea	ASEAN	CHINA	JAPAN	USA	TAIWAN	C,K,J	中間財	ASEAN	CHINA	JAPAN	USA	TAIWAN	C,K,J	HONGKON	EU	ROW	誤差	最終財
1	91.26%	0.30%	0.46%	1.46%	0.49%	0.14%	1.92%	2.85%	0.14%	0.17%	1.32%	0.51%	0.10%	1.48%	0.45%	0.57%	3.74%	-1.09%	6.99%
2	94.55%	0.23%	0.36%	1.07%	0.32%	0.11%	1.43%	2.09%	0.08%	0.07%	0.92%	0.31%	0.03%	0.98%	0.25%	0.40%	2.07%	-0.77%	4.13%
3	90.34%	0.34%	0.73%	1.52%	0.57%	0.16%	2.25%	3.32%	0.15%	0.20%	1.38%	0.57%	0.11%	1.58%	0.54%	0.64%	4.18%	-1.43%	7.75%
4	83.81%	0.28%	0.75%	3.27%	0.41%	0.12%	4.02%	4.84%	0.10%	0.18%	3.32%	0.43%	0.05%	3.50%	0.26%	0.76%	2.35%	3.90%	7.43%
5	86.18%	0.23%	0.60%	6.41%	0.36%	0.18%	7.01%	7.78%	0.12%	0.19%	2.53%	0.38%	0.06%	2.71%	0.31%	0.48%	2.78%	-0.78%	6.82%
6																			
7	70.86%	2.04%	4.57%	4.60%	3.12%	2.65%	9.18%	16.99%	0.41%	0.33%	0.79%	1.89%	0.27%	1.12%	1.62%	3.44%	6.87%	-3.47%	15.62%
8	90.66%	0.32%	0.48%	1.55%	0.51%	0.14%	2.03%	3.01%	0.15%	0.18%	1.41%	0.54%	0.11%	1.59%	0.48%	0.60%	3.97%	-1.11%	7.44%
9	31.29%	2.04%	9.09%	1.17%	3.04%	0.80%	10.26%	16.14%	0.92%	1.41%	3.96%	8.83%	0.75%	5.38%	5.98%	6.01%	24.45%	0.25%	52.31%
10	82.85%	0.50%	1.57%	1.14%	1.15%	0.32%	2.71%	4.67%	0.20%	0.23%	0.97%	2.60%	0.15%	1.21%	0.64%	2.93%	6.12%	-1.37%	13.85%
11	67.31%	1.84%	6.59%	1.84%	4.02%	1.00%	8.46%	15.32%	0.44%	0.26%	1.05%	2.04%	0.26%	1.31%	3.68%	2.54%	10.10%	-3.00%	20.38%
12	45.03%	4.47%	12.14%	3.28%	3.86%	2.81%	15.42%	26.57%	0.55%	0.97%	2.12%	2.99%	0.34%	2.23%	3.91%	5.57%	14.66%	-1.85%	30.25%
13	61.13%	2.71%	6.29%	6.96%	1.79%	1.72%	13.25%	19.46%	0.42%	0.28%	1.55%	1.49%	0.22%	1.83%	3.24%	2.37%	10.22%	-0.38%	19.79%
14	34.76%	1.61%	4.65%	2.02%	7.27%	0.97%	6.66%	16.51%	0.48%	0.87%	0.73%	6.18%	0.36%	1.60%	1.52%	13.43%	22.77%	2.38%	46.34%
15	75.01%	1.62%	2.98%	2.64%	3.37%	1.48%	5.61%	12.09%	0.34%	0.34%	0.74%	1.92%	0.29%	1.08%	1.26%	3.66%	5.85%	-1.50%	14.40%
16	49.55%	4.13%	7.22%	4.86%	6.71%	1.85%	12.08%	24.77%	0.57%	0.90%	0.96%	3.64%	0.43%	1.46%	3.58%	6.97%	11.94%	-2.90%	28.58%
17	40.16%	3.94%	4.32%	3.59%	10.94%	3.15%	7.91%	25.94%	1.21%	0.96%	2.24%	6.45%	0.79%	3.21%	3.36%	10.08%	8.58%	0.23%	33.67%
18	45.15%	0.32%	0.33%	0.43%	2.26%	0.36%	0.76%	3.69%	0.64%	0.11%	0.38%	10.41%	0.55%	0.49%	0.58%	15.75%	20.90%	1.82%	49.33%
19	50.43%	2.23%	3.94%	3.15%	4.59%	1.12%	7.79%	15.12%	0.92%	0.86%	3.36%	6.55%	0.36%	4.12%	2.58%	7.11%	12.56%	0.26%	34.20%
20	77.18%	1.30%	2.73%	1.41%	2.69%	0.78%	4.14%	8.41%	0.28%	0.65%	1.88%	0.94%	0.12%	1.35%	2.79%	7.49%	-0.50%	14.91%
21	98.29%	0.06%	0.12%	0.07%	0.11%	0.04%	0.18%	0.39%	0.01%	0.04%	0.10%	0.01%	0.05%	0.06%	0.14%	0.94%	-0.02%	1.33%
22	63.33%	0.97%	1.94%	1.11%	1.92%	0.64%	3.05%	6.58%	0.28%	0.27%	0.69%	1.87%	0.18%	0.96%	1.42%	1.78%	23.71%	-0.11%	30.21%
23	85.71%	0.51%	0.94%	0.54%	0.98%	0.32%	1.48%	3.29%	0.13%	0.12%	0.31%	0.91%	0.09%	0.43%	0.54%	1.26%	7.76%	-0.11%	11.12%
24	100.00%	0.00%	0.00%	0.00%	0.00%	0.00%	0.00%	0.00%	0.00%	0.00%	0.00%	0.00%	0.00%	0.00%	0.00%	0.00%	0.00%	0.00%	0.00%

く低下した代わりに，EUとアメリカからの需要が国内需要の力不足を補ってくれたことは注目すべきことである．

4–3 中国

対象期間において，中国の産業は緩やかな高度化が進んでいると既に指摘した．と同時に，外部経済によって生産が大きく誘発されたとも述べた．一体，中国の産業の需要構造がどうであるのか，表 (7–18) からみてみよう．24産業分類のうち，国内需要生産誘発割合が70%を下回った産業は，1995年の4部門から2000年の6部門へ上昇した．2000年において，相対的に，国内需要生産誘発割合が低い産業は，第9部門繊維皮革製品製造業の49.8%，第7部門その他製造業の43.56%などの軽工業である．第9部門繊維皮革製品製造業に関して，主な国外需要国は，日本，香港，アメリカ，EUである．アジアからの需要は，生産の23.46%，ほぼ国外需要による生産誘発量の半分を占めている．その中，中国にとって，この産業における韓国と台湾からの誘発力は，対照的に，韓国，台湾にとって同産業における中国からの誘発力と比較すると著しく小さいことを理解できる．これは，すでに推測したように，韓国と台湾から中国へ流れた直接投資が中国からの誘発力を増強し，中国で製造された製品が主に韓国，台湾向けではなく，日本，香港，アメリカ，EUなどの市場に輸出するような形になっていることが推測できる．また，1995年から2000年にかけ，もう1つの大きな動きは，日本，欧米などの先進国市場以外に，その他世界からの誘発力も明らかに増してきたことである．そして，中国経済の工業化において，一貫して，重要な役割を果たしてきた重化学工業部門の需要構造は，表7–18から見ると，第12部門化学製品製造業の国内需要誘発力が低下したことが分かる．2000年において，主要な国外需要国は，その他世界，アメリカ，EU，香港，日本である．アジア勢からの需要による生産誘発が生産の11.79%を誘発し，その他世界の8.37%，アメリカの6.6%，EUの4.45%を上回った水準になっているものの，1995年の誘発力と比較すると，やや低下していることが分かる．第16部門金属製品製造業に関しても，第12部門と同

表 7-18 中国

	国内最終需要による生産誘発割合	諸外国の中間需要による生産誘発割合						諸外国の最終需要による生産誘発割合									
1995	China	ASEAN	KOREA	JAPAN	USA	TAIWAN	C,K,J	中間財	ASEAN	KOREA	JAPAN	USA	TAIWAN	C,K,J	HONGKON	EU	ROW	誤差	最終財
1	90.48%	0.20%	0.24%	1.00%	0.32%	0.06%	1.25%	1.82%	0.13%	0.10%	1.29%	0.60%	0.02%	1.39%	1.99%	0.51%	2.92%	0.14%	7.55%
2	89.80%	0.31%	0.40%	1.11%	0.34%	0.06%	1.52%	2.23%	0.30%	0.13%	1.24%	0.59%	0.02%	1.37%	2.15%	0.51%	2.97%	0.06%	7.91%
3	85.52%	0.27%	0.42%	0.87%	0.53%	0.09%	1.30%	2.18%	0.14%	0.14%	2.17%	1.24%	0.02%	2.31%	3.85%	0.82%	4.05%	-0.15%	12.44%
4	84.20%	0.34%	0.44%	3.48%	0.97%	0.40%	3.92%	5.61%	0.13%	0.17%	1.76%	1.11%	0.02%	1.94%	4.03%	0.94%	2.74%	-0.72%	10.90%
5	93.68%	0.05%	0.17%	1.80%	1.12%	0.02%	1.98%	3.16%	0.03%	0.14%	0.85%	0.29%	0.01%	0.98%	2.06%	0.13%	1.19%	-1.54%	4.70%
6	67.61%	1.66%	2.08%	8.93%	2.79%	0.41%	11.01%	15.87%	0.40%	0.36%	1.49%	1.46%	0.04%	1.85%	3.93%	1.27%	7.23%	0.35%	16.17%
7	79.64%	1.09%	1.53%	2.80%	1.64%	0.91%	4.33%	7.98%	0.24%	0.12%	1.15%	1.44%	0.03%	1.27%	3.87%	1.23%	5.32%	-1.01%	13.39%
8	87.41%	0.25%	0.26%	1.74%	0.34%	0.06%	2.00%	2.64%	0.18%	0.13%	1.61%	0.55%	0.03%	1.75%	2.24%	0.64%	4.11%	0.44%	9.50%
9	61.38%	0.70%	1.12%	1.63%	1.28%	0.20%	2.75%	4.93%	0.37%	0.37%	7.00%	3.87%	0.05%	7.37%	10.38%	2.17%	9.71%	-0.24%	33.94%
10	81.12%	0.42%	0.71%	2.95%	1.51%	0.81%	3.66%	6.40%	0.21%	0.18%	2.02%	2.64%	0.02%	2.20%	3.54%	1.43%	4.28%	-1.86%	14.33%
11	79.23%	0.94%	0.54%	1.69%	2.44%	0.31%	2.23%	5.93%	0.26%	0.12%	1.50%	1.79%	0.05%	1.61%	4.65%	1.23%	6.65%	-1.40%	16.24%
12	72.98%	1.30%	1.06%	2.13%	1.86%	0.46%	3.20%	6.81%	0.30%	0.22%	2.13%	2.04%	0.08%	2.30%	5.53%	2.04%	8.15%	-0.23%	20.44%
13	75.11%	1.19%	1.17%	2.21%	1.44%	0.49%	3.37%	6.49%	0.37%	0.51%	1.64%	1.71%	0.05%	2.15%	4.41%	1.48%	8.00%	0.03%	18.37%
14	78.89%	0.77%	1.06%	1.49%	1.36%	0.44%	2.55%	5.12%	0.36%	0.50%	1.71%	2.48%	0.09%	2.21%	3.72%	1.28%	7.01%	-1.16%	17.15%
15	86.69%	0.61%	0.50%	1.67%	1.35%	0.19%	2.17%	4.32%	0.18%	0.06%	0.80%	1.38%	0.02%	0.86%	2.21%	0.80%	4.44%	-0.91%	9.90%
16	72.14%	1.91%	1.82%	3.46%	2.82%	1.24%	5.28%	11.25%	0.39%	0.12%	1.37%	2.10%	0.07%	1.50%	5.62%	1.56%	6.38%	-1.20%	17.81%
17	75.23%	0.93%	0.61%	2.00%	2.14%	0.34%	2.61%	6.02%	0.71%	0.19%	1.99%	2.73%	0.11%	2.18%	5.96%	1.93%	5.63%	-0.50%	19.25%
18	85.26%	0.39%	0.32%	0.93%	1.09%	0.18%	1.25%	2.92%	0.51%	0.07%	1.15%	1.32%	0.02%	1.22%	2.75%	0.80%	4.94%	0.25%	11.57%
19	52.77%	0.92%	0.56%	2.00%	4.24%	0.41%	2.56%	8.12%	0.52%	0.38%	4.61%	7.07%	0.17%	4.99%	11.29%	4.29%	10.07%	0.72%	38.39%
20	79.15%	0.88%	0.85%	1.97%	1.55%	0.46%	2.82%	5.71%	0.28%	0.13%	1.53%	1.72%	0.05%	1.67%	4.90%	1.28%	5.82%	-0.57%	15.71%
21	97.01%	0.08%	0.08%	0.19%	0.15%	0.04%	0.27%	0.54%	0.03%	0.02%	0.23%	0.22%	0.01%	0.25%	0.49%	0.14%	1.38%	-0.07%	2.52%
22	65.37%	0.88%	1.00%	2.50%	1.57%	0.42%	3.50%	6.38%	0.43%	0.26%	3.84%	3.09%	0.07%	4.10%	6.62%	1.84%	13.31%	-1.21%	29.46%
23	85.78%	0.24%	0.25%	0.65%	0.47%	0.11%	0.90%	1.73%	0.11%	0.06%	0.82%	0.74%	0.02%	0.88%	1.65%	0.48%	8.80%	-0.18%	12.67%
24	98.28%	0.00%	0.00%	0.00%	0.00%	0.00%	0.00%	0.00%	0.00%	0.00%	0.00%	0.00%	0.00%	0.00%	0.00%	0.00%	1.72%	0.00%	1.72%
2000	China	ASEAN	KOREA	JAPAN	USA	TAIWAN	C,K,J	中間財	ASEAN	KOREA	JAPAN	USA	TAIWAN	C,K,J	HONGKON	EU	ROW	誤差	最終財
1	91.24%	0.21%	0.29%	0.84%	0.44%	0.05%	1.13%	1.83%	0.13%	0.12%	1.53%	1.00%	0.03%	1.65%	1.32%	0.93%	2.34%	-0.48%	7.41%
2	87.57%	0.71%	0.87%	1.17%	0.58%	0.11%	2.04%	3.44%	0.37%	0.23%	1.69%	1.17%	0.03%	1.84%	1.83%	1.26%	3.19%	-0.70%	9.69%
3	92.34%	0.15%	0.18%	0.50%	0.42%	0.04%	0.68%	1.29%	0.09%	0.09%	1.33%	1.00%	0.02%	1.42%	1.26%	0.84%	2.06%	-0.32%	6.40%
4	80.56%	0.66%	0.68%	2.23%	2.28%	0.25%	2.91%	6.10%	0.18%	0.16%	2.44%	2.96%	0.13%	2.60%	2.41%	2.66%	4.63%	-2.24%	15.58%
5	94.41%	0.16%	0.44%	1.61%	1.08%	0.09%	2.04%	3.37%	0.10%	0.13%	1.04%	0.78%	0.02%	1.17%	0.74%	0.57%	1.39%	-2.54%	4.76%
6	74.77%	1.57%	0.94%	3.35%	2.35%	0.38%	4.29%	8.59%	0.25%	0.16%	1.50%	3.05%	0.10%	1.65%	3.26%	2.90%	6.22%	-0.80%	17.44%
7	72.86%	1.06%	1.83%	2.93%	2.70%	1.05%	4.76%	9.58%	0.27%	0.14%	1.42%	3.33%	0.13%	1.56%	4.00%	4.14%	5.99%	-1.86%	19.42%
8	89.90%	0.26%	0.31%	1.53%	0.52%	0.05%	1.84%	2.67%	0.22%	0.11%	1.95%	0.81%	0.04%	2.14%	1.30%	1.14%	2.36%	-0.59%	8.02%
9	49.75%	0.71%	0.97%	1.23%	1.68%	0.16%	2.21%	4.77%	0.37%	0.54%	10.31%	7.27%	0.12%	10.85%	9.02%	4.93%	15.24%	-2.33%	47.81%
10	64.17%	0.51%	0.87%	4.22%	4.09%	0.55%	5.09%	10.24%	0.17%	0.23%	3.42%	13.63%	0.21%	3.65%	5.09%	4.54%	-6.46%	32.05%
11	77.17%	0.75%	0.53%	1.53%	2.90%	0.38%	2.05%	6.08%	0.28%	0.16%	1.86%	3.78%	0.13%	1.85%	4.37%	3.12%	5.25%	-2.26%	19.02%
12	69.67%	1.18%	0.96%	1.74%	2.61%	0.42%	2.69%	6.90%	0.32%	0.21%	2.42%	4.01%	0.13%	2.63%	4.42%	4.45%	8.37%	-0.90%	24.32%
13	75.81%	1.37%	0.91%	1.79%	2.33%	0.40%	2.70%	6.81%	0.28%	0.18%	1.67%	3.45%	0.11%	1.85%	3.67%	3.20%	6.54%	-1.73%	19.10%
14	70.44%	1.26%	1.04%	1.25%	3.70%	0.33%	2.29%	7.59%	0.31%	0.35%	1.64%	4.00%	0.18%	1.99%	3.56%	3.94%	9.52%	-1.51%	23.49%
15	87.00%	0.45%	0.34%	1.53%	2.39%	0.18%	1.87%	4.88%	0.10%	0.06%	0.57%	2.04%	0.05%	0.63%	1.69%	1.86%	3.71%	-1.96%	10.07%
16	67.52%	1.51%	1.18%	2.40%	4.64%	1.11%	3.58%	10.83%	0.34%	0.17%	1.49%	4.89%	0.20%	1.66%	5.13%	5.17%	6.95%	-2.69%	24.34%
17	67.84%	1.45%	0.58%	1.28%	3.57%	0.46%	1.86%	7.34%	0.66%	0.26%	2.17%	6.25%	0.31%	2.43%	5.82%	5.41%	6.18%	-2.22%	27.05%
18	82.55%	0.42%	0.20%	0.80%	2.28%	0.22%	1.09%	4.00%	0.22%	0.09%	1.13%	3.13%	0.06%	1.22%	1.87%	2.77%	5.93%	-2.16%	15.60%
19	43.56%	1.14%	0.60%	1.96%	6.41%	0.45%	2.56%	10.57%	0.61%	0.47%	3.87%	12.86%	0.16%	4.35%	9.44%	8.92%	11.93%	-2.39%	48.26%
20	77.55%	0.84%	0.67%	1.46%	2.37%	0.42%	2.13%	5.76%	0.26%	0.14%	1.67%	3.46%	0.12%	1.83%	3.94%	3.18%	5.45%	-1.54%	18.24%
21	99.05%	0.03%	0.02%	0.05%	0.08%	0.01%	0.07%	0.19%	0.01%	0.01%	0.08%	0.14%	0.00%	0.08%	0.12%	0.11%	0.37%	-0.07%	0.83%
22	73.58%	0.84%	0.78%	1.74%	2.84%	0.41%	2.52%	6.61%	0.32%	0.24%	3.09%	5.77%	0.14%	3.33%	4.29%	3.65%	6.39%	-4.07%	23.88%
23	88.82%	0.33%	0.25%	0.56%	0.97%	0.15%	0.82%	2.26%	0.12%	0.08%	0.88%	1.66%	0.06%	0.96%	1.50%	1.32%	4.13%	-0.83%	9.75%
24	99.58%	0.00%	0.00%	0.00%	0.00%	0.00%	0.00%	0.00%	0.00%	0.00%	0.00%	0.00%	0.00%	0.00%	0.00%	0.00%	0.42%	0.00%	0.42%

じく，国内需要誘発力が低下したことが分かる。2000年において，主な国外需要国は，アメリカ，その他世界，香港，EU，日本である。アジア勢からの需要による生産誘発は生産の13.52%を誘発し，アメリカの9.5%，その他世界の6.95%，EUの5.17%を上回った水準である一方，1995年の誘発力と比べると，少し低下する傾向を呈している。つまり，中国の重化学工業にとって，アジア勢からの需要による生産誘発力が非常に重要でありながら，アジア勢以外の需要市場の増大による生産誘発量が格段に拡大したため，アジア勢のプレゼンスは相対的に低下傾向になっている。次に，産業シェアが着実に拡大し，中国産業高度化を引き起こしている第17部門機械製造業の需要構造を見てみよう。2000年において，主な国外需要国は，アメリカ，その他世界，香港，EU，日本である。アジア勢からの需要による生産誘発は生産の12.98%を誘発し，アメリカの9.82%，その他世界の6.18%，EUの5.41%を大きく上回った水準になっている。1995年から2000年にかけ，アメリカとEUからの需要による生産誘発割合はそれぞれ4.94%と3.84%の上昇幅を見せ，重化学工業における情況と類似し，中国経済の生産拡大の面において，非常に重要な牽引力となりつつある。総じて言えば①中国経済は，これまで見てきたアセアン諸国，あるいは，中進国と少し違って，対象期間において重要産業の生産拡大は外部経済の需要への依存度が高まりつつあるものの，国内需要による生産誘発レベルは極端に落ち込むことがなかった。これは，中国がアセアン諸国や中進国と異なって経済体としてのキャパシティー自体の違いを反映したものと理解できる。②中国経済にとって，アジアの国々からの需要は依然として，大きな役割を果たしているものの，対象期間において，国外需要先として，アメリカ，EU，ないし，その他世界のプレゼンスがますます高まっている趨勢を見落とすべきではない。

4-4　日本とアメリカ

既に，述べたように，対象期間中に，日本経済が不況を打開するために，国外需要の依存へシフトしつつある。表（7-19）から分かるように，24産業分

類のうち，国内需要による生産誘発の割合が70％を下回った産業は2000年において，3部門しかなかったものの，1995年と比べると，農業を除いた各産業の国内需要生産誘発の割合が軒並み下落したことが分かる。特に，その落ち込みが目立つ産業は第12部門化学製品製造業の5％，第14部門ゴム製品背造業の8.33％，第16部門金属製品製造業の5.11％，第17部門機械製造業の5.94％，第18部門輸送設備製造業の8.13％，第19部門その他製造業の5.74％である。その中から，特に，日本産業経済において，大きなシェアを占めるだけではなく，主な外貨獲得産業でもある第12，16，17，18部門を取り上げて，それら産業の需要構造を分析してみたい。まず，第12部門化学製品製造業に関して，主な国外需要国は，アメリカ，その他世界，EU，アセアン，中国，韓国である。アジア勢からの需要による生産誘発は生産の13.47％を誘発し，アメリカの5.67％，その他世界の4.66％，EUの4.19％を大きく上回った。そのうえ，アジア勢からの誘発力が上昇傾向にある。第16部門金属製品製造業では主な国外需要国は，アメリカ，その他世界，アセアン，EU，中国，韓国，台湾である。アジア勢からの需要による生産誘発は生産の13.13％を誘発し，アメリカの6.62％，その他世界の5.16％，EUの3.28％を大きく超え，1995年と比較して上昇傾向にある。こうして分析すれば，第12部門と第16部門の需要構造が実に似ていることが分かる。実際，もう1つよく似ている産業部門は第17部門機械製造業である。主な国外需要国は，アメリカ，EU，アセアン，その他世界，台湾，中国，韓国である。アジア勢からの需要による生産誘発は生産の15.37％を誘発し，アメリカの10.26％，EUの6.9％，その他世界の4.6％を超過し，1995年と比べ，上昇傾向にある。次に，日本の輸出面において，とても大事な第18部門輸送設備製造業の需要構造を見ると，2000年では，実に生産の4割超が国外の需要によって誘発されていることを分かる。主な国外需要国は，アメリカ，その他世界，EU，アセアン，台湾，香港，中国，韓国である。アジア勢からの需要による生産誘発はこれまで分析してきた産業と違って大きな役割を担えず，生産の4.74％しか誘発できなかった。対照的に，アメリカによる誘発した生産の16％，その他世界の13.57％，EUの6.01％が

第7章 アジア諸国の産業スカイラインと需要構造 159

表7-19 日本

1995	国内最終需要による生産誘発割合	諸外国の中間需要による生産誘発割合								諸外国の最終需要による生産誘発割合								誤差	最終財
	Japan	ASEAN	CHINA	KOREA	USA	TAIWAN	C, K, J	中間財	ASEAN	CHINA	KOREA	USA	TAIWAN	C, K, J	HONGKON	EU	ROW	誤差	最終財
1	93.54%	0.15%	0.07%	0.07%	0.17%	0.07%	0.14%	0.53%	0.09%	0.03%	0.06%	0.21%	0.06%	0.09%	0.17%	0.12%	0.56%	4.63%	1.30%
2	98.38%	0.13%	0.07%	0.07%	0.15%	0.05%	0.14%	0.47%	0.09%	0.03%	0.04%	0.17%	0.04%	0.07%	0.12%	0.10%	0.61%	-0.04%	1.19%
3	98.02%	0.17%	0.11%	0.09%	0.19%	0.08%	0.20%	0.63%	0.09%	0.05%	0.06%	0.19%	0.06%	0.10%	0.17%	0.12%	0.60%	0.01%	1.44%
4	97.67%	0.23%	0.09%	0.13%	0.26%	0.13%	0.22%	0.83%	0.10%	0.04%	0.08%	0.25%	0.04%	0.12%	0.24%	0.16%	0.65%	-0.07%	1.57%
5	96.97%	0.22%	0.20%	0.14%	0.56%	0.08%	0.35%	1.21%	0.17%	0.08%	0.11%	0.31%	0.09%	0.19%	0.37%	0.20%	0.93%	-0.43%	2.26%
6	88.29%	2.19%	0.75%	2.03%	1.82%	0.74%	2.79%	7.54%	0.46%	0.16%	0.17%	1.17%	0.17%	0.33%	0.72%	0.90%	3.19%	-2.77%	6.94%
7	92.89%	0.97%	0.35%	0.70%	0.78%	0.49%	1.04%	3.28%	0.26%	0.07%	0.09%	0.59%	0.10%	0.16%	0.44%	0.52%	1.56%	0.02%	3.63%
8	98.29%	0.14%	0.07%	0.07%	0.15%	0.07%	0.14%	0.50%	0.08%	0.03%	0.06%	0.17%	0.06%	0.09%	0.17%	0.10%	0.54%	0.00%	1.22%
9	90.44%	0.87%	1.57%	0.64%	0.82%	0.41%	2.20%	4.31%	0.36%	0.81%	0.14%	0.55%	0.17%	0.95%	1.20%	0.64%	2.31%	-0.92%	6.17%
10	96.30%	0.34%	0.13%	0.16%	0.36%	0.15%	0.28%	1.14%	0.19%	0.07%	0.07%	0.44%	0.08%	0.14%	0.20%	0.27%	1.10%	0.14%	2.41%
11	90.50%	1.06%	0.48%	0.45%	1.10%	0.48%	0.93%	3.57%	0.46%	0.17%	0.19%	1.01%	0.19%	0.36%	0.72%	0.72%	2.70%	-0.22%	6.15%
12	77.26%	3.10%	1.61%	2.06%	2.52%	1.90%	3.66%	11.19%	0.61%	0.20%	0.26%	1.50%	0.21%	0.46%	1.59%	1.81%	5.48%	-0.11%	11.66%
13	90.69%	0.79%	0.43%	0.37%	0.84%	0.52%	1.16%	3.21%	0.32%	0.11%	0.23%	0.74%	0.12%	0.36%	0.49%	0.49%	3.31%	0.38%	5.72%
14	64.06%	2.48%	0.58%	0.86%	4.48%	1.00%	1.44%	9.40%	1.34%	0.31%	0.33%	5.58%	0.47%	0.64%	1.31%	3.54%	12.55%	1.11%	25.43%
15	88.43%	1.36%	0.44%	0.79%	1.43%	0.69%	1.22%	4.70%	0.47%	0.12%	0.15%	1.08%	0.18%	0.27%	0.72%	0.86%	2.46%	0.81%	6.06%
16	77.78%	3.47%	1.54%	1.52%	2.91%	1.63%	3.06%	11.07%	1.03%	0.34%	0.35%	2.26%	0.38%	0.69%	1.36%	1.48%	4.82%	-0.88%	12.03%
17	67.22%	3.09%	1.02%	1.36%	4.96%	1.16%	2.38%	11.58%	2.50%	1.07%	1.10%	4.34%	0.94%	2.17%	1.97%	3.36%	5.93%	-0.01%	21.21%
18	67.43%	1.93%	0.22%	0.35%	2.18%	0.35%	0.56%	5.03%	1.36%	0.13%	0.11%	9.36%	0.35%	0.24%	0.77%	2.79%	12.35%	0.31%	27.22%
19	80.61%	1.88%	0.56%	0.64%	2.59%	0.68%	1.20%	6.36%	1.32%	0.43%	0.64%	3.50%	0.50%	1.06%	1.87%	2.04%	4.83%	-2.07%	15.11%
20	92.19%	0.80%	0.33%	0.38%	0.89%	0.36%	0.71%	2.76%	0.38%	0.14%	0.15%	0.98%	0.14%	0.29%	0.44%	0.62%	2.32%	-0.14%	5.19%
21	99.25%	0.07%	0.03%	0.03%	0.07%	0.03%	0.06%	0.25%	0.04%	0.01%	0.01%	0.10%	0.02%	0.03%	0.06%	0.04%	0.20%	0.04%	0.51%
22	90.62%	0.73%	0.29%	0.33%	0.87%	0.31%	0.62%	2.53%	0.41%	0.14%	0.17%	1.05%	0.16%	0.31%	0.43%	0.64%	4.23%	-0.43%	7.27%
23	95.85%	0.32%	0.13%	0.15%	0.39%	0.14%	0.27%	1.11%	0.19%	0.07%	0.07%	0.45%	0.07%	0.14%	0.19%	0.28%	1.81%	-0.09%	3.13%
24	99.93%	0.01%	0.00%	0.00%	0.01%	0.00%	0.00%	0.02%	0.00%	0.00%	0.00%	0.01%	0.00%	0.00%	0.00%	0.00%	0.03%	0.00%	0.06%

2000	Japan	ASEAN	CHINA	KOREA	USA	TAIWAN	C, K, J	中間財	ASEAN	CHINA	KOREA	USA	TAIWAN	C, K, J	HONGKON	EU	ROW	誤差	最終財
1	97.80%	0.16%	0.11%	0.10%	0.25%	0.10%	0.21%	0.72%	0.08%	0.04%	0.06%	0.27%	0.10%	0.10%	0.19%	0.25%	0.56%	-0.07%	1.55%
2	98.35%	0.20%	0.08%	0.09%	0.17%	0.08%	0.16%	0.61%	0.09%	0.03%	0.04%	0.19%	0.04%	0.05%	0.11%	0.12%	0.48%	-0.09%	1.13%
3	97.88%	0.16%	0.12%	0.10%	0.25%	0.10%	0.30%	0.82%	0.07%	0.05%	0.05%	0.24%	0.09%	0.08%	0.16%	0.25%	0.56%	-0.16%	1.47%
4	97.68%	0.21%	0.22%	0.13%	0.29%	0.12%	0.35%	0.98%	0.07%	0.06%	0.03%	0.25%	0.05%	0.09%	0.14%	0.32%	0.56%	-0.17%	1.43%
5	94.78%	0.17%	0.12%	0.12%	0.42%	0.71%	0.12%	0.54%	1.54%	0.13%	0.04%	0.12%	0.41%	0.08%	0.17%	0.79%	0.59%	1.20%	0.32%	3.37%
6	84.43%	1.47%	1.22%	1.00%	1.87%	1.06%	2.22%	6.63%	0.38%	0.18%	0.17%	1.69%	0.26%	0.36%	0.85%	2.20%	3.31%	-0.10%	9.04%
7	90.82%	0.92%	0.94%	0.59%	1.06%	0.79%	1.53%	4.30%	0.23%	0.10%	0.09%	0.94%	0.15%	0.19%	0.44%	1.11%	1.58%	0.25%	4.64%
8	98.12%	0.13%	0.09%	0.08%	0.22%	0.08%	0.17%	0.61%	0.06%	0.04%	0.05%	0.21%	0.10%	0.10%	0.16%	0.20%	0.50%	-0.06%	1.33%
9	85.47%	0.91%	3.80%	0.66%	1.12%	0.65%	4.46%	7.14%	0.45%	0.61%	0.17%	0.97%	0.65%	0.79%	1.55%	1.40%	2.84%	-1.26%	8.65%
10	94.58%	0.43%	0.25%	0.21%	0.53%	0.23%	0.45%	1.64%	0.18%	0.08%	0.08%	0.68%	0.11%	0.16%	0.26%	0.73%	1.29%	0.37%	3.41%
11	88.69%	1.02%	0.80%	0.53%	1.41%	0.63%	1.34%	4.39%	0.36%	0.14%	0.16%	1.31%	0.25%	0.30%	0.74%	1.57%	2.49%	-0.09%	7.01%
12	72.28%	2.75%	2.73%	2.25%	3.54%	2.58%	4.98%	13.84%	0.50%	0.31%	0.27%	2.13%	0.36%	0.58%	1.73%	4.19%	4.66%	-0.27%	14.15%
13	90.49%	0.76%	0.59%	0.72%	0.85%	0.42%	1.31%	3.35%	0.23%	0.09%	0.12%	0.93%	0.15%	0.22%	0.45%	0.99%	3.31%	-0.12%	6.28%
14	55.73%	3.00%	1.25%	0.87%	6.01%	1.20%	2.12%	12.34%	1.06%	0.40%	0.30%	7.30%	0.54%	0.70%	1.41%	7.39%	12.75%	0.80%	31.14%
15	83.66%	1.39%	1.24%	0.80%	2.03%	1.18%	2.04%	6.64%	0.42%	0.21%	0.18%	1.75%	0.31%	0.39%	0.78%	2.16%	2.77%	1.13%	8.58%
16	72.67%	3.80%	2.46%	1.92%	3.60%	1.69%	4.38%	13.48%	0.78%	0.33%	0.27%	3.02%	0.48%	0.62%	1.41%	3.28%	5.16%	-0.87%	14.72%
17	61.29%	3.52%	1.74%	1.60%	5.11%	1.93%	3.35%	13.91%	1.45%	0.81%	0.72%	5.15%	1.30%	1.52%	2.29%	6.90%	4.60%	1.59%	23.21%
18	59.30%	0.94%	0.40%	0.28%	0.43%	0.67%	6.34%	1.47%	0.18%	0.08%	11.71%	0.39%	0.28%	0.76%	5.91%	13.57%	0.37%	33.99%
19	74.87%	2.30%	1.15%	0.94%	2.58%	1.17%	2.09%	8.14%	1.15%	0.40%	0.65%	4.87%	0.67%	1.05%	2.25%	4.12%	6.01%	-1.16%	18.15%
20	89.88%	0.87%	0.60%	0.47%	1.18%	0.52%	1.16%	3.63%	0.30%	0.14%	0.15%	1.35%	0.20%	0.26%	0.51%	1.45%	2.37%	0.03%	6.46%
21	98.92%	0.09%	0.06%	0.05%	0.12%	0.05%	0.11%	0.37%	0.03%	0.01%	0.01%	0.14%	0.02%	0.02%	0.03%	0.05%	0.15%	0.28%	0.71%
22	87.58%	0.78%	0.56%	0.41%	1.17%	0.46%	0.97%	3.37%	0.33%	0.16%	0.11%	1.56%	0.25%	0.31%	0.57%	1.50%	4.65%	-0.09%	9.11%
23	95.39%	0.34%	0.20%	0.16%	0.44%	0.18%	0.36%	1.31%	0.12%	0.06%	0.05%	0.54%	0.09%	0.11%	0.19%	0.56%	1.66%	0.03%	3.27%
24	99.91%	0.01%	0.00%	0.00%	0.01%	0.00%	0.01%	0.03%	0.00%	0.00%	0.01%	0.00%	0.00%	0.00%	0.00%	0.03%	0.00%	0.06%

大きな存在である。総じていえば，日本経済にとって，アジア勢からの需要はとても重要な役割を発揮し，しかも，益々その重要度が上昇している。一方，産業の加工度，迂回度が高まるにつれ，アジア勢の誘発力が弱くなってくることも事実である。いいかえれば，日本経済にとって，アメリカ，EUなどの先進国は依然として，大きな生産誘発力を持ち続けている。

　最後に，アメリカの産業の需要構造を簡単に見てよう。既にスカイライン分析を通じてアメリカのサービス産業が大きな産業シェアを占めており，しかも，アジア諸国の産業構造と違って経済の対外依存度が低いことを分析してきた。それでも，表7-20を見て分かるように，24産業分類のうち，国内需要による生産誘発割合が70％を下回った産業は二つがあり，第5部門漁業と第17部門機械製造業である。第5部門漁業に関しては，アジア勢からの需要による生産誘発は1995年と比べて低下したものの，2000年において生産の35.45％を誘発し，うちに，日本からの需要による誘発が大部分を占めている。一方，アメリカの産業の全体から見れば，第5部門漁業のシェアが極僅かなので，これだけではアジア勢の重要性を見出せない。第17部門を見ても，アジア勢からの需要による生産誘発は生産の一割前後の程度に留まっているので，アメリカ経済にとって，需要の面ではアジア勢の重要性を見出せない。総じて言えば，アメリカの国内生産は，外部経済への依存度が低く，主にアメリカ国内の最終需要に誘発されている。しかし，既に，分析したように，アメリカの需要がとても大きく，アジアの諸国の生産を誘発しているものの，その裏腹に，「双子の赤字」と代表された貿易の不均衡が国際経済社会の大きな問題になりつつあることを見過ごすべきではない。

5. おわりに

　世界経済のウエイトがアジア太平洋地域に移動していることを認識したうえで，この章ではアジア経済研究所の公表してきた国際産業関連表を利用して，この地域の産業構造の変化を分析した。分析期間の対象は，利用可能な範囲で最新の1995年と2000年のデータを利用した。また，分析の対象国は，アセア

第7章 アジア諸国の産業スカイラインと需要構造　161

表 7-20　米国

1995	国内最終需要による生産誘発	諸外国の中間需要による生産誘発割合							諸外国の最終需要による生産誘発割合								誤差	最終財
	USA	ASIAN	CHINA	KOREA	JAPAN	TAIWAN	C, K, J	中間財	ASIAN	CHINA	KOREA	JAPAN	TAIWAN	C, K, J	HONGKON	EU	ROW		
1																			
2	74.36%	0.94%	1.21%	0.95%	3.75%	0.95%	5.91%	7.80%	0.43%	0.05%	0.19%	1.18%	0.29%	1.42%	0.47%	0.98%	13.77%	0.48%	17.36%
3	90.23%	0.14%	0.17%	0.25%	0.86%	0.07%	1.28%	1.50%	0.12%	0.03%	0.20%	1.06%	0.12%	1.29%	0.29%	0.60%	6.11%	-0.26%	8.35%
4	78.93%	0.31%	0.19%	0.93%	8.41%	0.37%	9.54%	10.22%	0.11%	0.03%	0.13%	0.24%	0.04%	0.40%	0.22%	1.07%	8.51%	0.52%	10.34%
5	25.41%	0.75%	0.06%	1.23%	26.84%	0.10%	28.14%	28.99%	0.16%	0.02%	1.00%	15.57%	0.23%	16.59%	0.85%	2.81%	22.18%	2.78%	42.81%
6	84.37%	0.43%	0.18%	0.41%	0.86%	0.25%	1.44%	2.12%	0.15%	0.04%	0.15%	0.25%	0.05%	0.38%	0.13%	0.64%	12.51%	-0.34%	13.85%
7	73.54%	0.60%	0.26%	0.78%	2.48%	0.55%	3.52%	4.67%	0.18%	0.06%	0.09%	0.31%	0.05%	0.46%	0.19%	1.75%	20.03%	-0.87%	22.66%
8	90.66%	0.14%	0.17%	0.21%	0.83%	0.07%	1.21%	1.42%	0.11%	0.03%	0.20%	1.05%	0.13%	1.28%	0.27%	0.50%	5.81%	-0.17%	8.09%
9	84.82%	0.45%	0.18%	0.40%	0.46%	0.14%	1.04%	1.63%	0.20%	0.08%	0.11%	1.13%	0.09%	1.30%	0.39%	0.93%	11.58%	-0.91%	14.46%
10	91.03%	0.19%	0.07%	0.26%	1.88%	0.18%	2.21%	2.58%	0.10%	0.03%	0.07%	0.28%	0.03%	0.39%	0.12%	0.86%	5.91%	-1.02%	7.40%
11	86.65%	0.48%	0.29%	0.48%	1.03%	0.34%	1.80%	2.61%	0.15%	0.04%	0.10%	0.28%	0.06%	0.42%	0.26%	1.18%	9.24%	-0.58%	11.32%
12	73.73%	1.33%	0.91%	1.00%	1.90%	1.09%	3.81%	6.22%	0.24%	0.06%	0.14%	0.59%	0.07%	0.79%	0.53%	2.30%	16.93%	-0.83%	20.88%
13	87.20%	0.47%	0.18%	0.50%	0.72%	0.22%	1.41%	2.15%	0.16%	0.03%	0.09%	0.25%	0.04%	0.38%	0.12%	0.62%	9.66%	-0.33%	11.49%
14	80.48%	0.58%	0.14%	0.43%	1.32%	0.23%	1.89%	2.70%	0.35%	0.11%	0.21%	0.58%	0.15%	0.90%	0.15%	1.66%	14.21%	-0.67%	17.49%
15	85.88%	0.49%	0.27%	0.40%	1.11%	0.23%	1.78%	2.50%	0.23%	0.07%	0.14%	0.40%	0.09%	0.61%	0.27%	1.40%	9.31%	-0.29%	11.92%
16	77.41%	1.11%	0.33%	0.90%	1.74%	0.68%	2.97%	4.76%	0.56%	0.20%	0.27%	0.86%	0.20%	1.33%	0.40%	2.21%	14.76%	-1.64%	19.47%
17	66.47%	1.95%	0.30%	1.07%	2.01%	0.56%	3.38%	5.89%	1.52%	0.55%	0.72%	1.75%	0.43%	3.01%	0.87%	4.15%	19.43%	-1.77%	29.42%
18	82.71%	0.26%	0.06%	0.29%	0.42%	0.11%	0.76%	1.13%	0.64%	0.19%	0.27%	1.03%	0.22%	1.49%	0.16%	1.63%	11.90%	0.11%	16.05%
19	80.73%	0.60%	0.13%	0.35%	0.95%	0.24%	1.43%	2.27%	0.41%	0.23%	0.46%	1.05%	0.24%	1.74%	0.34%	2.42%	12.19%	-0.34%	17.34%
20	93.15%	0.23%	0.10%	0.14%	0.84%	0.13%	0.69%	1.05%	0.12%	0.04%	0.07%	0.23%	0.05%	0.34%	0.11%	0.52%	4.89%	-0.12%	6.02%
21	97.86%	0.06%	0.03%	0.05%	0.12%	0.01%	0.19%	0.29%	0.04%	0.01%	0.07%	0.01%	0.01%	0.11%	0.03%	0.11%	1.58%	-0.05%	1.91%
22	86.27%	0.37%	0.17%	0.29%	0.72%	0.23%	1.17%	1.77%	0.23%	0.07%	0.14%	0.40%	0.09%	0.61%	0.19%	0.89%	10.36%	-0.41%	12.37%
23	93.82%	0.11%	0.05%	0.09%	0.22%	0.06%	0.35%	0.53%	0.07%	0.02%	0.04%	0.13%	0.03%	0.20%	0.06%	0.27%	5.13%	-0.10%	5.75%
24	100.00%	0.00%	0.00%	0.00%	0.00%	0.00%	0.00%	0.00%	0.00%	0.00%	0.00%	0.00%	0.00%	0.00%	0.00%	0.00%	0.00%	0.00%	0.00%

2000	USA	ASIAN	CHINA	KOREA	JAPAN	TAIWAN	C, K, J	中間財	ASIAN	CHINA	KOREA	JAPAN	TAIWAN	C, K, J	HONGKON	EU	ROW	誤差	最終財
1																			
2	79.58%	0.76%	0.48%	0.68%	3.24%	0.94%	4.40%	6.10%	0.20%	0.34%	0.12%	0.87%	0.36%	1.34%	0.35%	2.64%	10.06%	-0.63%	14.95%
3	91.53%	0.13%	0.09%	0.23%	0.72%	0.08%	1.04%	1.25%	0.13%	0.09%	0.09%	0.83%	0.14%	1.00%	0.29%	1.05%	4.79%	-0.18%	7.39%
4	84.87%	0.37%	0.26%	0.48%	4.27%	0.17%	5.01%	5.55%	0.08%	0.07%	0.05%	0.36%	0.13%	0.47%	0.20%	2.23%	7.52%	-1.07%	10.64%
5	34.28%	0.33%	0.17%	1.10%	20.71%	0.31%	21.97%	22.61%	0.24%	0.70%	1.35%	8.92%	0.86%	10.97%	0.77%	8.42%	17.99%	3.86%	39.25%
6	90.29%	0.27%	0.13%	0.46%	0.68%	0.12%	1.27%	1.66%	0.06%	0.03%	0.06%	0.15%	0.05%	0.24%	0.09%	1.34%	6.49%	-0.20%	8.26%
7	84.46%	0.37%	0.37%	0.47%	1.32%	0.27%	2.16%	2.81%	0.08%	0.05%	0.05%	0.20%	0.09%	0.30%	0.13%	3.99%	8.39%	-0.26%	12.99%
8	92.91%	0.14%	0.09%	0.22%	0.73%	0.07%	1.05%	1.26%	0.13%	0.09%	0.09%	0.86%	0.15%	1.04%	0.18%	0.81%	3.79%	-0.27%	6.10%
9	81.65%	0.24%	0.21%	0.21%	0.33%	0.15%	0.76%	1.15%	0.13%	0.04%	0.06%	0.62%	0.13%	0.73%	0.40%	1.78%	14.38%	-0.34%	17.54%
10	91.66%	0.18%	0.11%	0.12%	0.89%	0.07%	1.12%	1.38%	0.04%	0.03%	0.05%	0.27%	0.04%	0.33%	0.13%	1.51%	5.20%	-0.28%	7.25%
11	87.87%	0.38%	0.36%	0.32%	0.73%	0.20%	1.41%	1.98%	0.10%	0.03%	0.07%	0.21%	0.08%	0.31%	0.18%	2.06%	7.68%	-0.26%	10.41%
12	73.40%	0.96%	0.73%	0.76%	1.15%	0.74%	3.00%	4.70%	0.14%	0.09%	0.10%	0.39%	0.11%	0.59%	0.42%	6.98%	13.64%	-0.07%	21.97%
13	88.33%	0.36%	0.14%	0.56%	0.51%	0.14%	1.22%	1.72%	0.07%	0.03%	0.08%	0.18%	0.06%	0.29%	0.10%	1.68%	7.87%	-0.12%	10.07%
14	79.55%	0.52%	0.25%	0.31%	0.93%	0.23%	1.50%	2.26%	0.17%	0.12%	0.10%	0.38%	0.21%	0.60%	0.20%	3.71%	13.36%	-0.05%	18.25%
15	87.28%	0.33%	0.33%	0.33%	0.85%	0.21%	1.51%	2.05%	0.07%	0.04%	0.07%	0.23%	0.10%	0.36%	0.16%	2.29%	7.69%	0.01%	10.67%
16	77.79%	0.82%	0.48%	0.61%	1.05%	0.37%	2.14%	3.33%	0.21%	0.13%	0.14%	0.57%	0.25%	0.84%	0.32%	4.24%	13.39%	-0.37%	19.25%
17	68.85%	1.89%	0.69%	1.11%	1.12%	0.70%	2.92%	5.51%	0.54%	0.30%	0.40%	1.35%	0.46%	2.05%	0.68%	6.69%	14.58%	0.65%	24.99%
18	79.79%	0.19%	0.04%	0.15%	0.54%	0.15%	0.70%	0.94%	0.49%	0.23%	0.22%	0.54%	0.65%	0.81%	0.08%	4.86%	12.32%	0.15%	19.12%
19	78.03%	0.74%	0.31%	0.38%	0.85%	0.33%	1.54%	2.60%	0.50%	0.17%	0.39%	1.11%	0.23%	1.67%	0.39%	5.31%	11.61%	-0.32%	19.70%
20	94.32%	0.16%	0.00%	0.12%	0.25%	0.08%	0.46%	0.70%	0.14%	0.06%	0.08%	0.19%	0.08%	0.22%	0.06%	0.95%	3.62%	0.01%	4.97%
21	99.18%	0.02%	0.01%	0.01%	0.04%	0.01%	0.06%	0.09%	0.01%	0.01%	0.02%	0.01%	0.03%	0.01%	0.01%	0.01%	0.53%	0.01%	0.72%
22	88.13%	0.30%	0.16%	0.21%	0.52%	0.15%	0.89%	1.34%	0.10%	0.06%	0.04%	0.33%	0.10%	0.46%	0.17%	2.06%	7.35%	0.30%	10.24%
23	94.66%	0.10%	0.05%	0.06%	0.14%	0.05%	0.25%	0.39%	0.03%	0.02%	0.02%	0.09%	0.03%	0.13%	0.04%	0.54%	4.14%	0.04%	4.92%
24	100.00%	0.00%	0.00%	0.00%	0.00%	0.00%	0.00%	0.00%	0.00%	0.00%	0.00%	0.00%	0.00%	0.00%	0.00%	0.00%	0.00%	0.00%	0.00%

ンの発展途上国としてのタイ，インドネシア，フィリピン，マレーシア，中心国としてのシンガポール，台湾，韓国，これに加えて，中国，先進国としての日本とアジアの経済であった。

　各国の経済が対外的に依存している度合いをさらに詳細に分析する作業は，紙幅を考慮して，本章で扱うことを控えた。また，著者グループは，分析を行った2000年までの経済状況だけではなく，経済危機，為替の変動，そして，中国などの急速な経済成長を反映した2005年のデータが公表されることを期待している。2005年のデータが公表された時点で，本章においてなされた分析と同様の作業を行うことを著者は考えている。

付表7-1

7部門分類	24部門分類		
1 農業	001	Paddy	コメ
	002	Other agricultural products	その他農産品
	003	Livestock and poultry	家畜
	004	Forestry	林業
	005	Fishery	漁業
2 鉱業	006	Crude petroleum and natural gas	原油天然ガス産業
	007	Other mining	その他鉱物
3 軽工業	008	Food, beverage and tobacco	食品飲料煙草製造業
	009	Textile, leather, and the products thereof	繊維皮革製品製造業
	010	Timber and printing	木材家具製造業
	011	Pulp, paper and printing	パルプ，製紙，印刷業
4 重化学工業	012	Chemical products	化学製品製造業
	013	Petroleum and petro products	石油精製および関連製品製造業
	019	Other manufacturing products	その他製造業
	014	Rubber products	ゴム製品製造業
	015	Non-metallic mineral products	非金属製品製造業
	016	Metal products	金属製品製造業
5 機械産業	017	Machinery	機械製造業
	018	Transport equipment	輸送設備製造業
6 公共インフラ	020	Electricity, gas, and water supply	電気，ガス，水道供給業
	021	Construction	建設
7 サービス産業	022	Trade and transport	貿易輸送業
	023	Services	サービス業
	024	Public administration	公共行政

参 考 文 献

世界銀行（1993）『東アジアの奇跡—経済成長と政府の役割』東洋経済新報社。
ポール・クルーグマン（1994）「まぼろしのアジア経済」"The Myth of Asian Economy", in *Foreign Affairs*, November/December, 1994.
朝元昭雄（1996）『現代台湾経済分析：開発経済学からのアプローチ』勁草書房。
玉村千治・内田陽子・岡本信広（2003）「アジア諸国の生産・需要構造と貿易自由化」『アジア経済』第44巻第5・6号，アジア経済研究所。
徐饗（2008）「中国経済の発展と産業構造・貿易構造—産業連関分析の視点から—」中央大学経済学研究科修士論文。

第 8 章

日本の対外直接投資が投入構造に与えた影響

1. 低下する日本の国内投資比率

90年代に入り国内投資が経済を牽引する機会が減少している。これは，80年代半ば以降の円高に対応するため，電気・機械産業などが製造拠点を海外に移転し，従来であれば国内で行われたと考えられる投資が海外で投資されるようになったことが一因と考えられる。図8-1はアジアの主要国についてその投資のGDP比率（以下，投資比率）をみたものである。

日本の投資比率は90年以降低下基調にある一方，アジア諸国の比率は上昇傾向にある。主要先進国の中では高位にある日本の投資比率であるが，投資が

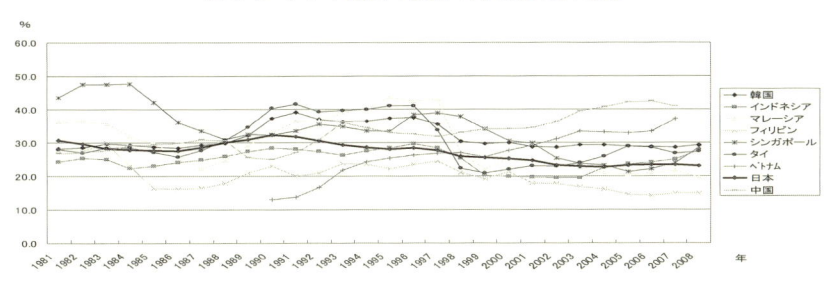

図8-1 アジア諸国の投資の対GDP比の推移

（注）投資のGDP比＝総固定資本形成／GDP（名目値）。
（出所）IMF IFS June 2009 CD-rom より作成。

旺盛な開発途上国との比較では必ずしも高くない。表 8-1 は日本とアジア主要国の投資比率の相関係数をみたものである。

推計期間は 1990 年からアジア金融危機が発生するまでの 1997 年までを幾つかに分けて推計した。この結果，既に対外直接投資国であった韓国，資源開発投資が大きなインドネシア，国内経済規模が比較的大きなタイなど一部の国を除き，ほとんどがマイナスの相関係数を示している。

表 8-1　日本と東アジア主要国との投資比率の相関係数（単位：%）

	90-97	90-95	90-93
韓国	0.60	0.57	0.69
インドネシア	-0.17	0.22	1.00
マレーシア	-0.96	-0.95	-0.90
フィリピン	-0.59	-0.43	-0.37
シンガポール	-0.58	-0.26	-0.80
タイ	0.41	0.19	0.68
ベトナム	-0.99	-0.99	-0.98
日本	1.00	1.00	1.00
中国	-0.81	-0.89	-1.00

（出所）IMF；IFS June 2009 CD-rom より作成。

発展途上国では概して資本の蓄積が乏しく，東アジア諸国では 70 年代前半より海外資本による資本，技術移転を活用する輸出指向工業化政策を採用していた。そして，80 年代後半から円高による日本企業の投資が活発化し，特に ASEAN 諸国の工業化を促進した。これらの国では，国内投資が全て外国資本による直接投資で行われた訳ではないが，青木（2000）[1]は，①90 年代インドネシア，マレーシア，フィリピンなどでは民間投資の 40%〜70% が外資による直接投資で賄われている，②外資による直接投資の中では日本の投資額が比較的大きかった，③日本の直接投資が受入国の直接投資に占めるシェア（ス

---

1)　青木（2000）39-40 ページ。

トックベース)は，1990-92年には60%にまで上昇している，と指摘している。北原・西沢(2004)[2]は，日本の対外直接投資は，1980年代後半から1990年代初頭にかけて，タイやマレーシアなどの諸国において，ほぼ一貫して首位か上位を占めた，と指摘する。

本分析で用いた総固定資本形成には，民間投資の他政府投資を含むことから，日本の対外直接投資と東アジア主要国の国内投資との関係を厳密に捉えた訳ではないが，マイナスの相関係数は，日本の民間投資が海外に移転し国内の投資比率を低下させる一方，投資受入国においては投資比率を上昇させたことを示唆する。

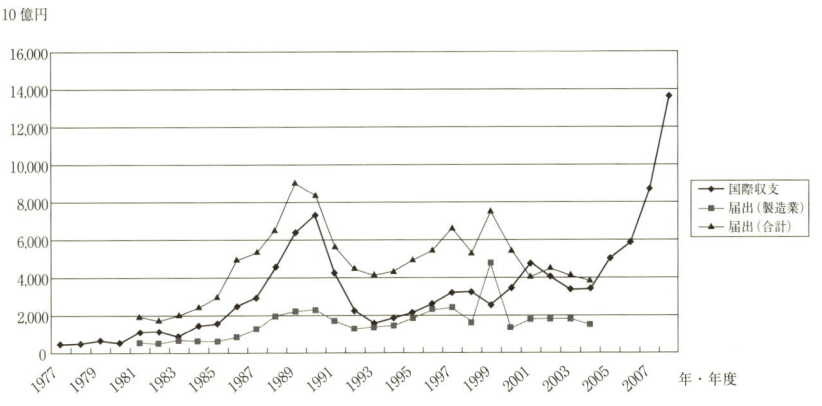

図8-2 増加する日本の対外直接投資

(注)届出統計の1981-88年度は，ドル金額を月次の期中平均で求めた年度レートで円換算。
(出所)大蔵省国際金融局年報H7，および財政金融統計月報 対外投資特集。
IMF; BOP June 2009 CD-rom, IMF; IFS June 2009 CD-rom より作成。

図8-2は日本の対外直接投資の動向をみたものである。日本の対外直接投資統計は，現在は国際収支ベースで作成されたものに一本化されているが，2004年までは届出ベースのものが一般的に利用されていた。届出ベースの統計は，地域別，業種別に動向が把握できる特徴があるが，1件当たり1億円相

---

2) 北原・西沢(2004) 272ページ。

当額以上のものを対象にして作成されたもので，全ての直接投資を網羅している訳ではない。また，投資の実行を保証している訳でもなく実際の投資額とは乖離がある。また，統計は年度ベースで発表されている。

　一方，国際収支ベースの統計は，送金決済時点で計上されるので，実際の投資の動きを正確に把握しているという特徴がある。しかし，この統計はネットベースで発表されているため，新規の対外直接投資を示すものではなく，撤退等で還流してきた投資額を控除した金額となっている。よって両統計とも年次区分，定義が異なり一致することはない。

　しかし，図8-2が示すように両統計にはそのレベルに乖離があるものの，両データが得られる1981年から2004年までの相関係数をみると国際収支ベースと届出（合計）の場合は0.78，国際収支ベースと届出（製造業）の場合でも0.44となり，対外直接投資の傾向は軌を一にしているといえる。特に，JTによる大型投資案件等が計上されたことにより届出統計の数値が跳ね上がった1999年を除外して両データが得られる1981年から2004年までの相関係数をみると，届出（合計）の場合が0.84，届出（製造業）の場合でも0.74と高い相関を示している。

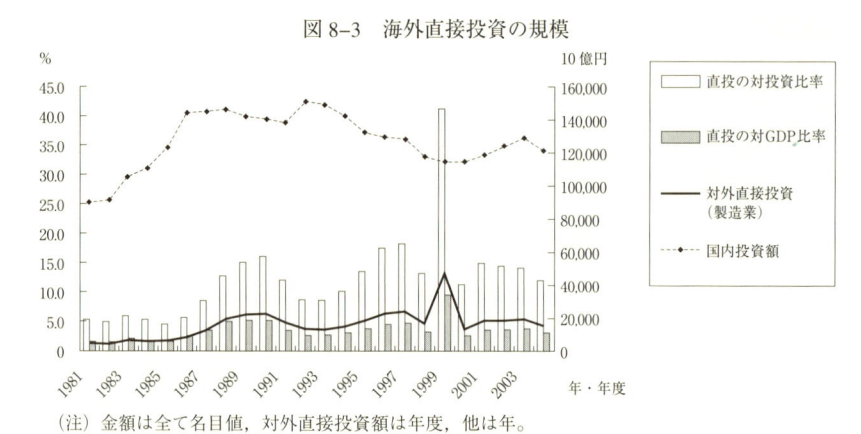

図8-3　海外直接投資の規模

（注）金額は全て名目値，対外直接投資額は年度，他は年。
（出所）大蔵省国際金融局年報H7年版，および財政金融統計月報　対外投資特集，IFS June 2009 CD-rom

精度に若干問題があると考えられるものの，次節では業種別動向の分かる届出ベースの統計を利用して対外直接投資が日本の投入構造に与えた影響を考察してみる。

図8-3は日本の対外直接投資の規模を時系列にみたものである。これより，日本の対外直接投資は国内投資の15%程度に拡大していることが分かる。

日本の対外直接投資には，資源の安定確保のための開発会社の設立，輸出拡大のための現地販社設立および現地市場を確保するための生産拠点の設立など様々な形態があり，その全てが国内投資で代替できるものではない。青木(2000)[3]は80年代半ば以降の日本の対外直接投資の特徴として①北米・欧州・アジアの3地域に特化していること，②製造業の比率が85年－97年の累計額でみて76.5%と高いこと，③製造業の投資は，80年代初頭は化学，鉄・非鉄などの素材産業が40%を占めていたが，90年末には機械，電機および輸送機の比率が58.2%と構成が変化していること，④輸出志向型であること，⑤生産設備の再配置であること，⑥日本産業の比較優位構造の変化を反映していること，⑦同一グループ間取引による機械産業を中心とする域内分業を進展させたこと，⑧最終製品の輸出先が米欧市場であること，を挙げている。そして，④，⑤，⑥は円高と密接な関係にあり，円高による価格競争力の劣化が対外直接投資を促したと分析している。

2．対外直接投資と輸入

対外直接投資の効果としては，直接的な効果と間接的な効果が考えられる。

まず，直接的な効果としては，輸出の拡大が挙げられる。日本企業は85年以降の円高を契機に生産拠点を海外にシフトした。これにより，特にアジア諸国に進出した日系企業は，日本から生産に必要な資本財を調達した。また，現地でサポーティング企業が成熟していない国では，中間財も日本から調達した。北原・西沢(2004)[4]によれば，進出日系企業が日本から調達する中間財の

---

3) 青木（2000）54ページ。
4) 北原・西沢（2004）11章 273ページ。

日本の総輸出額に対する比率は 1986 年で 12.8%,1995 年で 25.3%,2000 年で 28.5% に達している。

次に,間接的な効果をみると,海外で生産した財の逆輸入がある。北原・西沢（2004）[5]によれば逆輸入の総輸入額に占める割合は,1986 年の 4.5% から 1996 年には 11.2% と 10% を超え,2000 年には 14.8% に達している。

ここでは,日本の対外直接投資が被投資国の生産能力,輸出能力を高め,日本に逆輸入されたという仮説を検証してみる。

経済産業省の「我が国企業の海外事業活動（2000 年 3 月）」によると,逆輸入はアジア地域からが 76.6%,北米 14.6%,欧州 4.9% となっており,アジアが大宗を占める。

また,業種別では,電気機械が 53.6%,輸送機械が 10.0%,一般機械が 6.2% と機械製品の比率が高い。

地域別・業種別に分析すればより正確な分析結果が得られる可能性が高いが,もともと投資統計の精度には限界があるので,ここでは,地域を分けずに世界全体として業種別に分析する。

本来,投資統計を分析する場合には販売者サイドと購入者サイドがあり区別する必要がある。対外直接投資統計では,販売者サイドの投資額が計上されており,被投資国ではその金額が購入者サイドの需要として計上される。そして,被投資国の資本マトリックスを乗じて,被投資国における販売者サイドの投資額が計算されることになる。しかし,被投資国の資本マトリックスは入手できないので,ここでは部門は無視して当該産業の投資は全額被投資国の当該産業に投資されたと仮定する。（つまり資本マトリックスは単位行列と仮定する。）

そして,日本の対外直接投資が被投資国で投資され,生産能力が増加すると考え,その輸出能力をストック量で説明する。

---

5) 北原・西沢（2004）11 章　273 ページ。

なお，資本ストック量の算出方法はベンチマーク・イヤー法を基本に，穴あきバケツ法を併用して計算した。

投資フロー I，資本ストック量 K，除却量 D，耐用年数 y，除却率 r とすると，t 期の資本ストック K_t は次のように表せる。

$$K_t = K_{t-1} + I_t - D_t$$

ただし，$D_t = K_{t-1} * r$，$r = 1/y$

そして，ストックを計算するための有形固定資産耐用年数は，食糧（19.9年），繊維（18.4），木材・パルプ（15.6），化学（18.1），鉄・非鉄（18.9），機械（18.4），電機（18.4），輸送機（18.4），その他製造（17.1），製造業計（18.1）とした[6]。

この場合，データ観測期間が十分大きければストック量は安定した数値になるが，本分析のようにデータサンプル数が 22 と少ない場合は，耐用年数が比較的短い産業の場合は問題ないが，長い場合は資本ストック量が安定した数値に達せず推計パラメータにバイアスを与えることになる。そこで，本分析においては穴あきバケツ法[7]を用いて，更新投資量と除却量が一致する資本ストック量のレベルを求め資本ストック量を計算した。

具体的には，$K_1 = 0$，$I_t = 1$，$r = 1/y$ の場合の $K_t' = K_{t-1}' + I_t - D_t$ を求め，毎期の新規投資を 1 とした場合の資本ストック量 K_t' がどの位になるかを計算する。そして，K_t を (K_t'/y) で補正して補正資本ストック量 (K_t^*) を求めた。

$$K_t^* = K_t / (K_t'/y)$$

下記の方程式推計では，このようにして求めた資本ストック量を説明変数とし

---

[6] 「経済分析」146 号平成 8 年 6 月　55 ページ。
[7] クロッパー・アーモン（2002）132–133 ページ。

て使用した。

日本のi産業の輸入額＝F（日本の名目gdp，対外投資のi産業の資本ストック額）

ただし，産業は食糧，繊維，木材・パルプ，化学，鉄・非鉄，機械，電機，輸送機，その他製造業，製造業計とする。

推計は投資データが名目値なので，全て名目で行った。なお，推計期間は全て1985年〜2006年。

(1) 製造業輸入

重回帰式	〈製造業輸入〉		推計期間:1985-2006			推計方法:OLS			
変数名	偏回帰係数	標準偏回帰係数	F値	T値	P値	判定	標準誤差	偏相関	単相関
gdp	-0.0189523	-0.1166	0.3244	0.5695	0.5757		0.033277	-0.1296	0.7466
製造業計(st)	0.12389652	0.9952	23.6359	4.8617	0.0001	**	0.025484	0.7446	0.8941
定数項	9190.93526		0.6960	0.8343	0.4145		11016.5		

精度			分散分析表					**:1%有意	*:5%有意
決定係数	0.8028		要因	偏差平方和	自由度	平均平方	F値	P値	判定
修正済決定係数	0.7820		回帰変動	1.66E+09	2	8.28E+08	38.66335	0.0000	**
重相関係数	0.8960		誤差変動	4.07E+08	19	21421422			
修正済重相関係数	0.8843		全体変動	2.06E+09	21				
ダービンワトソン比	0.6377								
赤池のAIC	438.5659								

この方程式では，対外直接投資ストックは説明力を持つが，GDPの符号条件が一致しない。また，資本ストックのみで回帰した場合は，t値など有意であるが，自由度修正済み決定係数が0.46と低い。よって，日本の製造業対外直接投資が日本への製造業製品の輸入を増大させたという仮説は，説明力が少ない。

(2) 食糧輸入

重回帰式	〈食糧輸入〉		推計期間:1985-2006			推計方法:OLS			
変数名	偏回帰係数	標準偏回帰係数	F値	T値	P値	判定	標準誤差	偏相関	単相関
gdp	0.01512982	0.8361	193.9468	13.9265	0.0000	**	0.001086	0.9543	0.9602
食糧(st)	0.01909848	0.2173	13.0944	3.6186	0.0018	**	0.005278	0.6387	0.6950
定数項	-2961.3177		40.3005	6.3483	0.0000	**	466.4766		

精度			分散分析表					**:1%有意	*:5%有意
決定係数	0.9539		要因	偏差平方和	自由度	平均平方	F値	P値	判定
修正済決定係数	0.9490		回帰変動	24387377	2	12193688	196.4344	0.0000	**
重相関係数	0.9767		誤差変動	1179427	19	62075.12			
修正済重相関係数	0.9742		全体変動	25566804	21				
ダービンワトソン比	0.9051								
赤池のAIC	310.0022								

この方程式は，両変数のt値，符号条件が良く，自由度修正済み決定係数も

0.95と高い。D.W.値も有意水準1％で棄却できない。よって、日本の食糧産業の対外直接投資が日本への食糧製品の輸入を増大させたという仮説は成立する。

(3) 繊維輸入

```
重回帰式    <繊維輸入>         推計期間:1985-2006      推計方法:OLS
変数名     偏回帰係数 標準偏回帰係数  F値    T値    P値   判定   標準誤差   偏相関   単相関
gdp       0.01096418  0.8083    12.4470  3.5280  0.0022  **    0.003108  0.6291  0.8796
繊維(st)  0.02532755  0.0810     0.1251  0.3537  0.7275        0.071609  0.0809  0.7924
定数項    -2718.904              7.4338  2.7265  0.0134  *     997.2165

精度                             分散分析表                          **:1%有意  *:5%有意
決定係数           0.7752        要  因   偏差平方和 自由度 平均平方  F値   P値   判定
修正済決定係数     0.7515        回帰変動  11137150    2   5568575 32.76039 0.0000  **
重相関係数         0.8805        誤差変動   3229599   19   169978.9
修正済重相関係数   0.8669        全体変動  14366750   21
ダービンワトソン比 0.3718
赤池のAIC        332.1635
```

この方程式は、自由度修正済み決定係数が0.75と比較的高い。そして、符号条件もクリアしている。しかし、資本ストックのt値が有意でないため、日本の繊維産業の対外直接投資が日本への繊維製品の輸入を増大させたというには、説明力が弱い。

(4) 木材・パルプ輸入

```
重回帰式    <木材・パルプ輸入>  推計期間:1985-2006      推計方法:OLS
変数名     偏回帰係数 標準偏回帰係数  F値    T値    P値   判定   標準誤差   偏相関   単相関
gdp        0.00905592  1.2597    23.2736  4.8243  0.0001  **    0.001877  0.7420  0.9017
木材・パルプ(-0.1120116 -0.3837    2.1589  1.4693  0.1581        0.076235 -0.3194  0.7916
定数項    -1877.3611             13.2744  3.6434  0.0017  **    515.2759

精度                             分散分析表                          **:1%有意  *:5%有意
決定係数           0.8322        要  因   偏差平方和 自由度 平均平方  F値    P値   判定
修正済決定係数     0.8145        回帰変動   3358279    2   1679139 47.11455 0.0000  **
重相関係数         0.9122        誤差変動    677150.6  19    35639.51
修正済重相関係数   0.9025        全体変動   4035430   21
ダービンワトソン比 0.8443
赤池のAIC        297.7946
```

この方程式は、資本ストックの符号条件が満たされないため、日本の木材・パルプ産業の対外直接投資が日本への木材・パルプ製品の輸入を増大させたという仮説は成り立たない。

(5) 化学輸入

重回帰式	〈化学輸入〉		推計期間：1985-2006			推計方法：OLS			
変数名	偏回帰係数	標準偏回帰係数	F値	T値	P値	判定	標準誤差	偏相関	単相関
gdp	-0.0192941	-0.8159	8.5092	2.9170	0.0088	**	0.006614	-0.5562	0.3923
化学(st)	0.18586244	1.3923	24.7800	4.9780	0.0001	**	0.037337	0.7523	0.6843
定数項	8306.97375		13.7001	3.7014	0.0015	**	2244.296		

精度								
決定係数	0.6328		分散分析表				**:1%有意	*:5%有意
修正済決定係数	0.5941		要因	偏差平方和	自由度	平均平方	F値 P値	判定
重相関係数	0.7955		回帰変動	27631141	2	13815571	16.37065 0.0001	**
修正済重相関係	0.7708		誤差変動	16034542	19	843923.3		
ダービンワトソン比	0.6019		全体変動	43665683	21			
赤池のAIC	367.4160							

この方程式では，対外直接投資ストックは説明力を持つが，GDPの符号条件が一致しない。

重回帰式	〈化学輸入〉		推計期間：1985-2006			推計方法：OLS			
変数名	偏回帰係数	標準偏回帰係数	F値	T値	P値	判定	標準誤差	偏相関	単相関
化学	0.091354923	0.6843	17.6175	4.1973	0.0004	**	0.021765	0.6843	0.6843
定数項	1975.767558		8.7016	2.9499	0.0079	**	669.7845		

精度								
決定係数	0.4683		分散分析表				**:1%有意	*:5%有意
修正済決定係数	0.4417		要因	偏差平方和	自由度	平均平方	F値 P値	判定
重相関係数	0.6843		回帰変動	20450065.5	1	20450066	17.61751 0.0004	**
修正済重相関係数	0.6646		誤差変動	23215617.47	20	1160781		
ダービンワトソン比	0.3214		全体変動	43665682.97	21			
赤池のAIC	373.5577							

また，資本ストックのみで回帰した場合は，t値などは有意であるが，自由度修正済み決定係数が0.44と低い。よって，日本の化学産業の対外直接投資が日本への化学製品の輸入を増大させたというには，説明力が乏しい。

(6) 鉄・非鉄金属製品輸入

重回帰式	〈鉄・非鉄金属輸入〉		推計期間：1985-2006			推計方法：OLS			
変数名	偏回帰係数	標準偏回帰係数	F値	T値	P値	判定	標準誤差	偏相関	単相関
gdp	0.00677449	0.5787	3.5367	1.8806	0.0754		0.003602	0.3961	0.2061
鉄・非鉄(st)	-0.1835513	-0.5094	2.7407	1.6555	0.1142		0.110873	-0.3551	-0.0862
定数項	4248.64997		4.8821	2.2095	0.0396	*	1922.86		

精度								
決定係数	0.1632		分散分析表				**:1%有意	*:5%有意
修正済決定係数	0.0751		要因	偏差平方和	自由度	平均平方	F値 P値	判定
重相関係数	0.4040		回帰変動	1746251	2	873125.7	1.852689 0.1841	
修正済重相関係数	0.2741		誤差変動	8954222	19	471274.9		
ダービンワトソン比	0.4678		全体変動	10700474	21			
赤池のAIC	354.5983							

この方程式は，資本ストックの符号条件が満たされないため，日本の鉄・非鉄金属産業の対外直接投資が日本への鉄・非鉄金属製品の輸入を増大させたという仮説は成り立たない。

(7) 機械機器輸入

```
重回帰式      <機械機器輸入>       推計期間:1985-2006        推計方法:OLS
変数名       偏回帰係数 標準偏回帰係数    F 値    T 値    P 値 判 定    標準誤差    偏相関    単相関
gdp         -0.0305486  -1.1795      1.7631  1.3278  0.2000              0.023007  -0.2914   0.6887
機械(st)      0.4523545   1.8952      4.5521  2.1336  0.0461    *        0.212019   0.4396   0.7325
定数項       7667.72298              1.4404  1.2001  0.2448              6388.984

精度
決定係数         0.5760          分散分析表                              **:1%有意  *:5%有意
修正済決定係数    0.5313          要  因  偏差平方和 自由度 平均平方    F  値   P  値   判  定
重相関係数       0.7589          回帰変動  30167381    2   15083690  12.90358  0.0003    **
修正済重相関係数  0.7289          誤差変動  22210128   19    1168954
ダービンワトソン比  0.3954          全体変動  52377508   21
赤池のAIC      374.5837
```

　この方程式では，対外直接投資ストックは説明力を持つが，GDPの符号条件が一致しない。

　また，資本ストックのみで回帰した場合は，t値など有意であるが，自由度修正済み決定係数が0.51と低い。

```
重回帰式      <機械機器輸入>       推計期間:1985-2006        推計方法:OLS
変数名       偏回帰係数 標準偏回帰係数    F 値    T 値    P 値 判 定    標準誤差    偏相関    単相関
機械         0.17484298  0.7325     23.1604  4.8125  0.0001   **       0.036331   0.7325   0.7325
定数項       -749.5003445            0.8532  0.9237  0.3666              811.4044

精度
決定係数         0.5366          分散分析表                              **:1%有意  *:5%有意
修正済決定係数    0.5134          要  因   偏差平方和  自由度 平均平方   F  値    P  値   判  定
重相関係数       0.7325          回帰変動  28106410.59    1   28106411 23.16039  0.0001    **
修正済重相関係数  0.7165          誤差変動  24271097.84   20    1213555
ダービンワトソン比  0.1774          全体変動  52377508.43   21
赤池のAIC      374.5359
```

　よって，日本の機械産業の対外直接投資が日本への機械機器の輸入を増大させたというには，説明力が乏しい。

(8) 電機機械輸入

```
重回帰式      <電機機械輸入>       推計期間:1985-2006        推計方法:OLS
変数名       偏回帰係数 標準偏回帰係数    F 値    T 値    P 値 判 定    標準誤差    偏相関    単相関
gdp         -0.0037281  -0.0736      0.1841  0.4290  0.6727              0.008689  -0.0980   0.7194
電機(st)      0.10874909   0.9644     31.5823  5.6198  0.0000    **       0.019351   0.7902   0.9039
定数項       -49.081288              0.0002  0.0154  0.9879              3196.674

精度
決定係数         0.8188          分散分析表                              **:1%有意  *:5%有意
修正済決定係数    0.7997          要  因   偏差平方和 自由度 平均平方   F  値    P  値   判  定
重相関係数       0.9049          回帰変動  1.64E+08    2   81950901 42.92654  0.0000    **
修正済重相関係数  0.8943          誤差変動  36272831   19    1909096
ダービンワトソン比  0.6761          全体変動   2E+08    21
赤池のAIC      385.3751
```

　この方程式では，対外直接投資ストックは説明力を持つが，GDPの符号条件が一致しない。

重回帰式	〈電機機械輸入〉		推計期間:1985-2006			推計方法:OLS			
変数名	偏回帰係数	標準偏回帰係数	F値	T値	P値	判定	標準誤差	偏相関	単相関
電機	0.101922083	0.9039	89.3126	9.4505	0.0000	**	0.010785	0.9039	0.9039
定数項	-1384.013084		3.7146	1.9273	0.0683		718.1012		

精度
								**:1%有意	*:5%有意
決定係数	0.8170		分散分析表						
修正済決定係数	0.8079		要因	偏差平方和	自由度	平均平方	F値	P値	判定
重相関係数	0.9039		回帰変動	163550386.7	1	1.64E+08	89.31263	0.0000	**
修正済重相関係数	0.8988		誤差変動	36624246.83	20	1831212			
ダービンワトソン比	0.6189		全体変動	200174633.5	21				
赤池のAIC	383.5872								

　しかし，資本ストックのみで回帰した場合は，符号条件，t値を満たす。そして，自由度修正済み決定係数が0.81と比較的高い。電機産業の場合は国内の生産拠点を移転した場合が多い。よって，国内景気にかかわらずその製品を輸入したと考えれば，日本の電機産業の対外直接投資が日本への電気機器の輸入を増大させたという仮説が成り立つ。ただし，D. W. 値は有意水準1%で棄却され，系列相関があると考えられる。

　(9) 輸送機械輸入

重回帰式	〈輸送機械輸入〉		推計期間:1985-2006			推計方法:OLS			
変数名	偏回帰係数	標準偏回帰係数	F値	T値	P値	判定	標準誤差	偏相関	単相関
gdp	0.00248567	0.2300	3.8956	1.9737	0.0631		0.001259	0.4125	0.7753
輸送機(st)	0.04288508	0.7565	42.1411	6.4916	0.0000	**	0.006606	0.8302	0.9223
定数項	-916.31853		4.0900	2.0224	0.0574		453.0894		

精度
								**:1%有意	*:5%有意
決定係数	0.8760		分散分析表						
修正済決定係数	0.8630		要因	偏差平方和	自由度	平均平方	F値	P値	判定
重相関係数	0.9360		回帰変動	7988582	2	3994291	67.13346	0.0000	**
修正済重相関係	0.9290		誤差変動	1130458	19	59497.77			
ダービンワトソン比	1.1500		全体変動	9119040	21				
赤池のAIC	309.0693								

　この方程式は，自由度修正済み決定係数が0.86と比較的高い。そして，符号条件もクリアしている。しかし，gdpのt値が有意でない。そこで，資本ストックのみで回帰した。

重回帰式	〈輸送機械輸入〉		推計期間:1985-2006			推計方法:OLS			
変数名	偏回帰係数	標準偏回帰係数	F値	T値	P値	判定	標準誤差	偏相関	単相関
輸送機	0.052284655	0.9223	113.8834	10.6716	0.0000	**	0.004899	0.9223	0.9223
定数項	-91.2942251		0.2382	0.4881	0.6308		187.0509		

精度
								**:1%有意	*:5%有意
決定係数	0.8506		分散分析表						
修正済決定係数	0.8431		要因	偏差平方和	自由度	平均平方	F値	P値	判定
重相関係数	0.9223		回帰変動	7756802.941	1	7756803	113.8833	0.0000	**
修正済重相関係数	0.9182		誤差変動	1362236.758	20	68111.84			
ダービンワトソン比	1.0867		全体変動	9119039.699	21				
赤池のAIC	311.1724								

　この場合は，符号条件，t値，D. W. 値も有意である。自由度修正済み決定係数が0.84と高い。よって，日本の輸送機械産業の対外直接投資が日本へ

の輸送機械の輸入を増大させたという仮説は成立する。

(10) その他製造業輸入

重回帰式	〈その他製造業輸入〉		推計期間:1985-2006		推計方法:OLS				
変数名	偏回帰係数	標準偏回帰係数	F 値	T 値	P 値	判定	標準誤差	偏相関	単相関
gdp	0.02355015	1.7768	11.0554	3.3250	0.0036	**	0.007083	0.6065	0.8483
その他(αt)	-0.0728288	-0.9498	3.1589	1.7773	0.0915		0.040977	-0.3776	0.7872
定数項	-6512.6668		8.1940	2.8625	0.0100	**	2275.155		

精度								**:1%有意	*:5%有意
決定係数	0.7596		分散分析表						
修正済決定係数	0.7343		要因	偏差平方和	自由度	平均平方	F 値	P 値	判定
重相関係数	0.8715		回帰変動	10419461	2	5209730	30.01635	0.0000	**
修正済重相関係数	0.8569		誤差変動	3297698	19	173563.1			
ダービンワトソン比	0.3692		全体変動	13717159	21				
赤池のAIC	332.6225								

この方程式は，資本ストックの符号条件が満たされないため，日本のその他製造業の対外直接投資が日本へのその他製造業製品の輸入を増大させたという仮説は成り立たない。

この結果，食糧，(電機機械)，輸送機械については，日本の当該産業の対外直接投資が増加すれば，当該部門製造品の輸入も増大するという関係が確認できた。

3. 上昇する輸入浸透度

2節では，日本の対外直接投資が被投資国の生産能力を高め，当該産業の製造業品輸入となって還流してくる構造が一部の産業で確認できた。

次に，還流してきた輸入財が日本経済にどのように組み込まれたかをみてみる。

表8-2は，日本の輸入浸透度をJIDEAデータベースの数値（2000年価格，実質値）でみたものである。これより，日本において生産量が少ない資源財を中心に輸入浸透度が高いことが分かる。また，製造業品では製品のモジュラー化が進み途上国との価格競争力に劣る集積回路，衣服・その他繊維既製品，非鉄金属，コンピュータ，精密機械などが4割以上の値を示している。そして，これらの財は80年代半ばより上昇傾向を示している。つまり，国内需要において輸入製品の割合が増加してきている。

なお，輸入浸透度については，生産・出荷統計などを利用して類似の計算が行われてきた[8,9]。その計算方法はいずれも実質（数量）の概念を用いるが，生産統計に基き数量で把握する場合と，生産金額をその価格指数でデフレートして実質化し，数量概念に置き換えたもので計算する場合とがある。前者の場合は，個別の最終製品段階で計算することになるが，後者は，個別の製品ではなく当該産業の生産品全体について輸入財の割合を計算している点，注意が必要である。

因みに，松本・花崎（1989）は前者の方法で計算を行い，1987年時点で輸入浸透度が高いものとして，電卓（39.9%），下着（26.1%），時計（26.1%），傘（24.1%），ミシン（23.5%），絹糸（21.8%）を挙げている。一方，富浦（2002）は後者の方法を用い，1995年時点でなめし革・毛皮製品（30.46%）衣服・繊維製品（24.7%），非鉄金属（20.95%），木材・木製品（18.93%），繊維（17.15%），その他製造業品（16.84%），精密機械（14.60%）などを挙げている。

工業統計を利用して計算した後者の数値とJIDEAデータベースで計算した数値を比較してみると，分類が必ずしも同一でないため厳密さに欠けるものの，なめし革・毛皮製品／その他製造業（30.46%・25.9%）衣服・繊維製品／衣類・その他（24.7%・25.1%），非鉄金属（20.95%・59.4%），木材・木製品／木材（18.93%・21.1%），繊維／繊維工業製品（17.15%・11.9%），その他製造業品／その他製造業（16.84%・25.9%），精密機械（14.60%・19.5%）とレベルが比較的近似しているものが多い。これは，産業連関表のデータ（JIDEAデータベース）も製造業については工業統計表を基礎に推計・作成していることによると考えられる。なお，富浦は産業分類の精粗により，結果が大きく異なることを指摘している。

---

8) 松本・花崎（1989）76ページ。
9) 富浦（2002）70ページ。

第8章 日本の対外直接投資が投入構造に与えた影響　179

表8-2　輸入浸透度の推移　　　　　　　　　　　　　　　　　　（単位：％）

		1985	1986	1987	1988	1989	1990	1991	1992	1993	1994	1995	1996	1997	1998	1999	2000	2001	2002	2003	2004	2005	2006
2	金属鉱物	95.7	94.5	96.0	96.3	97.4	97.3	97.0	96.6	96.7	97.5	98.1	98.1	98.2	98.1	98.0	98.5	97.8	97.7	97.7	98.0	97.7	99.2
5	石油・ガス	98.4	98.4	98.3	98.0	98.7	98.8	98.8	98.8	98.2	98.9	99.3	99.5	99.2	99.1	98.8	98.7	98.7	98.7	98.6	98.4	98.4
4	石炭	63.5	64.0	69.7	70.1	77.2	81.8	82.8	83.8	60.8	85.5	87.5	90.5	94.7	95.6	93.7	94.4	95.4	98.3	97.8	98.1	98.3	98.3
42	集積回路	7.3	5.9	6.4	6.3	10.4	12.9	20.6	27.6	32.5	33.2	39.7	29.6	31.7	48.8	46.9	46.3	35.6	38.1	62.4	66.4	81.1	88.3
9	衣服・その他繊維既製品	4.9	4.8	6.7	6.3	7.2	13.0	15.6	18.1	18.9	24.7	25.1	33.6	34.4	35.3	33.0	39.4	42.9	48.1	50.9	52.6	55.0	58.1
30	非鉄金属	52.5	60.1	51.9	56.0	54.1	59.1	55.0	50.7	54.1	54.7	59.4	55.1	58.6	56.4	54.8	55.7	55.4	52.3	50.7	49.9	50.6	48.2
39	コンピュータ	7.2	6.5	6.8	6.7	9.4	9.7	10.7	12.0	13.3	16.0	24.1	17.7	22.4	23.0	19.6	37.8	37.4	57.3	49.2	47.2	48.3	46.4
49	精密機械	8.5	9.0	11.7	11.4	11.6	11.5	12.2	13.0	14.9	20.4	20.6	19.5	23.3	23.4	22.1	20.5	20.5	30.7	30.0	31.6	20.9	40.1
41	電子応用機械・電気計測器	6.7	5.7	6.3	3.9	4.7	11.7	9.6	7.2	7.2	10.4	14.7	11.4	14.0	17.4	14.8	17.8	20.0	22.7	33.4	43.0	28.2	34.9
10	木材	6.6	7.0	9.2	10.9	15.3	15.0	15.5	16.1	19.4	19.6	21.1	23.1	28.0	24.8	24.5	24.2	25.0	26.4	28.1	28.3	28.8	30.1
50	その他製造業	7.2	10.6	13.2	20.4	20.6	22.1	22.0	21.8	19.1	24.5	25.3	30.0	28.4	28.6	29.2	30.2	29.9	31.8	30.1
16	有機化学	13.2	14.5	15.6	16.2	17.0	16.8	16.6	17.3	18.9	20.2	19.4	21.5	21.9	20.2	19.3	19.9	20.1	23.5	24.7	26.0	26.6
48	その他輸送用機械	9.3	11.9	10.5	10.1	9.2	12.0	11.1	10.2	9.1	12.4	10.7	16.8	25.2	35.4	36.7	16.4	15.8	19.4	20.3	21.6	25.8	25.9
38	民生用電気機械	1.2	1.6	2.7	3.0	5.6	5.9	9.4	11.8	14.0	17.0	23.9	24.4	14.1	20.5	23.3	21.3	25.2	26.6	24.9
40	通信機器	1.7	2.9	2.8	6.0	4.1	4.2	4.4	5.8	6.1	0.8	10.8	11.1	12.4	12.8	6.9	10.8	12.2	8.9	10.7	14.5	24.0
8	繊維工業製品	4.9	5.9	7.6	8.7	10.8	8.3	8.6	8.9	7.5	12.5	11.9	15.8	17.4	16.1	13.5	14.6	15.7	16.9	19.5	21.2	21.9	23.5
43	電子部品	2.1	2.5	4.1	3.4	3.9	4.1	4.0	3.9	3.7	5.6	6.4	9.5	12.2	12.7	11.9	8.1	9.8	13.2	7.5	7.4	11.9	23.1
44	重電機器	2.4	2.1	2.6	2.5	3.8	4.1	4.2	4.3	4.4	6.6	8.0	14.1	17.6	19.5	19.3	15.0	16.3	17.7	17.7	18.9	20.3	21.9
25	ガラス製品	1.9	2.5	3.4	3.1	5.3	4.3	5.9	5.4	6.0	12.6	12.4	12.9	11.1	9.5	9.2	10.1	11.0	11.7	12.7	21.2
11	家具	0.9	1.1	1.6	1.8	2.0	2.4	2.7	3.0	2.2	3.0	4.0	8.1	3.1	9.3	11.8	12.0	14.0	17.4	18.5	20.5	20.2
45	その他電気機器	2.2	1.8	2.1	2.1	2.7	3.3	3.2	3.9	3.4	5.8	6.8	13.6	11.9	8.5	9.9	12.6	15.3	17.4	15.7	18.1
35	特殊産業機械	2.4	2.7	3.2	3.4	4.9	4.4	3.8	5.1	6.2	7.4	9.5	9.6	11.3	13.1	13.9	14.5	15.6	13.7	15.2	17.3
24	ゴム製品	3.2	3.6	4.5	5.1	5.9	5.9	6.5	7.1	6.6	9.6	10.2	15.4	17.8	15.8	13.5	13.1	13.0	13.9	15.6	16.8	17.2
14	無機化学	5.2	9.9	13.0	11.3	12.7	8.0	7.9	7.8	6.8	17.4	15.9	15.2	12.2	11.8	12.7	12.8	14.3	15.5	16.0	17.2
31	非鉄金属加工製品	2.8	5.4	5.6	5.4	7.2	3.7	5.0	5.7	6.8	16.6	15.6	17.6	18.2	15.0	13.9	13.1	14.6	14.8	13.0	15.8	17.1
3	非金属鉱物	5.6	5.9	6.0	4.2	6.6	9.4	10.0	10.7	11.4	11.1	14.6	15.6	16.5	16.2	13.9	11.8	9.8	10.8	10.8	11.7	13.7	16.4
18	化学繊維	3.0	3.3	4.5	5.1	4.9	5.3	5.0	4.6	4.1	5.2	5.3	5.9	7.2	8.1	7.1	5.1	7.0	7.6	10.8	13.4	14.1	14.6
6	食料品	4.6	4.9	6.0	6.3	7.4	9.5	10.1	10.7	16.4	11.6	12.9	14.1	14.7	14.1	12.8	13.1	13.3	13.5	13.1	13.3	14.4	14.4
27	陶磁器	1.2	1.4	1.7	1.4	2.0	2.9	4.0	4.4	3.2	4.8	5.5	9.1	8.1	9.4	9.9	7.5	8.9	10.8	11.6	11.8	13.4	14.4
17	合成樹脂	4.7	5.4	5.6	5.3	6.8	6.4	6.0	5.6	5.8	6.4	6.2	8.7	10.3	9.2	9.5	9.9	10.1	10.7	11.8	12.9	13.4
19	化学最終製品	4.7	4.7	5.6	5.3	5.9	5.8	6.1	6.4	6.4	7.5	7.9	9.9	10.8	12.5	13.1	12.1	10.4	10.9	11.5	12.9	13.9	13.8
28	窯業・土石製品	1.7	1.8	2.7	3.3	4.6	3.4	3.8	4.2	3.7	5.9	6.9	7.7	8.4	7.2	8.8	9.6	11.7	12.5	13.0	13.7
21	石油製品	11.8	13.7	17.8	17.7	16.2	14.7	13.9	13.7	13.3	14.1	17.9	19.9	13.5	13.6	13.1	13.7	12.7	12.3	13.1	13.1	13.7	13.6
1	農林水産業	13.0	13.3	14.6	13.1	14.2	12.2	12.6	13.0	7.4	13.4	17.4	18.9	17.1	13.6	13.4	13.2	13.3	13.1	13.3	13.3	13.4	13.1
36	その他一般機械	1.1	1.1	1.5	1.4	2.0	2.7	3.6	4.7	5.3	5.2	6.6	7.4	7.8	8.8	10.2	11.5	12.2
34	一般機械	1.0	1.0	1.3	1.1	1.5	2.1	3.0	4.9	5.8	7.2	8.0	6.5	5.8	7.1	7.5	7.9	9.4	10.2	11.7
20	医薬品	7.8	7.3	6.7	6.6	7.6	7.1	7.3	7.5	9.1	8.1	8.0	7.8	7.8	7.2	7.8	8.1	8.2	9.2	10.2	10.5
47	乗用車	3.5	7.4	9.4	7.8	8.3	10.3	8.3	6.4	7.8	14.9	13.1	16.2	15.7	18.2	17.1	10.7	9.5	9.3	10.7	11.3	10.7	10.2
66	事務用品	4.2	7.2	7.1	6.7	13.1	9.9	17.9	26.8	15.0	19.8	8.3	9.7	12.3	10.7	8.0	4.0	4.4	7.6	8.4
59	輸送	4.0	3.3	3.7	3.8	5.0	5.3	5.5	5.6	6.4	6.3	6.0	6.0	6.0	7.2	7.9	7.3	7.4	6.9	7.6	7.9	8.1
32	その他金属製品	0.7	1.0	1.4	1.6	2.2	2.0	1.8	1.6	1.2	2.3	3.0	2.5	2.9	3.4	4.1	4.7	5.2	6.2	6.9	7.4	7.7
37	事務用機械	0.8	1.1	3.2	1.8	2.4	1.9	1.5	1.9	3.0	4.4	6.4	8.3	7.8	6.9	6.1	4.4	5.1	5.3	4.4	4.3	6.7
23	プラスチック製品	0.6	0.7	1.1	0.9	1.1	1.1	1.2	1.2	1.0	2.2	2.5	3.0	3.1	2.8	3.7	4.0	4.5	5.3	6.0	6.6
12	パルプ・紙	3.2	3.3	5.2	4.3	3.7	3.9	4.0	3.5	5.1	5.2	4.8	4.7	4.9	4.1	5.4	5.4	5.5	6.0	6.5	6.1	6.0
7	飲料	3.7	4.1	4.4	5.3	5.8	6.1	5.3	4.5	4.7	6.1	6.9	7.0	8.9	7.2	4.8	4.7	4.6	5.4	5.3	4.4	4.7
65	個人サービス	2.3	2.2	2.7	2.9	5.0	5.1	4.7	4.1	4.6	5.0	5.5	5.6	5.5	5.6	4.5	4.2	4.3	4.6	5.4	5.3	4.4
29	粗鋼	1.5	2.0	3.1	2.8	2.9	2.7	2.4	2.1	2.5	2.9	2.7	2.5	2.1	3.0	2.8	2.6	2.9	3.5	3.8	3.6
32	金属製品	0.0	0.0	0.1	0.2	0.3	0.5	0.4	0.4	0.3	0.8	0.8	1.2	1.4	1.4	2.0	1.6	1.9	1.9	2.9	3.5
64	ビジネスサービス	1.8	1.4	1.4	1.2	1.6	1.8	1.6	1.4	2.2	2.3	2.6	1.9	2.3	2.8	2.3	2.4	1.8	2.8
47	その他自動車	0.3	0.3	0.3	0.4	0.7	0.7	0.7	0.7	1.1	1.0	1.4	1.1	1.5	1.3	1.6	1.2	1.2	1.2	2.1	2.8
63	情報サービス	2.7	1.8	1.6	1.6	1.0	1.1	1.5	2.3	1.7	1.7	1.6	1.8	2.1	3.1	2.4	3.0	2.2	2.5
22	石炭製品	0.1	0.1	0.4	0.7	0.5	0.4	1.1	1.6	1.6	2.6	1.6	2.2	0.6	2.0	2.7	3.1	2.3
13	印刷	0.5	0.6	0.7	0.7	0.7	0.8	0.8	1.4	1.6	1.5	1.7	1.7	1.7	1.7	1.5	1.3	1.1	1.4	1.3
15	石油化学	1.6	1.8	1.7	1.3	1.2	0.9	0.7	0.9	0.7	1.3	0.9	1.2	1.2	0.7	0.7	0.9	0.7	1.1	2.1	1.3
58	金融・保険	0.6	0.6	0.6	0.4	0.9	0.9	0.9	0.9	1.0	1.1	1.2	1.0	1.2	1.1	0.9	0.8	0.6	0.7	0.7
57	商業	0.9	0.7	0.8	0.7	0.9	0.9	0.9	0.8	0.8	1.0	1.1	1.1	1.1	1.2	0.7	0.7	0.7	0.7	0.7
26	セメント	0.1	0.2	0.2	0.4	0.7	0.7	0.6	0.7	0.8	0.9	0.6	0.6	0.8	0.7	0.7
60	通信	0.1	0.1	0.1																			
62	その他公共サービス	0.1	0.1	0.1																			
55	ガス	0.0	0.0	0.0																			
56	水道・廃棄物処理	0.0	0.0	0.0																			
54	電力	0.0	0.0	0.0																			
51	建築	0.0	0.0	0.0																			
52	公共事業	0.0	0.0	0.0																			
53	建設	0.0	0.0	0.0																			
61	公務	0.0	0.0	0.0																			
	合計	3.3	3.4	3.7	3.5	4.4	4.4	4.4	4.5	4.1	5.0	5.3	6.5	7.4	6.6	5.9	5.7	5.9	6.1	6.5	7.0	7.2	7.8
	製造業	6.3	6.8	7.4	7.3	8.5	8.9	9.1	9.2	9.4	11.2	12.1	14.7	16.7	15.7	14.9	14.0	14.4	15.3	16.3	17.2	18.1	19.5

(注) 輸入浸透度：輸入／（生産－輸出＋輸入）＝輸入／国内需要
　　　表は2006年の水準で浸透度の高い順に表示した。
　　　2000年価格実質値で計算。
(出所) JIDEA データベースより計算。

4. 輸入財が中間投入構造に与えた影響

次に中間財について輸入財の使用割合がどの程度増加しているかを試算してみる。

産業連関表には，競争輸入型と非競争輸入型がある。非競争輸入型は中間投入部門について，輸入財と国産材を分けて作成している。非競争輸入型のデータが得られる場合は，そのまま中間投入部門における輸入財比率が計算できるが，競争輸入型の場合は，中間投入部門について国産材と輸入財を区別していない。このため，輸入財が各産業別に同じ比率で使用されたという仮定を導入する必要がある。表8-3は，その仮定を前提に産業別に中間投入額に占める輸入財の割合を計算したものである。

この数値は，産業別に財の生産においてどの程度輸入財を使用したのかを時系列に表しており，国産財が少ない資源を原材料に多く使用する部門は，この比率が高くなる。

例えば，同比率は石油製品は国内での原油生産がほぼないことを反映して7割～9割と極めて高い水準で推移している。また，石炭製品は2割～5割，非鉄金属が3割～5割，非鉄金属加工製品も3割台と比較的高い水準で推移している。

しかし，この表からは国内に原材料がないために輸入財の使用比率が高いのか，従来国産原材料を使用していたものが輸入財に代替されて，輸入財の使用比率が高いのかが判別し難い。そこで，輸入財の使用割合の高い主要産業についてその生産費用構成を詳細にみることにする。

表8-4は，輸入財の使用比率が高い産業について，特にどの産業からの輸入財の投入が大きいのか，および輸入財と国産財の使用割合，付加価値率を生産費全体に対する割合でみたものである。

例えば，最上段の産業名は輸入財の使用比率の高い産業名を表し，その下には輸入財の投入比率が生産額の5%以上の産業名を提示している。繊維工業製品を例に説明すると，繊維工業製品では，生産コストに占める輸入財の使用割

第 8 章　日本の対外直接投資が投入構造に与えた影響　181

表 8-3　中間投入に占める輸入財比率（単位：％）

		1985	1986	1987	1988	1989	1990	1991	1992	1993	1994	1995	1996	1997	1998	1999	2000	2001	2002	2003	2004	2005	2006
21	石油製品	68.9	74.5	75.7	75.1	78.0	83.4	84.3	85.2	80.2	85.7	83.6	83.8	92.8	84.3	84.8	80.7	81.1	81.4	83.0	81.1	78.4	80.7
22	石炭製品	27.2	27.9	32.3	32.5	36.9	33.0	33.4	33.8	15.3	34.8	36.2	42.1	47.1	51.5	38.7	37.8	38.2	43.1	44.1	41.4	38.6	42.3
30	非鉄金属	33.5	36.1	36.5	36.5	38.2	46.6	46.7	46.6	46.0	50.3	51.9	44.5	50.5	46.5	49.0	50.9	49.4	47.4	49.0	45.0	41.9
39	コンピュータ	2.7	2.8	3.1	3.1	4.5	4.2	6.6	7.5	8.2	12.3	11.6	12.9	14.7	12.6	18.4	17.7	21.7	29.3	28.6	32.5	38.6
55	ガス	28.3	35.6	34.1	32.5	39.5	35.4	36.3	37.5	31.1	42.8	40.0	50.6	61.1	44.3	48.8	36.0	34.3	34.0	35.0	34.4	36.1	34.3
41	電子応用機械・電気計測器	2.8	3.3	3.7	3.3	4.1	4.6	4.4	4.8	5.7	6.5	7.9	4.4	10.0	12.1	10.7	13.3	14.6	18.4	20.0	21.5	25.4	32.7
40	通信機器	1.7	2.2	2.7	2.5	2.9	3.3	4.0	4.7	5.5	7.7	8.4	9.3	10.7	9.3	11.3	12.2	14.3	16.7	19.9	23.9	30.8
31	非鉄金属加工製品	29.9	30.3	26.9	29.8	28.1	34.9	33.5	31.4	34.0	35.7	35.0	35.2	33.8	36.9	33.7	32.4	28.6	29.8	30.1	30.8	30.0
43	電子部品	2.8	3.4	3.7	3.6	4.3	4.5	4.5	5.2	6.2	7.4	8.6	8.8	8.1	9.7	10.9	14.1	14.6	16.1	19.5	26.7
38	民生用電気機械	2.1	2.4	3.0	2.8	3.9	3.6	4.3	4.7	6.0	7.2	7.9	8.7	10.1	8.8	10.2	11.7	14.1	15.8	17.4	19.9	24.6
10	電力	19.7	26.1	27.5	26.6	30.6	28.3	29.3	30.5	22.7	31.8	24.9	30.3	38.9	25.0	26.3	22.3	26.0	24.7	26.2	23.9	21.5	22.3
37	事務用機械	1.6	1.9	2.7	2.2	4.1	3.6	4.1	4.4	6.4	7.1	8.2	7.7	10.3	10.0	11.6	13.4	14.6	17.1	21.5
49	精密機械	4.2	4.9	5.8	5.6	7.1	5.9	6.1	6.6	6.9	8.9	8.8	9.7	10.6	11.4	10.3	11.8	12.9	15.1	16.0	17.6	18.4	21.3
42	集積回路	1.9	2.4	2.8	2.6	3.5	3.0	3.2	3.5	3.8	4.9	7.1	8.0	9.6	7.7	10.0	11.4	11.2	10.7	13.5
9	衣服・その他繊維既製品	3.4	4.2	5.2	5.9	7.3	6.0	6.1	6.1	5.3	8.3	8.5	11.1	12.2	11.0	9.4	10.3	11.0	11.4	13.2	14.5	14.7	16.3
8	繊維工業製品	4.8	5.1	6.2	6.5	7.7	6.3	6.4	6.6	5.5	8.4	7.9	9.9	11.2	10.3	8.4	8.9	9.5	10.3	12.2	13.5	13.2	14.6
17	合成樹脂	7.3	8.3	9.4	9.4	10.6	9.3	8.9	8.5	9.2	10.4	11.1	10.4	11.0	7.3	10.8	11.1	12.5	13.1	13.5	14.1
44	重電機	2.5	3.0	3.2	3.2	3.7	3.8	4.0	4.0	5.0	5.7	6.4	7.3	8.3	7.3	7.5	8.2	9.1	9.8	11.2	12.3	14.3
4	木材	7.9	7.9	9.0	8.4	10.0	9.5	9.7	9.8	11.3	14.0	16.4	14.5	12.5	11.5	12.3	12.8	13.8	13.7	14.0
48	その他輸送用機械	4.2	5.5	5.4	5.1	6.2	6.0	5.5	5.9	6.2	8.2	6.3	11.3	11.5	15.2	8.9	9.5	9.4	11.2	11.2	11.2	12.1	13.0
18	化学繊維	6.9	8.0	9.0	9.3	10.7	8.4	8.5	8.5	9.0	9.7	9.6	10.6	10.9	9.9	9.6	10.1	10.2	11.3	12.4	12.9	13.8
45	その他電気機器	4.5	5.8	5.0	5.1	5.9	5.6	5.6	6.4	7.7	8.1	9.3	9.9	11.4	10.8	9.2	10.4	11.0	10.2	12.6	12.1	13.7
50	その他製造業	4.6	5.7	6.1	7.0	8.0	7.8	8.0	6.9	6.4	9.1	11.6	11.5	11.3	10.0	11.0	11.3	11.8	12.5	13.2
35	特殊産業機械	1.9	2.2	2.7	2.6	3.5	3.4	3.3	3.2	2.9	4.0	4.5	6.2	6.5	5.7	7.3	8.1	9.0	9.9	10.1	12.6
11	家具	3.1	3.5	4.3	4.5	6.2	6.1	6.2	6.3	8.0	7.7	8.0	9.5	12.1	10.0	9.5	9.2	9.6	10.3	10.8	11.8	11.6	12.1
24	ゴム製品	5.0	5.9	6.7	6.7	7.7	7.2	7.4	7.4	7.2	8.9	8.7	9.6	10.5	10.0	9.1	9.2	9.5	9.9	11.2	11.7	11.6	12.0
16	有機化学	5.9	7.2	8.0	8.1	9.1	7.7	7.5	7.7	7.2	8.4	9.0	9.5	9.7	8.3	8.6	9.2	9.4	10.4	10.8	11.2	11.9
19	化学最終製品	4.3	5.1	5.8	5.5	6.6	5.8	5.9	5.9	5.6	6.9	7.4	7.3	7.4	7.7	8.0	8.8	9.4	10.4
14	無機化学	5.8	7.9	8.4	7.9	9.1	7.6	7.5	7.4	6.5	8.1	9.2	10.1	11.4	10.7	9.4	9.0	9.5	9.7	10.1	9.9	10.4
6	食料品	7.8	7.6	8.7	7.8	8.9	8.2	8.5	8.9	7.6	8.4	7.8	8.8	9.0	9.2	9.0	8.7	9.3	9.4	9.6	9.7	9.9	10.2
15	石油化学	7.3	8.5	11.2	10.1	12.3	11.1	10.1	8.9	7.8	13.2	18.4	24.6	13.9	16.0	8.8	8.7	8.3	8.9	9.4	9.8
27	陶磁器	3.2	3.5	4.0	3.5	5.7	5.9	6.2	5.6	6.4	7.3	7.4	6.7	7.4	7.9	8.4	8.5	8.9	8.8	8.7	9.7
1	農林水産業	5.3	5.8	6.7	6.1	7.2	7.1	7.2	7.3	6.9	7.8	8.1	10.2	11.2	10.9	7.8	8.4	8.4	8.4	8.6	9.0	8.3	9.6
34	一般機械	1.6	1.8	2.2	2.1	2.9	2.6	2.6	2.3	2.2	3.3	3.4	4.7	4.9	5.1	5.8	6.0	6.5	6.7	6.9	8.0	8.3	9.4
23	プラスチック製品	2.5	2.7	3.2	3.2	4.2	3.9	4.0	4.0	3.7	4.3	4.7	5.3	6.3	5.9	6.5	6.6	6.8	7.3	8.1	8.2	9.1
28	窯業・土石製品	4.2	4.8	5.1	4.8	6.2	5.7	5.8	6.0	5.5	6.4	6.9	6.1	7.8	8.8	8.3	7.2	7.0	7.2	7.5	7.8	7.9	8.9
25	ガラス製品	3.3	3.9	4.6	4.2	5.4	5.4	5.4	5.8	4.6	6.1	6.4	7.3	8.5	7.5	6.6	6.0	6.7	7.7	7.6	7.5
51	建築	2.1	2.2	2.7	2.5	3.5	3.3	3.5	3.6	3.3	4.2	4.5	5.2	5.8	5.5	5.3	5.3	6.2	6.6	7.4	7.3	7.9	7.7
61	公務	2.8	3.0	3.1	2.9	3.6	5.3	5.1	5.0	4.3	5.0	5.4	7.1	8.3	8.5	8.4	5.6	5.9	7.0	6.5	6.7	6.8	7.8
47	その他自動車	1.4	1.5	1.6	1.5	1.8	1.7	1.7	1.7	1.7	2.2	3.2	3.7	4.0	3.4	4.0	4.7	5.1	5.4	6.2	6.4	7.7
7	飲料	4.6	4.9	5.3	4.8	5.7	5.1	5.1	5.4	4.9	5.5	5.5	6.9	6.9	7.5	7.2	5.9	5.9	6.0	6.2	6.8	7.1	7.1	7.6
29	粗鋼	4.6	5.4	6.2	5.3	6.0	5.5	5.4	5.4	5.6	6.0	6.2	6.4	7.5	6.6	6.7	6.2	6.7	7.2	7.0	7.3	7.8	7.7	7.6
36	その他一般機械	1.6	1.9	2.3	2.2	2.8	2.7	2.7	2.9	2.9	3.8	3.8	4.1	4.4	4.6	4.0	4.5	4.9	5.2	5.6	6.7	6.8	7.4
45	パルプ・紙	3.2	3.5	3.9	4.1	4.8	4.4	4.5	4.7	4.1	4.5	4.3	5.8	6.2	6.3	5.7	5.9	6.1	6.2	6.7	7.3	7.0	7.2
26	セメント	3.4	5.4	6.0	4.7	4.9	5.3	6.0	5.7	5.9	7.4	8.4	7.7	7.4	6.1	5.5	5.6	5.6	6.1	6.1	7.1
33	その他金属製品	2.1	3.1	3.3	3.2	4.0	3.2	3.2	3.1	3.1	3.9	4.4	4.6	4.7	4.1	4.6	4.7	4.8	5.2	5.9	6.1	6.7
3	非金属鉱物	3.0	3.2	3.6	3.2	4.4	4.8	4.7	4.7	3.9	5.4	5.3	7.5	8.0	6.3	6.5	5.7	5.8	5.9	5.8	5.6	6.2
20	医薬品	2.9	3.5	3.8	3.4	4.2	3.7	3.7	3.6	3.4	4.2	4.2	3.7	4.4	4.1	4.9	5.3	4.6	5.3	6.2
32	金属製品	1.8	2.5	3.0	2.8	3.9	3.1	3.2	3.1	3.1	4.1	4.3	4.3	5.0	4.4	4.7	4.7	4.9	5.2	5.5	5.7	5.8	6.2
53	個人サービス	3.1	3.2	3.7	3.7	4.4	4.7	4.9	5.2	5.5	5.5	5.4	6.4	6.6	5.8	5.6	5.8	5.9	5.9	6.2
52	建設	1.7	1.9	2.1	2.1	2.9	3.2	3.3	3.6	3.4	4.1	4.5	4.7	4.7	5.4	4.9	4.9	5.2	5.2	6.2
62	その他公共サービス	3.1	3.2	3.7	3.7	4.5	4.4	4.8	4.8	4.8	5.2	5.2	5.4	5.2	4.6	4.7	4.7	5.2	5.3	5.3	5.3	6.1
54	輸送	3.5	3.5	3.8	3.4	3.8	3.9	3.9	4.2	4.9	6.6	8.0	6.7	6.7	5.3	5.6	5.1	5.4	5.2	6.1
52	公共事業	1.9	2.0	2.3	2.1	2.9	2.9	3.1	3.1	2.7	3.5	3.7	3.7	3.7	4.7	4.9	3.7	4.0	4.0	4.2	5.1
12	事務用品	3.3	3.6	4.2	4.3	5.1	4.4	4.6	4.3	4.3	4.5	4.8	4.9	5.4	4.7	4.6	4.7	4.8	4.9	3.0	4.8	5.1
46	乗用車	0.7	0.7	0.9	0.9	1.2	1.1	1.4	1.3	1.8	2.1	2.4	2.9	3.9	3.2	3.5	3.4	3.0	3.4	3.9	4.2	4.1	4.9
64	ビジネスサービス	1.5	1.6	1.7	1.6	2.2	2.4	2.4	2.5	2.1	2.7	3.4	3.2	3.7	3.2	3.4	3.3	3.8	4.0	4.5	4.7	4.9
4	石炭	2.2	2.4	2.9	2.5	3.6	2.9	3.1	4.3	3.4	3.4	3.3	3.6	3.3	3.0	3.3	3.3	4.1	3.6	3.8	4.1	4.3	4.7
2	金属鉱物	2.8	3.2	3.6	3.1	4.1	3.3	3.4	3.2	3.4	3.4	3.4	3.5	4.0	3.7	3.4	3.7	3.9	4.5
13	印刷	2.0	2.1	2.2	2.0	2.7	2.7	2.6	2.7	2.3	3.0	3.0	3.1	3.3	2.9	3.1	3.4	3.4	3.7	3.6	4.0	4.0	4.3
56	水道・廃棄物処理	1.7	1.9	2.3	2.1	3.0	2.7	2.9	2.8	2.7	3.4	3.4	3.6	3.7	3.9	3.4	3.3	3.5	3.5	3.5	4.1
57	商業	1.8	1.8	2.0	1.8	2.5	2.2	2.1	2.1	1.9	2.4	2.4	2.7	3.0	2.5	2.5	2.7	3.0	3.0	3.3	3.5	3.6	4.1
63	情報サービス	1.5	1.6	1.9	1.7	2.3	2.2	2.1	2.2	1.9	2.5	2.4	2.3	2.5	2.6	2.6	2.9	2.9	2.9	3.3	3.4
5	石油・ガス	6.1	8.3	7.8	7.3	9.2	2.5	2.7	3.1	2.6	3.2	3.1	3.1	3.3	2.8	2.8	3.2	2.9	3.1	3.0	2.8	3.3
60	通信	1.8	1.8	1.9	1.7	2.7	2.9	2.9	3.1	3.3	3.6	3.5	3.7	4.0	2.9	2.8	2.9	3.0	2.6
58	金融・保険	1.0	1.0	0.8	1.5	1.8	2.0	2.3	1.7	2.0	1.6	1.7	1.7	1.9	1.8	2.0	1.8	1.9	1.8	2.3
	合計	5.0	5.4	5.5	5.1	6.0	6.1	6.2	6.4	5.7	7.2	7.3	9.1	10.8	9.1	8.4	7.7	7.9	8.3	8.8	9.2	9.4	10.4

（注）2006 年の比率で大きい順に並べ替えている。
2000 年価格実質値で計算。
JIDEA モデルは競争輸入型のモデルのため，中間投入部門で輸入財と国内財を区別していない。ここでは，輸入比率と同じ割合で中間投入に輸入財が使用されたと仮定した。
（出所）JIDEA データベースより計算。

表 8-4 輸入財の使用比率が高い産業の主要投入部門別推移 (単位：%)

産業		1985	1986	1987	1988	1989	1990	1991	1992	1993	1994	1995	1996	1997	1998	1999	2000	2001	2002	2003	2004	2005	2006
8 繊維工業製品																							
	8 繊維工業製品	1.2	1.7	2.2	2.5	3.0	2.0	2.2	2.4	1.8	3.3	2.7	3.6	3.9	3.5	2.9	3.2	3.3	3.6	4.4	5.0	4.9	5.4
	輸入財使用比率	4.5	3.7	4.6	4.5	5.6	4.5	4.6	4.7	3.5	5.6	5.0	6.4	7.0	6.4	5.3	5.7	6.0	6.7	7.9	8.7	8.6	9.4
	国産財使用比率	70.2	70.2	68.5	65.3	67.2	66.2	66.6	66.9	60.3	61.1	58.6	58.1	57.7	55.4	57.2	58.3	57.8	57.9	56.7	55.9	57.0	54.8
	粗付加価値率 (名目)	29.3	32.1	32.1	32.4	31.9	31.8	32.6	33.3	34.6	34.9	37.1	36.4	37.5	38.5	38.0	36.0	35.8	35.7	35.5	34.4	33.4	34.8
9 衣服・その他繊維既製品																							
	8 繊維工業製品	1.2	1.4	1.8	2.3	2.7	2.0	2.0	1.9	1.5	3.0	3.2	5.0	5.8	4.6	3.7	4.1	4.4	4.7	5.7	6.2	6.4	6.8
	輸入財使用比率	1.8	2.2	2.7	3.4	4.0	3.3	3.2	3.2	2.6	5.2	5.6	7.8	7.4	7.1	6.0	6.7	8.4	8.4	8.9	9.3	10.0	11.1
	国産財使用比率	49.5	50.0	49.1	52.1	51.2	50.8	50.0	49.1	46.6	47.8	53.6	61.7	60.2	57.3	57.6	55.1	53.3	59.8	56.1	52.3	53.7	51.5
	粗付加価値率 (名目)	32.1	33.7	37.3	34.5	34.5	37.9	39.1	40.4	44.1	44.8	38.5	40.2	40.8	43.4	42.6	38.6	36.4	34.7	36.9	37.4	36.9	40.0
10 木材																							
	10 木材	0.7	0.8	1.0	1.1	1.7	2.3	2.4	2.4	4.4	3.2	3.9	4.4	5.8	4.5	4.2	3.5	3.9	4.3	3.9	4.6	4.7	4.9
	輸入財使用比率	4.7	4.5	5.6	5.6	6.2	6.9	7.1	7.8	8.2	9.5	11.0	9.1	8.0	7.2	7.6	7.9	7.6	8.3	8.5	9.0		
	国産財使用比率	54.8	53.1	56.8	56.0	57.3	52.6	50.3	49.6	44.6	62.6	64.8	58.5	54.5	55.6	55.9	53.3	54.3	53.9	51.7	51.7	53.4	54.0
	粗付加価値率 (名目)	28.8	33.9	34.8	35.1	33.4	31.5	33.0	34.5	32.5	35.7	33.0	33.4	35.0	37.7	37.2	37.5	37.5	42.7	39.1	37.3	36.0	
15 石油化学																							
	5 石油・ガス	0.1	0.1	0.0	0.0	0.0	0.1	0.0	0.0	0.0	0.0	4.3	7.5	12.3	4.7	5.6	0.0	0.0	0.0	0.0	0.0	0.0	0.0
	21 石製品	9.5	8.7	10.9	10.1	11.9	11.6	9.2	7.2	3.7	4.8	6.2	10.8	13.7	7.5	9.8	6.5	6.1	5.3	5.8	6.7	7.1	7.9
	輸入財使用比率	10.9	9.9	11.9	11.1	13.1	13.3	10.7	8.4	4.6	5.9	11.9	19.6	27.0	13.8	16.6	7.8	7.2	7.0	7.7	8.4	9.5	10.1
	国産財使用比率	138.	106.	94.9	98.2	94.0	106.	95.2	86.0	77.3	70.1	78.0	86.8	82.9	85.6	87.0	80.4	83.9	79.5	78.1	87.9	90.4	92.6
	粗付加価値率 (名目)	8.8	23.0	22.6	26.2	26.1	18.2	19.2	20.2	20.5	26.8	15.3	13.6	14.1	12.6	12.6	11.8	8.9	9.9	12.7	7.5	6.9	6.2
16 有機化学																							
	16 有機化学	2.9	3.2	3.5	3.8	4.2	4.3	3.6	3.5	3.9	4.2	5.0	4.3	5.0	5.1	4.7	5.1	5.3	6.0	6.0	6.5	6.5	
	輸入財使用比率	4.8	5.4	5.9	5.9	6.6	6.6	5.3	5.3	6.2	7.0	7.5	7.9	7.9	7.7	6.6	7.0	7.2	8.0	8.2	8.6	8.9	
	国産財使用比率	75.5	75.5	70.0	68.0	66.8	66.6	64.5	63.2	53.5	53.3	62.2	70.5	71.5	73.1	75.5	79.4	69.6	69.6	69.2	67.1	69.7	65.8	65.9
	粗付加価値率 (名目)	18.6	27.1	32.3	31.6	30.5	28.1	29.0	29.9	31.4	31.8	29.8	29.8	29.3	29.1	26.8	23.8	21.1	21.2	20.7	19.5	16.2	15.2
17 合成樹脂																							
	16 有機化学	5.3	5.9	6.5	6.9	7.7	6.6	6.4	6.1	6.4	6.9	7.6	8.6	8.2	8.1	6.7	7.2	7.3	8.5	9.3	9.9		
	輸入財使用比率	6.7	7.3	8.0	8.2	9.2	8.0	7.7	7.3	7.2	8.1	8.8	8.5	9.0	9.9	9.7	7.8	8.4	8.5	9.8	10.7	11.4	
	国産財使用比率	85.2	80.8	80.6	79.2	78.1	78.2	78.3	78.4	71.3	70.3	70.5	73.2	77.7	78.9	84.2	68.5	68.9	67.9	66.7	64.7	68.3	67.1
	粗付加価値率 (名目)	19.2	28.2	29.4	30.0	29.1	26.7	27.3	27.9	32.6	30.5	28.9	23.6	24.3	28.7	27.5	25.6	23.7	20.7	21.1	20.2	21.4	17.5	16.3
18 化学繊維																							
	16 有機化学	4.2	4.4	4.7	5.0	5.8	4.7	4.7	4.8	4.9	4.7	4.9	4.1	4.3	4.9	4.7	4.6	4.8	4.8	5.5	6.6	7.9	8.6
	輸入財使用比率	5.9	6.4	6.6	6.6	8.0	6.8	6.8	6.7	6.4	6.6	6.7	6.2	6.6	7.1	6.9	6.4	6.7	6.8	7.6	9.1	10.6	11.6
	国産財使用比率	80.8	73.4	66.4	64.2	66.7	74.4	73.4	72.3	68.4	63.2	62.6	57.5	55.6	58.1	63.1	60.3	59.3	59.5	59.7	64.2	71.3	72.2
	粗付加価値率 (名目)	29.7	31.5	37.0	35.2	32.6	29.2	26.7	29.2	32.7	33.3	29.3	32.4	36.1	36.6	36.5	37.5	33.7	36.0	33.6	37.5	32.2	26.1	24.8
21 石油製品																							
	5 石油・ガス	45.9	47.1	39.9	39.3	42.1	47.2	48.4	49.4	30.4	46.8	47.9	57.3	63.5	47.6	49.3	45.6	42.4	42.3	46.7	47.1	51.5	53.2
	輸入財使用比率	46.8	48.0	40.8	40.0	43.0	47.7	48.8	49.9	30.7	47.1	48.4	58.4	64.0	48.2	49.9	46.4	43.1	43.0	47.3	47.7	52.4	54.1
	国産財使用比率	21.1	16.4	13.1	13.2	12.1	9.5	9.1	8.6	7.6	7.9	9.5	11.3	4.9	9.0	8.9	11.1	10.1	9.8	9.7	11.2	14.4	12.9
	粗付加価値率 (名目)	25.8	42.7	48.2	52.2	50.3	40.8	44.2	47.6	55.8	58.2	54.0	46.9	53.9	55.2	53.6	42.5	47.3	50.4	48.0	45.3	32.8	30.4
22 石炭製品																							
	4 石炭	24.2	23.3	23.7	23.4	27.0	24.6	24.3	23.9	6.7	23.8	24.7	30.5	35.9	42.6	27.7	24.5	24.6	26.8	28.6	28.2	28.7	31.8
	輸入財使用比率	26.6	26.3	27.2	26.5	29.7	27.4	26.9	27.4	9.0	50.0	47.4	36.0	34.0	39.9	45.9	31.3	27.4	28.4	30.3	32.2	32.1	34.7
	国産財使用比率	71.3	67.8	57.1	55.1	52.7	56.6	54.7	52.8	50.0	50.0	48.8	46.8	34.0	39.9	45.9	45.2	45.9	40.0	48.0	45.5	53.0	50.5
	粗付加価値率 (名目)	16.3	23.3	24.2	25.2	24.1	24.5	25.3	26.2	28.5	25.6	24.0	23.9	19.9	23.2	27.4	22.8	26.3	25.6	21.4	18.0	15.9	
30 非鉄金属																							
	2 金属鉱物	23.9	25.9	27.8	30.0	31.7	32.1	28.9	26.0	20.3	25.8	30.6	25.6	27.0	24.3	23.7	26.5	30.0	27.9	26.2	25.8	23.4	
	30 非鉄金属	9.0	5.3	4.0	5.7	5.5	11.4	9.6	7.8	8.1	8.4	11.0	10.3	12.4	12.2	11.9	8.5	4.4	5.7	5.4	5.9	5.8	5.9
	輸入財使用比率	34.3	32.6	33.4	37.4	39.4	44.6	39.5	34.6	29.1	35.0	42.6	37.1	40.6	37.6	36.8	36.1	36.8	30.4	32.8	35.8	31.7	29.5
	国産財使用比率	67.9	57.7	58.1	65.1	63.6	51.1	45.0	39.9	34.1	34.6	39.6	38.0	35.8	36.8	42.3	37.5	36.9	37.8	35.6	42.0	45.1	
	粗付加価値率 (名目)	19.3	24.3	25.2	26.2	25.8	19.2	19.1	19.2	21.2	20.3	18.2	22.0	24.5	23.8	24.0	23.5	28.3	28.5	23.5	21.4	20.1	14.9	20.0
31 非鉄金属加工製品																							
	30 非鉄金属	18.4	17.6	15.6	18.5	16.7	21.5	20.7	19.4	20.4	20.5	23.4	25.2	31.6	30.8	27.8	19.6	15.5	16.2	17.3	18.0	18.1	18.7
	輸入財使用比率	19.1	18.7	16.8	19.7	18.1	22.2	21.5	20.3	21.1	21.3	24.3	26.3	34.4	33.8	29.2	20.9	17.8	17.6	19.7	20.8	20.7	21.9
	国産財使用比率	44.8	43.0	45.6	46.3	41.6	42.6	44.4	40.9	39.6	45.2	52.8	52.1	55.4	57.8	48.3	44.6	43.7	45.7	46.8	48.4	49.6	
	粗付加価値率 (名目)	27.1	37.1	36.0	31.2	32.0	31.5	34.6	37.9	43.2	41.9	32.6	34.0	33.4	34.9	32.9	35.3	37.0	36.8	34.8	31.3	28.8	26.6
37 事務用機械																							
	42 集積回路	0.2	0.2	0.2	0.2	0.4	0.6	0.9	1.5	1.4	2.0	1.6	1.5	2.2	1.9	4.0	4.2	4.7	5.7	5.4	7.3	10.2	
	輸入財使用比率	1.4	1.2	1.0	1.8	2.1	2.4	2.9	4.3	4.7	4.7	5.4	6.0	8.7	9.8	9.4	12.6	17.4					
	国産財使用比率	85.0	85.2	73.1	78.4	75.5	74.4	72.7	73.4	39.0	42.9	41.0	39.7	61.3	62.5	66.3	70.2	66.2	63.5	54.3	48.0	34.8	
	粗付加価値率 (名目)	32.3	35.5	35.9	34.4	32.1	31.1	29.4	31.0	33.6	30.2	31.7	31.9	32.2	28.0	29.3	28.1	24.6	25.4	26.0	25.2	27.5	
38 民生用電気機械																							
	42 集積回路	0.3	0.3	0.3	0.2	0.4	0.4	0.7	1.1	1.2	1.8	1.7	2.1	2.3	2.1	2.1	3.1	4.1	5.0	6.6	7.7	9.0	10.6
	43 電子部品	0.2	0.2	0.5	0.4	0.6	0.4	0.3	0.3	0.5	0.6	0.8	1.1	1.2	1.2	0.9	1.3	2.1	1.6	2.2	3.9	5.3	
	輸入財使用比率	2.1	2.4	3.3	3.4	4.3	3.7	3.7	3.5	4.4	4.0	4.9	6.4	6.6	7.7	7.1	7.3	9.6	11.9	12.7	15.0	17.8	20.8
	国産財使用比率	98.1	93.4	89.0	84.7	86.1	87.8	85.9	77.5	77.3	76.1	65.1	66.0	67.9	73.1	64.2	72.1	72.9	67.8	70.9	71.6	63.7	
	粗付加価値率 (名目)	30.7	30.9	32.8	31.6	32.4	30.5	31.1	31.7	33.7	33.5	33.2	32.2	34.1	31.2	28.5	31.3	30.2	25.8	27.5	27.4	27.0	
39 コンピュータ																							
	39 コンピュータ	0.9	0.7	0.6	0.8	1.2	1.3	1.2	1.4	1.6	3.1	2.7	3.1	3.1	2.4	4.5	2.3	4.5	8.6	6.9	6.5	5.7	
	42 集積回路	0.6	0.6	0.4	0.6	0.7	0.9	1.2	3.0	4.1	4.0	5.6	4.0	3.8	5.9	4.9	7.4	6.0	8.5	7.8	7.0	6.8	7.9

第 8 章　日本の対外直接投資が投入構造に与えた影響　183

	輸入財使用比率	2.6	2.4	2.6	2.8	4.0	3.8	4.5	5.8	6.7	7.3	11.1	9.5	10.6	12.7	11.5	14.5	10.4	17.0	18.6	16.4	16.5	17.0
	国産財使用比率	94.9	84.2	81.9	87.5	84.4	86.0	87.2	88.2	83.6	81.9	79.5	72.3	71.3	74.2	80.3	64.4	50.7	61.5	45.0	41.0	34.2	27.1
	粗付加価値率（名目）	36.5	41.2	40.0	38.2	36.8	32.6	32.8	33.0	34.2	33.3	24.8	24.9	26.1	24.7	21.0	21.1	32.6	21.0	18.1	21.8	23.8	24.9
40	通信機器																						
42	集積回路	0.5	0.4	0.4	0.4	0.5	0.6	1.0	1.9	2.5	2.4	3.1	2.8	2.6	4.4	4.0	6.2	6.8	8.2	10.9	13.3	16.7
43	電子部品	0.5	0.5	0.6	0.6	0.8	0.7	0.8	0.9	0.7	1.2	1.6	2.8	7.3	4.0	3.1	1.6	2.0	3.3	2.2	2.7	5.1	6.1
	輸入財使用比率	2.6	2.4	2.2	2.0	2.9	3.2	3.1	4.2	4.3	4.9	6.4	7.5	8.7	10.0	10.1	8.1	10.1	12.2	17.9	22.0	25.0
	国産財使用比率	148	106.	80.6	78.8	80.1	80.5	89.6	100.	86.3	84.5	76.3	81.9	85.7	89.9	98.9	66.2	71.7	73.7	59.5	63.3	64.2	56.3
	粗付加価値率（名目）	24.9	34.6	34.1	33.4	33.0	27.9	27.9	27.6	27.9	25.8	27.8	28.6	29.1	26.8	25.6	25.7	31.4	26.9	28.6	24.0	23.8	24.1
41	電子応用機械・電気計測器																						
42	集積回路	0.2	0.2	0.3	0.3	0.4	0.5	1.2	1.2	2.0	1.9	2.3	2.1	1.7	2.0	2.6	5.4	5.9	7.1	10.7	12.7	11.9	12.7
	輸入財使用比率	1.6	1.7	1.9	1.8	2.3	2.9	2.8	3.1	3.6	4.2	4.3	4.6	4.8	5.9	5.7	6.1	8.3	11.1	15.7	18.4	18.7	20.0
	国産財使用比率	56.6	50.6	49.2	52.4	53.5	60.3	61.4	62.4	60.4	59.6	57.8	53.7	50.5	50.7	51.8	60.3	62.3	58.2	62.8	67.3	55.2	41.2
	粗付加価値率（名目）	31.9	43.2	44.5	43.2	41.8	34.7	35.3	35.9	35.5	35.6	33.4	34.6	33.4	34.8	33.4	33.4	26.9	26.8	27.8	29.2	30.9	30.3
43	電子部品																						
42	集積回路	0.1	0.2	0.2	0.1	0.2	0.2	0.3	0.5	0.4	0.6	1.0	0.8	0.7	1.0	1.0	2.8	3.0	4.4	5.5	5.7	6.0	9.7
43	電子部品	0.4	0.5	0.8	0.7	1.0	1.0	1.0	0.8	1.4	1.3	1.7	2.1	2.3	2.2	1.8	2.4	2.8	2.5	4.5	7.0
	輸入財使用比率	2.8	3.2	3.3	3.4	3.8	3.0	3.1	3.7	4.2	4.1	4.9	5.3	5.2	6.2	7.2	10.9	10.1	10.3	12.5	19.4
	国産財使用比率	97.5	92.1	84.9	79.6	79.3	74.1	73.0	71.9	65.7	66.9	63.9	51.5	52.2	54.1	58.6	58.1	58.8	66.2	59.2	53.7	51.8	53.3
	粗付加価値率（名目）	36.6	37.8	38.4	38.6	37.9	38.0	39.1	37.9	39.3	40.1	41.1	39.5	36.5	35.7	37.0	30.6	26.4	29.3	26.2	29.7
48	その他輸送用機械																						
48	その他輸送用機械	1.7	2.3	2.1	1.8	1.8	2.4	2.1	1.9	1.5	2.3	2.3	5.1	6.9	8.3	3.5	4.7	5.4	4.9	4.9	5.4	6.5
	輸入財使用比率	2.3	3.1	2.9	2.4	2.9	3.3	3.1	2.7	3.0	3.1	7.2	10.4	5.6	9.9	7.8	7.5	8.1	8.5	10.0
	国産財使用比率	53.7	53.0	51.7	48.4	51.5	55.1	56.4	57.7	56.1	57.2	59.9	61.4	58.5	54.2	58.4	60.9	61.8	59.8	61.6	64.0	61.8	62.5
	粗付加価値率（名目）	36.2	38.9	39.4	37.8	37.9	32.6	33.7	34.9	33.8	35.6	34.4	36.9	37.8	36.7	33.5	28.8	31.1	32.1	30.0	27.0	27.7
49	精密機械																						
42	集積回路	0.1	0.1	0.1	0.1	0.2	0.2	0.4	0.7	0.9	0.9	1.0	0.8	0.9	1.5	1.8	2.1	2.6	3.6	4.3	5.6
	輸入財使用比率	2.5	2.8	3.2	3.1	3.8	3.3	3.4	3.9	4.5	4.3	4.5	4.4	5.0	6.2	5.8	7.0	8.9	9.7	9.8	11.5	12.3	14.6
	国産財使用比率	56.3	54.7	52.3	52.0	49.0	52.1	52.0	51.8	49.6	46.7	54.1	51.9	50.4	50.4	50.1	51.7	53.6	54.4	51.4	53.7	54.6	54.1
	粗付加価値率（名目）	41.7	44.2	45.8	45.0	44.8	43.8	44.3	44.9	46.4	48.1	39.8	40.4	41.6	41.6	41.6	41.4	42.4	42.4	42.2	39.8	39.2	38.6
54	電力																						
5	石油・ガス	9.7	12.2	12.1	10.9	13.0	11.8	12.5	13.3	9.0	13.8	11.2	14.6	20.6	10.8	12.7	7.6	8.5	7.7	8.6	7.0	5.2	5.6
	輸入財使用比率	11.8	14.5	14.5	12.9	15.5	14.6	15.2	15.9	10.2	16.4	13.7	17.6	23.7	13.5	15.3	10.1	11.7	10.8	11.7	10.5	8.7	9.1
	国産財使用比率	48.1	41.1	38.2	39.2	38.8	38.2	36.3	37.2	43.1	40.5	37.2	41.0	40.7	39.2	41.8	45.3	46.0	45.1	43.3	41.7	37.1	31.6
	粗付加価値率（名目）	49.5	63.1	65.2	64.2	62.5	57.2	57.7	58.3	61.5	62.0	57.4	54.4	56.3	57.1	54.8	54.9	54.0	53.5	50.5	49.6	48.2	44.2
55	ガス																						
5	石油・ガス	15.0	18.7	15.7	13.4	18.1	16.0	17.0	17.0	12.0	19.3	20.6	30.4	43.5	23.6	29.8	17.7	15.7	15.1	16.3	15.9	17.1	16.9
	輸入財使用比率	18.4	22.3	19.8	17.1	22.5	18.3	18.6	19.2	13.1	22.0	29.8	33.0	31.7	25.3	31.7	19.7	16.4	17.7	17.2	18.5	18.7
	国産財使用比率	46.7	40.2	39.7	40.5	38.0	38.0	36.6	36.6	38.6	35.5	34.4	29.3	33.0	31.5	32.1	34.5	32.4	31.5	33.1	30.5	29.1	27.8
	粗付加価値率（名目）	43.3	56.2	57.8	56.4	54.7	55.7	55.6	55.5	58.1	58.7	54.2	54.2	51.1	55.6	47.3	50.1	49.4	48.3	45.8	36.0	31.1

(注) 比率は国内生産額に対する割合。データ期間中, 一産業からの投入割合が5％以上あるものを提示。色塗り部分は輸入財の投入比率が5％以上のものを示す。
　　 2000年価格実質値で計算。但し, 粗付加価値率は名目値で計算。
(出所) JIDEA データベースより計算。

合が1985年の3.5％から2006年には9.4％に上昇している。そして，その費用構成をみると，輸入の多くのが繊維工業製品からの投入であり，その割合は近年5割以上になっている。つまり，繊維工業製品においては，自己投入部門の輸入比率が徐々に上昇していることからみて，輸入（製品）原材料の使用増が当該産業の輸入財使用比率を押し上げていると考えられる。

表8-4に提示した産業で，輸入財使用比率が高まっているか否かを判断するために，各産業の輸入財使用比率を被説明変数とする回帰係数をトレンドで求めた（推計期間は1985年～2006年）。その結果，正の傾きを示し輸入財使用比率の上昇がみられる産業として，以下の産業が挙げられる。40.通信機器（傾き0.86，自由度調整済み決定係数0.81），41.電子応用機械・電気計測器（0.86，0.84），39.コンピュータ（0.82，0.93），38.民生用電気機械（0.74，0.82），37.

事務用機械（0.58, 0.82），43．電子部品（0.54, 0.67），49．精密機械（0.49, 0.85），48．その他輸送用機械（0.36, 0.75），9．衣服・その他繊維既製品（0.37, 0.85），8．繊維工業製品（0.23, 0.75），10．木材（0.18, 0.50），16．有機化学（0.16, 0.74），17．合成樹脂（0.14, 0.53），18．化学繊維（0.13, 0.35），なお，18．化学繊維は1985-2006年では説明力が弱いが，直近10年間でみると傾きが0.51，自由度調整済み決定係数が0.66と明らかに上昇傾向がみられることより，当該産業は輸入財使用比率の上昇がみられる産業といえる。

一方，22．石炭製品（0.44, 0.14），21．石油製品（0.30, 0.0），31．非鉄金属加工製品（0.16, 0.0）については正の傾きを持つものの説明力がない。また，54．電力（-0.20, 0.11），30．非鉄金属（-0.07, 0.0），15．石油化学（-0.06, 0.0），55．ガス（0.03, 0.0）なども傾きがマイナスもしくはほとんど0を示しているが，説明力がない。

徐々に輸入財使用比率が上昇している産業は，投入財を国内（製品）原材料から輸入（製品）原材料に代替していることを示唆する。

次に，輸入財使用比率の高い産業について，その変化が経済的な合理性を持っているのか，為替レートとの関係をみる。

表8-5は円レート（変化率）と輸入財使用比率および円レート（変化率）と産業別輸入財投入比率との相関係数，そして，輸入財使用比率と付加価値率（名目）との相関係数を計算したものである。

この表で，輸入財使用比率と為替レートとの相関係数がマイナスでその数値が比較的大きい産業は，価格を要因として輸入財の使用割合を高めている産業と考えられる。逆に，相関係数がマイナスでも低い数値を示す産業および正の相関を持つ産業は，為替レートの変化とは無関係に輸入をしていることを示唆し，輸入財に代わる国産の代替財が国内に存在しないことを示唆する。

前者に属する産業（相関係数が-0.4以下のもの）としては，8．繊維工業製品，9．衣服・その他繊維既製品，10．木材，16．有機化学，17．合成樹脂，37．事務用機械，38．民生用電気機械，39．コンピュータ，40．通信機器，41．電

第 8 章　日本の対外直接投資が投入構造に与えた影響　185

表 8-5　輸入財の使用比率と為替レートとの関係

産業	1985-2006	産業	1985-2006	産業	1985-2006
8 繊維工業製品		21 石油製品		40 通信機器	
8 繊維工業製品	-0.57	5 石油・ガス	-0.12	42 集積回路	-0.42
				43 電子部品	-0.40
輸入財使用比率	-0.48	輸入財使用比率	-0.11	輸入財使用比率	-0.42
粗付加価値率（名目）	0.40	粗付加価値率（名目）	-0.22	粗付加価値率（名目）	-0.60
9 衣服・その他繊維既製品		22 石炭製品		41 電子応用機械・電気計測器	
8 繊維工業製品	-0.53	4 原炭	-0.04	42 集積回路	-0.43
輸入財使用比率	-0.55	輸入財使用比率	-0.06	輸入財使用比率	-0.44
粗付加価値率（名目）	0.17	粗付加価値率（名目）	-0.44	粗付加価値率（名目）	-0.73
10 木材		30 非鉄金属		43 電子部品	
10 木材	-0.70	2 金属鉱物	0.02	42 集積回路	-0.34
		30 非鉄金属	-0.09	43 電子部品	-0.36
輸入財使用比率	-0.65	輸入財使用比率	-0.07	輸入財使用比率	-0.31
粗付加価値率（名目）	0.38	粗付加価値率（名目）	-0.21	粗付加価値率（名目）	-0.82
15 石油化学		31 非鉄金属加工製品		48 その他輸送用機械	
5 石油・ガス	-0.22	30 非鉄金属	-0.21	48 その他輸送用機械	-0.31
21 石油製品	0.40				
輸入財使用比率	0.05	輸入財使用比率	-0.27	輸入財使用比率	-0.40
粗付加価値率（名目）	-0.05	粗付加価値率（名目）	-0.08	粗付加価値率（名目）	-0.52
16 有機化学		37 事務用機械		49 精密機械	
16 有機化学	-0.61	42 集積回路	-0.42	42 集積回路	-0.39
輸入財使用比率	-0.56	輸入財使用比率	-0.43	輸入財使用比率	-0.45
粗付加価値率（名目）	-0.49	粗付加価値率（名目）	-0.73	粗付加価値率（名目）	-0.69
17 合成樹脂		38 民生用電気機械		54 電力	
16 有機化学	-0.53	42 集積回路	-0.40	5 石油・ガス	0.08
		43 電子部品	-0.31		
輸入財使用比率	-0.46	輸入財使用比率	-0.43	輸入財使用比率	0.04
粗付加価値率（名目）	-0.45	粗付加価値率（名目）	-0.72	粗付加価値率（名目）	0.43
18 化学繊維		39 コンピュータ		55 ガス	
16 有機化学	-0.27	39 コンピュータ	-0.46	5 石油・ガス	-0.19
		42 集積回路	-0.63		
輸入財使用比率	-0.27	輸入財使用比率	-0.58	輸入財使用比率	-0.10
粗付加価値率（名目）	-0.72	粗付加価値率（名目）	-0.92	粗付加価値率（名目）	0.11

（注）相関係数は，1. 輸入財使用比率と対ドル為替レートを対数変換したもの（変化率），2. 輸入財使用比率と粗付加価値率（名目値），について計算した。推計期間は 1985 年～2006 年。
　　　但し，化学繊維については，1997 年～2006 年。
　　　着色した産業は，統計的に輸入財使用比率が傾向的に高まっているとは判断できない産業を示す。
（出所）表 8-4 と同じ。為替レートは IMF,IFS の期中平均（rf）を使用。

子応用機械・電気計測器，48．その他輸送機器，49．精密機器が挙げられる。

　繊維，被服はその原材料である繊維製品を輸入財に代替していることで輸入財使用比率が上昇していることが分かる。同様に，IC，コンピュータ，電子部品を使用して製品を生産する，家電機器，コンピュータ，通信機器，電気機器，精密機器なども国産原材料から輸入原材料に転換を進めた結果，輸入財使用比率が高かまっている。

　逆に，生産原材料が国内に無いもしくは稀少なため輸入財に依存していることから輸入財使用比率が高いと考えられる産業（相関係数が-0.4 より大きく，為替レートとの関連がないと考えられるもの）としては，15．石油化学，18．化学繊

維，21．石油製品，22．石炭製品，30．非鉄金属製品，31．非鉄金属加工製品，43．電子部品，54．電力，55．ガスなどが挙げられる。特に，15．石油化学，54．電力は為替の動きとはほとんど相関を持たず，価格とは無関係に輸入財の使用比率が上昇している。

さらに，輸入財使用比率と付加価値率の相関係数を同期間について求めると，コンピュータ（-0.92），電子部品（-0.82），電子応用機械・電気計測器（-0.73），事務用機械（-0.73），民生用電気機械（-0.72），化学繊維（-0.72），精密機械（-0.69），通信機器（-0.60）のように，概して高い負の相関係数を示す産業が多い。このことから，輸入財使用比率の高い産業では，輸入財の使用を拡大すると付加価値率が低下する傾向が伺える。

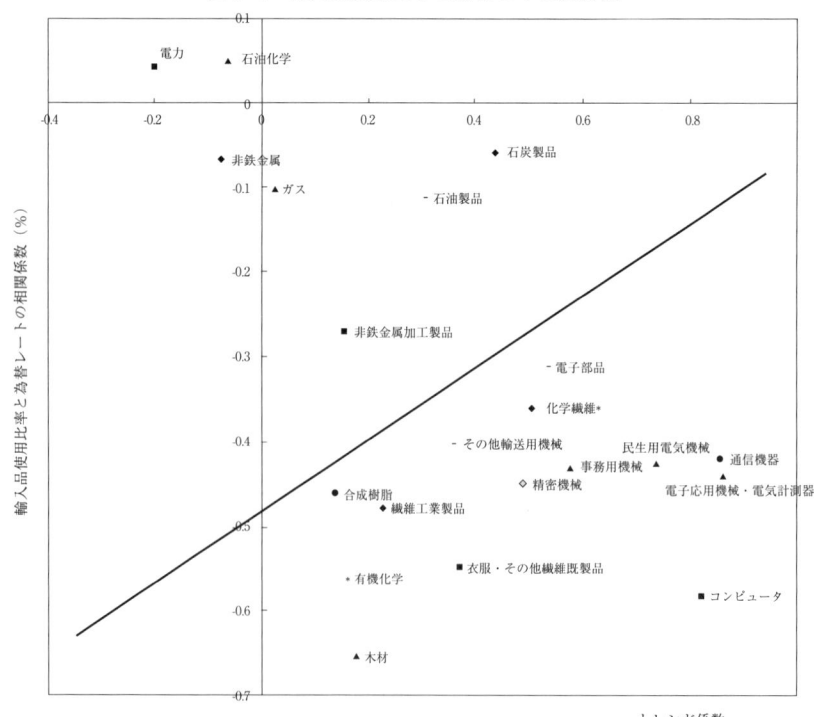

図 8-4　輸入品使用比率と為替との相関関係

(注) 化学繊維については，推計期間を 1997－2006 年とした。
(出所) 表 8-4，表 8-5 と同じ。

図8-4は産業別に，縦軸に為替レート（変化率）と輸入財使用比率の相関係数を，横軸に輸入財使用比率のトレンド係数をとったものである。

この図では，為替の変動に対応し輸入財の使用比率を高めている産業は下方に，為替の変動に反応しない産業は上方に位置する。また，輸入財の使用比率が上昇している産業は右に，そうでない産業は左に位置する。このため，右下に位置する産業は為替の変動に対応して輸入財の使用を高めている産業，左上に位置する産業は為替とは無関係に国内財使用比率が高い産業といえる。

図8-4の分析対象企業は，輸入財使用比率が高い産業であるが，非鉄金属加工製品より左上方に位置する産業は全て，説明力が低いために輸入比率の上昇が統計的に確認できない産業である。つまり，輸入財使用比率が高くかつその比率に上昇傾向が認められる産業は全て右下に位置し，為替の動きに連動して輸入比率を高めている。そして，これらには化学関連の産業もあるが，圧倒的に電機，電子関連の産業が多い。

これは電機・電子関連の日本企業が80年代半ば以降，円高を契機に生産拠点を海外に移転し対外直接投資を活発化させ，それが被投資国の工業化を促進し，現在では日本企業の海外生産品を逆輸入という形で中間財および最終製品として還流していること，そして，それらを使用して日本での国内生産を行うようになっていることが背景にあると考えられる。統計では海外進出日系企業からの逆輸入が増加しているのか，海外の地場企業からの輸入が増加しているのかは区別できないが，日本の対外直接投資が，特に電機・電子関連産業に顕著にみられるように，日本との産業内分業，産業間分業の発展に寄与したことを本分析は示している。

参 考 文 献

松谷明彦（2004）『人口減少経済の新しい公式』日本経済新聞社．
北原淳・西澤信善（2004）『アジア経済論』ミネルヴァ書房．
クロッパー・アーモン（2002）篠井保彦他訳『経済モデルの技法』日本評論社．
富浦英一（2002）『輸入浸透と日本の雇用：工業統計4桁産業別輸入データによる記述統計的分析』國民經濟雜誌　神戸大学　186（4）．
青木　健（2000）『アジア経済　持続的成長の途』日本評論社．

松村文武・藤川清史（1998）『国産化の経済分析』岩波書店。
柳沼寿・野中章雄（1996）『主要国における資本ストックの測定法』『経済分析』146号平成8年6月。
松本和幸・花崎正晴（1989）『日・米・アジアNIEsの国際競争力』東洋経済新報社。

第 9 章

引力モデルによる職業移動の日米比較

1. はじめに

　近年，日本の中流意識は崩壊し格差拡大が叫ばれている。格差拡大が有意ならば，階級間の社会的距離は拡大し階級間移動は難しくなるはずであり，それゆえ階級固定化が主張されている。しかし，日本の世代間職業移動の開放性係数は上昇する一方で低下していない。階級固定化と開放性の増大は明らかに矛盾である。本章では日本の世代間職業移動は階級固定化傾向を持つものではなく，時間的に異質な社会的距離はなく，階級間の社会的距離は時系列的にコンスタントであることを，対数線型モデルにより検証したい。

　まず，従来の学説を検討しよう。

　1980年代に村上泰亮はホワイトカラーとブルーカラーの融合による新中間大衆の出現を主張した[1]。たしかに，戦後の経済成長で生活水準も向上し，進学や昇進などの選抜への参加も拡大し，ブルーカラーからホワイトカラーへの移動やブルーカラーから自営への移動などの選抜機会の多元化が存在し，専

---

1) 村上泰亮は岸本重陳のいう日本人が客観的な中間層ではないのに中流幻想に陥っているという立場とは対立する新中間大衆の存在を認めているが，ホワイトカラーとブルーカラーの対立ではなく，ブルーカラーと農民が混じり合っていく傾向を示しているという。村上泰亮（1984）『新中間大衆の時代』中央公論社。

門・管理層になる可能性が平等化したことで，富永健一の産業化による社会的平準化と流動化は検証された[2]。

しかし，その後，階級固定化が指摘されている。

今田高俊は階層固定化が戦中，焼跡の専門・管理の再生産が潜在化し，親の収入と子供の進学，大卒と管理職の関連が強いことを指摘した[3]。さらに，学歴昇進主要ルートと自営副ルートという選抜多元化の解除と学歴一元化社会へ向かったと選抜一元化を主張した。特に，団塊世代で親職業と本人職業の結合が強化し，専門・管理職は団塊世代で知識階級に閉鎖化された。

佐藤俊樹によれば，1995年からは可能性としての中流は消滅し，専門管理層の再生産が顕在化し，専門・管理層とそれ以外の社会層の収入格差は縮まらず，専門・管理層の開放性から再生産への移行は，原純輔の貧困の縮小という基礎的平等化と専門・管理の再生産の併存を意味するのではなく，専門・管理の再生産と貧困化の併存へと大きく転換しつつある[4]。

しかし，直井優は今田高俊と佐藤俊樹の階層固定化仮説について断言できないとし，安定仮説を推奨している[5]。

本章では，ハウザーの指摘に従い[6]，安定仮説を採用したい。

---

2) 富永健一は産業化による社会変動の8命題を提出した。産業化は組織の巨大化をうみ，目標達成の効率化のために分業化と，ゲゼルシャフト化が促進し，社会移動が流動化する。他方，産業化は産業権力の巨大化を産み落とし，これに伴い官僚制化と民主化が促進して，社会的平準化が実現する。
  富永健一（1965）『社会変動の理論』岩波書店，第4章を参照。
3) 今田高俊・原純輔（1977）「現代日本の階層構造」『現代社会学』No 8, 59–114ページ。
4) 佐藤俊樹は努力すれば何とかなる社会から努力してもどうにもならない社会への転換の原因は多元的選抜の一元化によるという。佐藤俊樹（2000）『不平等社会日本』中央公論新社，85ページ。
5) 直井優（2008）「液状化する社会階層」『講座社会学13巻階層』東京大学出版会，26–33ページ。
  直井優は階層の固定化仮説，地位の非一貫性仮説，幸運と不運仮説，液状化仮説を紹介，今のところ微妙な問題であるとしている。
6) 著者が1987年ウイスコンシン大学で"Gravity Model of Occupational Mobility in Japan"をプレゼンテーションをして帰国後，ハウザー教授はコンピューターアウトプットをつけて日本の1955年から1975年はの世代間職業移動はコンスタントモデ

つまり，本章ではコンスタントな社会的距離が存在すると仮定する。

しかも，経験的事実では，構造移動率低下とともに開放性係数はわずかだが上昇し，専門管理層を独立した4元モデルでも開放性は高まる事実があるので，階層固定化は存在しないと仮定する。

本章では，OD表分析のなかでレオンチェフの産業連関表と関連した引力モデルを用いて[7]，世代間職業移動量を推定しよう。

引力モデルの基本命題は移動量は職業の需要プールと供給プールに比例し社会的距離に反比例するというものであるが，このモデルの学説的発達段階に従いステップに分解すると次のようになる。

ステップ1は安田三郎の機会均等命題であり，移動量 M_{ij} は期待値つまり需要プール Q_i と供給プール Q_j の大きさに比例し，障害のない機会均等の完全移動である[8]。

$$M_{ij} = Q_i Q_j \div T$$

ステップ2は距離を導入したライベンシュタイン命題と呼ばれ[9]，移動量 M_{ij} は需要プール Q_i と供給プール Q_j に比例し，距離 D_{ij} の二乗に反比例する。

$$M_{ij} = a\, Q_i Q_j \div d_{ij}^2$$

ステップ3は引力定数 α を個別的にした $(c_i + k_j)$ レオンチェフ命題である[10]。

$$M_{ij} = (c_i + k_j)\, Q_i Q_j \div d_{ij}^a$$

ルが適用できると書簡をよこした。

7) Leontief, W. W (1966), *Input-Output Economics*, Oxford University Press.

8) 安田三郎は「機会均等の理念型をグラースにならって完全移動と名付ける」「完全移動すなわち機会均等な社会状態において期待される移動量は期待値である」という。安田三郎（1971）『社会移動の研究』東京大学出版会 1971年，60ページと75ページ。

9) ライベンシュタイン命題についてはアイザードの地域分析で詳しい。Isard, W., (1960), *Methods of Regional Analysis*, M. I. T. Press. pp. 493-566. 社会学で距離と移動の反比例を考えたのはストッファーである。Stouffer, Samuel, A. (1940), "Intervening Opprtunities", ASR, Vol 5-6, pp. 845-867.

10) Leontief, W. W., and A. Strout (1966) "Multi-regional Input-Output Analysis", in *Input-Output Economics*, Oxford University Press, pp. 223-257.

ステップ4は距離を非対称の難易水準ダミーで表すデザインマトリックス Uk を導入したハウザー命題であり，以下のように数式化されている[11]。

$$\text{Mij} = \alpha\beta i\gamma j\delta ij$$

$$\log \text{Mij} = \log\alpha + \log\beta i + \log\gamma j + \log\delta ij$$

$$= u + u1i + u2j + u12ij$$

$$= u + u1i + u2j + u3k \quad (k \ni ij)$$

ここに係数の規準化の制約条件　$\Sigma u1i = \Sigma u2j = \Sigma\Sigma u12ij = 0$
周辺値一致制約条件　$\Sigma mij = Mi.$, $\Sigma mij = M.j$, $\Sigma\Sigma mij = M$

2. 日本の中流幻想から格差拡大への移行

2-1 日本の開放性係数の拡大傾向

表9-1は日本 SSM 1955年から1995年までのノンマニュアル n，マニュアル m，農業 f の3つの職業カテゴリー間の世代間職業移動表であり[12]，行側に父親の職業，列側に本人の職業を示している。この移動表を分析すると，表9-2に示されるように，粗移動率 gm は1955年では低く，0.358であるが，それ以降1985年まで50％が父子と異なる職業に移動していることがわかる。しかし，1995年の粗移動率は 0.483 とわずかに減少した。

この粗移動率の増加はいかなる要因によるかを安田三郎の開放性係数 Y と

---

11) Featherman, David L. and Robert M.. Hauser (1978), *Opportunity and Change*, Academic Press, pp. 148–149. Hauser, R. M (1978), "A Structural Model of the Mobility Table", *Social Forces*, Vol. 56–3, pp. 929–931.

12) SSM データは1955年，1965年，1975年，1985年，1995年について職業分類を再編し，集計したものを使用した。1955年から1985年までは直井・盛山に収録されている8階級を3階級にして用いた。なお，1995年データは原・盛山に収録されたデータを用いた。ここに，8階級とは専門，大企業ホワイトカラー，小企業ホワイトカラー，自営ホワイトカラー，大企業ブルーカラー，央企業ブルーカラー，自営ブルーカラー，農業であり，管理職は定かでない。

直井優・盛山和夫編（1990）『現代日本の階層構造』東京大学出版会，6-27ページ参照。

原純輔・盛山和夫（1999）『社会階層』東京大学出版会，28ページ。

表 9-1 日本 SSM 職業移動表

1955年	N	M	F	計	1965年	N	M	F	計
N	281	88	40	409	N	360	122	22	504
M	100	244	43	387	M	162	259	28	449
F	193	212	686	1091	F	262	346	339	947
計	574	544	769	1887	計	784	727	389	1900

1975年	N	M	F	計	1985年	N	M	F	計
N	521	179	25	725	N	517	152	7	676
M	202	310	24	536	M	244	351	13	608
F	315	437	325	1077	F	250	328	140	718
計	1038	926	374	2338	計	1011	831	160	2002

1995年	N	M	F	計
N	572	168	10	750
M	306	346	6	658
F	216	253	108	577
計	1094	767	124	1985

（出所）SSM 調査，直井優・盛山和夫編（1990），『現代日本の階層構造』東京大学出版会，46-47 ページおよび原純輔・盛山和夫（1999）『社会階層』東京大学出版会，28 ページ。

構造移動率 sm に分解して吟味しよう[13]。産業構造の需給ギャップによる移動を示す構造移動率は，1955年から1975年の高度経済成長期には17%から30%に大きく伸びているが，その後この構造移動率は低下し，1985年には28%，1995年には23%となった。

他方，機会均等移動量と比較して算出される安田の総合的開放性係数 Y は

---

13) 安田三郎（1971）『社会移動の研究』東京大学出版会，92-93 ページ。
粗移動率は総人口 N から世襲人口 Fii を引き，総数 N で除したものである。
$GM = (N - \Sigma Fii) \div N$
構造移動率は父 Ni と子 Nj の階級人口の絶対値の階級合計を総人口の2倍で除したものである。
$SM = \Sigma |Ni \cdot - N \cdot i| \div 2N$
開放性係数は父子階級人口の内小さい人口から実際の世襲量 Fii を引いた実際の移動量を，父子階級人口の内小さい人口から期待世襲量 Eii を引いた完全移動量で除したものの階級合計である。
$Y = \Sigma (Min(Ni \cdot, N \cdot i) - Fii) \div \Sigma (Min(Ni \cdot, N \cdot i) - Eii)$
期待世襲量は $Eii = Ni \cdot N \cdot i \div N$

表 9-2 安田の開放性係数 Y

国年	粗移動率	構造移動率	総合開放性係数
日本 1955	0.358	0.171	0.400
日本 1965	0.496	0.294	0.500
日本 1975	0.506	0.301	0.516
日本 1985	0.497	0.279	0.550
日本 1995	0.483	0.228	0.611
米 1962	0.478	0.218	0.619
米 1973	0.415	0.120	0.600

1955年では0.400であるので1950年代の諸外国と国際比較してみれば相対的に低い状態であったが，1965年から0.500を超え1995年には0.611と米国の1962年の水準に達した。

図9-1 安田の開放性係数と構造移動率の国際比較により，日本の移動経路を追跡すると，1955年では工業化途上で構造移動率も開放性係数も低いハンガリー1949年と同じ位置にあったが，1965年から1975年では産業社会に典型的な強い構造移動率と中位水準の開放性係数を持つ状態に移行し，1985年で構造移動率が低下して開放性係数が上昇し始め，1995年には構造移動率がいっそう低下しながら開放性係数が拡大した脱工業化社会に突入している。

さて，粗移動率 gm が構造移動率 sm と開放性係数 Y によって92％決定されていることは次の重回帰式の通りである。

$$gm = 0.0252 + 0.5586 \, sm + 0.5753 \, Y \quad (R^2 = 0.922：自由度 = 16)$$
$$(t = 0.85) \quad (t = 11.01) \quad (t = 11.59)$$

これによれば，1965年から1995年までの移動率がほぼ50％を一定に維持している原因が構造移動率の低下を補完する開放性係数の拡大であることが明らかである。

図9-1 安田の開放性係数と構造移動率の国際比較

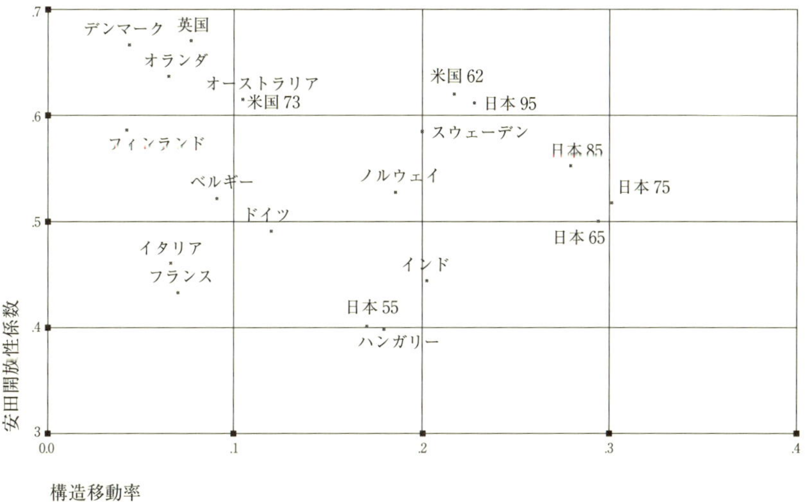

（縦軸：安田開放性係数、横軸：構造移動率）

プロット点：デンマーク、英国、オランダ、オーストラリア、米国73、米国62、日本95、フィンランド、スウェーデン、日本85、ベルギー、ノルウェー、日本75、ドイツ、日本65、イタリア、フランス、インド、日本55、ハンガリー

（出所）安田三郎（1971）『社会移動の研究』東京大学出版会，188ページより作成。

2-2　日本の中流幻想

かって著者は総理府のデータを用いて高度経済成長期の階層帰属意識の変容を中流意識と世帯の可処分所得の関係により分析した[14]。

階層帰属意識と客観的階級とのギャップの典型である中流幻想の原因[15]は，センターズの地位連続体[16]，ランデカーの地位不整合[17]，カールの階級ラベル[18]，ハミルトンの出身階級に関する国民性[19]が有力な学説である。こ

---

14) 原山保（1977）「高度経済成長期における階層帰属意識の変容」経済研究所年報，第八号　中央大学経済研究所、51-80ページ。
15) 原山保（1994）「地位測定指標の通文化的特性」（『経済学論纂』第35巻1-2合併号），pp. 332-340.
16) センターズはブルーカラーとホワイトカラーの間に我々と敵の境界区分線があれば，帰属意識と客観階級は対応するが，境界不明瞭なら帰属意識と客観階級は一致しないという。Centers, R. (1953), ASR vol. 58, PP. 546-551.
17) ランデカーは黒人医師が低い人種階級と高い職業階級をもつ不整合にあり，彼の帰属意識が職業階級を反映しない事例を挙げている。Landecker, Werner S. (1963) ASR, Vol 28, pp. 219-229.
18) カールはパネル調査で自由回答法では拒否や不明が選択回答法では労働階級を選択したことを指摘している。Kahl, J. A and J. A. Davis (1953), ASR, Vol 20, p. 324.

れを手がかりにすると，日本の中流幻想は高度経済成長により生活水準が上昇し格差縮小して地位連続体が形成されるとともに，職業移動の流動化により地位要因間の不整合が激しくなり，その結果中流帰属意識が増大した[20]。

表9-3 職業別中流意識の推移（中流％　可処分所得千円）

年	全国 中流	可処分所得	農民 中流	可処分所得	自営 中流	可処分所得	職員 中流	可処分所得	労働 中流	可処分所得
1954	26.5	213.5	23.3	284.9	30.2	552.9	35.8	755.1	19.1	528.9
1958	36.8	293.3	31.0	350.6	43.0	595.3	53.5	978.9	28.0	623.4
1961	41.4	395.7	33.0	422.4	44.5	705.6	54.3	1150.9	34.0	715.9
1964	50.2	487.4	47.4	569.7	54.0	903.4	60.1	1246.1	39.2	818.2
1967	53.2	615.5	51.8	752.1	56.7	1083.9	63.8	1379.5	43.9	916.6
1970	56.8	782.6	55.4	917.6	59.3	1310.3	63.4	1610.0	50.4	1131.8
1973	61.3	997.9	58.1	1169.6	63.1	1704.9	68.0	1916.5	56.8	1338.9
1976	59.4	1031.7	61.1	1414.2	59.6	1932.5	64.0	2002.7	52.8	1372.9

（出所）総理府『国民生活に関する世論調査』各年版。

表9-3の職業別中流意識の推移によると，労働と職員，農民と自営の4つの職業群はともに中流意識を拡大している。職業別に経過を吟味すると次の傾向を指摘できる。

1　職員層は高度成長開始期の1961年では中流意識は54%であったが，石油危機の1973年の時点で68%に膨張している。

2　これに対して，労働層の1961年の中流比率は34%で1973年で57%と過半数に到達したが，職員層と比べ10%の差がある。

3　自営層は1961年の45%から1973年の63%へ中流が拡大し，職員層に次

19）　ハミルトンはドイツやイタリアの事務員は労働出身であることを隠すが，アメリカ人の事務員は労働出身から上昇したことを自慢する国民性の違いがあるといっている。Hamilton, Richard F., (1966), *ASR*, Vol 33, p. 197.

20）　富永健一・友枝敏夫（1986）「日本社会における地位非一貫性の趨勢とその意味」『社会学評論』37の2, 20-42ページ。

いで中流意識が高い。

4　農民層は1961年の33%から1973年の58%へと拡大したが，これは労働層の中流比率とほぼ同じ水準である。

5　全国水準の推移は1961年の37%から1973年の61%へと拡大しているので，これと比較すれば，農民層と労働層は全国水準以下であり，自営層と職員層は全国水準を超えているので，中流意識の拡大といっても上位の職員層と下位の労働層の間には格差が消えてはいない。同様に農民層と自営層の間にも中流意識の比率に大きな差を残している。

　この原因を解明するために図9-2職業別中流意識と有業人員1人当たりの可処分所得の関係をもちいて，職業別の中流意識の拡大傾向を観測すると，どの職業群も，1967年までは中流意識の拡大に対する可処分所得の効果が強いが，それ以降，可処分所得は伸びても中流意識の拡大は停滞した。しかも労働層の中流意識の拡大にたいする所得効果は強いにもかかわらず，職員層や自営層の中流意識比率には及ばない。この原因は，高度成長期後半にはいると，所得効果は麻痺し，職業効果が中流意識比率の格差を維持する傾向があることによる。中流意識を可処分所得と職業ダミーにより重回帰分析を施すと，所得の偏回帰係数は大きく59.28である。しかし，労働層をゼロ固定した職業ダミーも有意な効果を示している。農民の職業効果は12.97で労働層と比べて大きい。自営層の職業効果は7.6，職員層の職業効果は7.0で，ほぼ類似している。

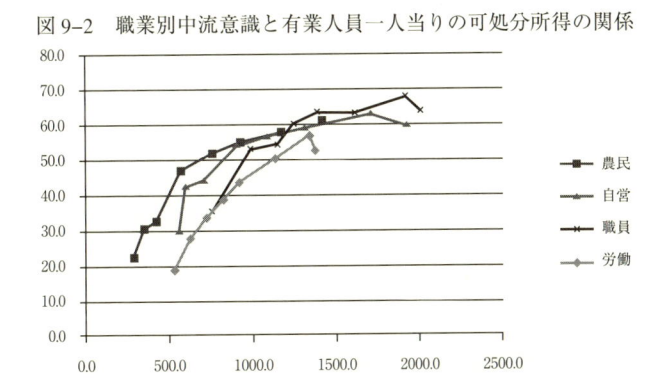

図9-2　職業別中流意識と有業人員一人当りの可処分所得の関係

$$y = -134.11 + 12.97 F + 7.62 S + 7.04W + 59.28 \text{Log}X \quad (R^2 = 0.894 : df = 25)$$
$$(t = -10.63) \quad (t = 5.75) \quad (t = 3.49) \quad (t = 3.07) \quad (t = 13.95)$$

2-3 日本の格差拡大傾向

さてバブル崩壊後に主張されている近年の格差拡大傾向論と階級固定化論は上述の開放性係数の拡大傾向という事実と整合性を持たない対立仮説である。

たしかに1960年から1975年までの高度成長期では格差が縮小してゆく社会的平準化傾向が続き，一億総中流意識の社会といわれたが，石油危機以降の安定成長期に入り格差拡大と不平等化が指摘され，バブル崩壊後の低成長期では高齢化社会に突入して中流崩壊と階級固定化が世論の主流を形成している。

大竹文雄[21]，樋口美雄[22]や橘木俊詔[23]の先行研究を集約した図9-3 各種ジニー係数[24]の比較により，格差拡大傾向を検討しよう。

橘木俊詔によると，「所得再分配調査の課税前データの不平等化は1980年以降急勾配で進行し，1998年ジニ係数の水準が0.472に達する高水準を示しているが，課税後の所得分配調査は生活基礎調査と同水準に調整されてもなおコンスタントに格差が拡大ている[25]。」

これに対して，家計調査によると，1960年から1973年までの高度成長期での格差縮小し，1970年代の安定成長期に緩慢な不平等化があり石油危機時の一時的な急上昇後，1980年から上下変動が多少あるが，上昇速度を高め，90年代には速度は緩慢になったが上昇傾向にあり，長期的に所得分配の不平等化

---

21) 大竹文雄（2005）『日本の不平等』日本経済新聞出版社，7ページ。
22) 樋口美雄（2003）『日本の所得格差と社会階層』日本評論社，第1章では，格差拡大の原因が単身高齢者の増大によるものとしている。13-14ページ。
23) 橘木俊詔によると，格差拡大の原因として，長期不況と失業の増大，非正規労働者の増大賃金決定方式の分権化，税制と社会保険，構造改革を指摘している。橘木俊詔（2006）『格差社会』岩波新書，4-11ページ。橘木俊詔（1998）『日本の経済格差』岩波書店。
24) 木村和範（2008）『ジニ係数の形成』北海道大学出版会，303ページ。
$$\text{GINI} = \sum_{i=1}^{n-1} P_i Q_{i+1} - \sum_{i=0}^{n-1} P_{i+1} Q_i$$
25) 橘木俊詔（2006）『格差社会』岩波新書，4-11ページ。

が進行した。しかし，2003年において90年代に比べて，減少の変化をうかがえる。この家計調査では単身世帯が除外されているので高齢単身者の貧困の増加という要素をとらえていない。

同様に，勤労者対象の賃金構造基本調査では，1960年から1975年まで賃金格差が縮小し，1975年以降賃金格差が拡大傾向を示してはいるが，賃金年功度の低下を反映して1990年以降では家計調査よりもジニー係数の拡大は低下している。2000年で0.264と多少上昇したかにみえたが2005年では0.254，2008年で0.249と横ばいである。この横ばい傾向は，二十代前半の賃金に対する五十代前半の賃金の比率である賃金プロフィールもしくは賃金年功度が低下したためである。

全標本データであるならば，高齢化が格差拡大の原因であろう。他方，格差の停滞原因は賃金プロフィールの縮小であろう。

ちなみに，家計調査のジニー指数GINIを第二次産業比率ind2，第三次産業比率ind3，国民所得gdp，労働分配率lab，完全失業率unempに回帰すると79.5％決定される。完全失業率と労働分配率および国民所得はジニー格差に対し正比例しており，第二次産業比率，第三次産業比率は格差に逆比例している。

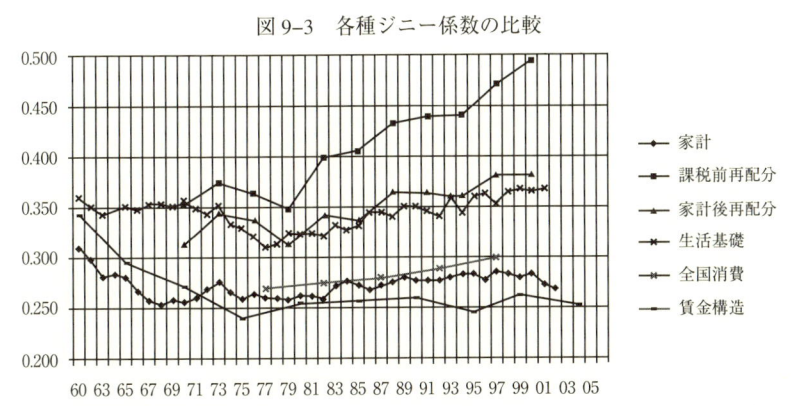

図9-3 各種ジニー係数の比較

凡例：家計／課税前再配分／家計後再配分／生活基礎／全国消費／賃金構造

（出所）大竹文雄（2005）『日本の不平等』日本経済新聞出版社，7ページ。なお，賃金構造調査のジニーは著者が算出。

GINI = 0.7284 − 0.0034 ind2 − 0.0096 ind3 + 0.0114 gdp + 0.0014 lab + 0.0114 unemp
　(t = 16.3456)　(t = − 2.021)　(t = − 4.823)　(t = 4.942)　(t = 3.042)　　(t = 2.048)
　(R^2 = 0.795 : df = 33)

2–4　日本のコンスタントな社会的距離

　以上の格差拡大論は格差の原因を高齢化に求めており，勤労者を対象にする賃金構造調査や高齢単身者を含まない家計調査の格差拡大が緩慢であることを明らかにしている。日本 SSM 調査は 20 歳から 69 歳までの有職者を対象にしたデータであることを考慮して，世論主流仮説にたいする対立仮説を設定しよう。

世論仮説 1　格差拡大傾向は社会的距離の増大をもたらす。
世論仮説 2　社会的距離の増大は移動量を低下させ階級の固定化をうむ。
世論仮説 3　階級固定化は開放性係数を低下させる。
対立仮説 1　格差拡大が小さいならば社会的距離の増大は小さい。
対立仮説 2　時点間の社会的距離の変化が一定といえるほど小さいならば移動量の低下はない。
対立仮説 3　移動量が低下せず構造移動率が低下するならば開放性係数の補完的増大が存在する。

　この仮説を検証するためには，時点 T，父親の職業 R，本人の職業 C の 3 要因からなる階層的対数線型モデルにより，社会的距離が一定かを吟味することは最も便利な方法であろう。表 9–4 日本の階層型対数線型モデルの分析結果を検討すると，主効果モデル 1 の χ 二乗は 3937 である。二元交互作用の 1 つを追加したモデル 2 の χ 二乗は 3511，モデル 3 の χ 二乗は 2968，モデル 4 の χ 二乗は 1115 で，いずれも移動量を再現できない。

　二元交互作用 2 つを追加したモデル 5 の χ 二乗は 2541，モデル 6 の χ 二乗は 689，モデル 7 の χ 二乗は 146.8 でいずれも棄却されている。

　ところが 3 項二元交互作用モデル 8 は自由度 16 で χ 二乗が 34.1 と小さく，0.5％ の有意性を示している。3 元交互作用を持つモデルはいずれも移動表を

再現できず，モデル14が唯一χ二乗が小さく自由度8でχ二乗23.6である。

ここで最もχ二乗の小さいモデル8は三元交互作用を持たないことから時点固有の社会的距離は存在しないことを意味する。換言すれば社会的距離一定をテストするモデルである。したがって，日本の世代間職業移動は，時点の間で異質な社会的距離がある事を意味する三元交互作用が否定され，時点間に共通な一定の社会的距離をもつモデルに近似的であるといえる。

表9-4 日本の階層型対数線型モデルの分析結果

モデル	主効果	二元		三元	χ二乗	DF	P	χ二乗	DF	P
					日本5時点			日本4時点		
1	T R C				3936.9	36	0	2294.40	28	0
2	T R C	TR			3510.6	28	0	2059.01	22	0
3	T R C		TC		2967.6	28	0	2028.41	22	0
4	T R C			RC	1115.1	32	0	385.79	24	0
5	T R C	TR	TC		2541.3	20	0	1793.05	16	0
6	T R C	TR		RC	688.7	24	0	150.43	18	0
7	T R C		TC	RC	146.8	24	0	119.77	18	0
8	T R C	TR	TC	RC	34.1	16	0.005	12.44	12	0.411
9	T R C			TRC	3552.9	20	0	2265.41	16	0
10	T R C	TR		TRC	2856.4	12	0	1897.55	10	0
11	T R C		TC	TRC	2765.2	12	0	2000.53	10	0
12	T R C		RC	TRC	743.3	16	0	358.70	12	0
13	T R C	TR	RC	TRC	271.0	8	0	90.03	6	0
14	T R C		TC RC	TRC	23.6	8	0.003	21.62	6	0.001
15	T R C	TR TC		TRC	2190.0	4	0	1670.73	4	0

表9-5の飽和モデル[26]の分析結果によれば，三元交互作用で有意なセルは，65R3C2のZ値が-2.64で，65R3C3のZ値が3.04で有意であることが示されている。この2つ以外のセルは有意ではない。そこで，移動の難易度を2レベルにして，できうる限り5時点に共通な社会的距離のセルを設定し，残差が有意であるなら改良して，χ二乗が小さくなるデザインマトリクスを作成し

---

26) 対数線形飽和モデルと階層的対数線型モデルについては次の研究が詳しい。
Bishop, Y. M. M. and S. E. Fienberg (1975), Discrete Multivariate Analysis. MIT Press.
広津千尋（1983）『統計データ解析』日本規格協会．

た[27]。このデザインマトリクスは，出発点の1955年のマニュアルからノンマニュアルと農業への移動が困難であり，1985年ノンマニュアルの帰農と1995年のマニュアルの帰農が困難である点を除き他は全て容易であるとなっている点では，社会的距離のコンスタントモデルに近似している。つまり，1965年と1975年の距離デザインは全く同じである。

モデル8にこのデザインマトリクスを追加して対数線型モデルを解くと，表5のハウザー型モデル[28]に示されているように，χ二乗は自由度15で6.34と小さくなっており，このモデルの有意性は97.3%支持できる。このモデルでは距離の適合性が有意であることが判明したが，総平均が用いられながらも表示されていないため，ロジットモデル[29]で偏回帰係数の意味を吟味したい。

まず，このロジットモデルのχ二乗は11.23であり，73.6%支持される。

1　主効果である時点効果はゼロ固定した1955年よりも年々増大している。

2　時点共通の父親の職業階級の供給効果は，ノンマニュアルと比べマニュアル，農業とも低い。

3　時点共通の本人の職業階級の需要効果は，ノンマニュアルのゼロ固定に比べて，マニュアルの需要，農業の需要ともにマイナスである。

4　時点別の父親の階級の供給効果は，1965年の農業の有意ではないプラスの供給効果を除き，マイナスである。

5　時点別の本人の職業の需要効果をみると，1965年，1975年のマニュアル

---

27)　日本の距離デザインは以下のように設定した。

1955	N	M	F	65	N	M	F	75	N	M	F	85	N	M	F	95	N	M	F
N	1	1	1	N	1	1	1	N	1	1	1	N	1	1	2	N	1	1	1
M	2	1	2	M	1	1	1	M	1	1	1	M	1	1	1	M	1	1	2
F	1	1	1	F	1	1	1	F	1	1	1	F	1	1	1	F	1	1	1

28)　ハウザー型対数線型モデルは難易水準Dを追加ダミーとしてSPSSで計算した。
　　LN(Mijkl) = B0 + B1 iTi + B2 jRj + B3 kCk + B4 ijTiRj + B5 ikTiCk + B6 jkRjCk + B7 lDl．ここに，Tは時点，Rは父，Cは子，Dは難移水準のダミーである。

29)　ロジットモデルはつぎの数式を用いてSPSSで計算した。
　　LN(Pijkl ÷ (1 − Pijkl)) = B0 + B1 iTi + B2 jRj + B3 kCk + B4 ijTiCj + B5 ikTiCk + B6 jkRjCk + B7 lDl．ここに，Pijklは各セルの移動量を総数で除したもの。

表 9-5　SSM 55-95 年のロジットモデル，ハウザー型モデル，飽和モデルの分析結果

	ロジットモデル		対数線形		飽和モデル	
	回帰係数	Z値	回帰係数	Z値	回帰係数	Z値
T 65	0.2842	3.6899	0.1188	4.4871	0.0322	0.9919
T 76	0.4819	6.6625	-0.0206	-0.8302	0.0535	1.5322
T 85	0.6464	8.7696	0.1522	6.4379	0.2202	6.4179
T 95	0.8284	11.3641	-0.1052	-3.7661	-0.1171	-2.5194
R 2	-0.4582	-3.9527	-0.3547	12.8650	-0.3232	-10.3399
R 3	-0.4511	-5.8079	-0.2284	-7.6541	-0.3166	-10.2389
C 2	-1.4380	-16.3899	0.6456	31.4015	0.6549	29.4227
C 3	-1.9195	-16.7409	0.4402	19.1784	0.4982	22.0476
D 2	-0.7245	-5.3876	-0.6593	-5.1721	別掲	
R 2 C 2	1.7128	26.1296	0.7794	26.2728	0.7926	23.6746
R 2 C 3	1.1486	7.7779	-0.1744	-5.4595	-0.2003	-5.6663
R 3 C 2	1.6144	26.1558	-0.0410	-1.3593	-0.0435	-1.2711
R 3 C 3	3.5123	31.0005	0.4809	15.0730	0.5672	16.8230
T 65 R 2	-0.4327	-3.3718	-0.1635	-3.8918	0.0533	-1.0619
T 65 R 3	0.0226	0.2324	0.1539	3.1765	-0.0407	-0.8262
T 75 R 2	-0.6519	-5.2727	-0.0577	-1.7128	-0.0797	-1.4498
T 75 R 3	-0.1695	-1.8361	-0.1184	-3.4526	-0.0230	-0.4358
T 85 R 2	-0.4087	-3.2643	0.0582	1.9240	0.0458	0.8674
T 85 R 3	-0.3953	-4.0609	-0.1893	-5.9479	-0.1068	-2.0131
T 95 R 2	-0.3820	-3.1205	0.0447	1.4192	-0.0818	-1.0660
T 95 R 3	-0.7143	-7.3053	0.0206	0.6526	0.1359	2.0237
T 65 C 2	0.2021	2.0463	-0.3823	-10.4125	-0.4677	-11.8365
T 65 C 3	-1.2258	-11.9606	-0.4700	-12.6974	-0.3691	-9.2050
T 75 C 2	0.2085	2.1981	-0.1117	-3.5295	-0.1447	-3.6249
T 75 C 3	-1.5294	-15.2713	-0.0222	-0.7199	-0.0992	-2.4377
T 85 C 2	0.1020	1.0530	-0.0309	-1.0365	-0.0536	-1.3894
T 85 C 3	-2.2451	-18.7515	0.0715	2.4601	-0.0010	-0.0250
T 95 C 2	-0.0615	-0.6329	0.2153	6.2363	0.2670	5.3685
T 95 C 3	-2.4003	-18.8275	0.2294	6.8475	0.2278	4.5173
Intercept	-1.7277	-29.5196				
χ 二乗	11.2260		6.3422		0.0000	
P	0.7360		0.9730		1.0000	
DF	15		15		0	

飽和モデルの 3 要因交互作用

65 R 2 C 2					0.0523	0.9095
65 R 2 C 3					-0.0538	-0.8536
65 R 3 C 2					-0.1608	-2.6352
65 R 3 C 3					0.1756	3.0430
75 R 2 C 2					-0.0183	-0.3028
75 R 2 C 3					0.0065	0.1002
75 R 3 C 2					-0.0424	-0.6981
75 R 3 C 3					-0.0738	-1.2403
85 R 2 C 2					-0.0323	-0.5636
85 R 2 C 3					-0.0019	-0.0310
85 R 3 C 2					0.0038	0.0642
85 R 3 C 3					-0.0754	-1.2825
95 R 2 C 2					0.1042	1.3049
95 R 2 C 3					0.0712	0.8588
96 R 3 C 2					-0.0338	-0.4678
96 R 3 C 3					-0.0856	-1.1925

の需要は有意にプラスであったが，1985年にマニュアルのプラスの需要が有意でなくなり，1995年になって有意ではないがマイナスに転じた。農業の需要効果は1965年からマイナス効果が高まってゆく傾向がある。

6　時点共通の親子の交互作用効果はノンマニュアルとの交互作用がゼロ固定であることに比べ，マニュアルと農業間で有意性が強いプラス効果である。

7　レベル2の社会的距離の効果は-0.725と強い障害を示している。

　さて，以上分析した社会的距離一定モデルでは，1955年において，マニュアルからマニュアルへの移動およびマニュアルから農業への帰農が困難である点で特異であることが判明したので，1955年データをはずして1965年から1995年までのデータを用いて社会的距離一定仮説が支持できるかを吟味しよう。

　まず表9-6　SSM 65-95年の階層型対数線型モデルの分析結果をみると，父親の供給効果，子供の需要効果の三元交互作用を除いたモデル8のχ二乗が12.44と低く，自由度12で41%支持されている。これについで三元交互作用を含むモデル14のχ二乗値が低く21.62であるが自由度6で棄却される。したがって，1965年から1995年までを観察する限り，時点固有の社会的距離を主張できないし，いわんや近年になって社会的距離の拡大が進行したとは言い難い。この階層的対数線型モデルの結果に従い，日本の階級間の社会的距離は1965年から1995年まで一定であると結論できる。

　以上の結果をさらに，飽和モデルで三次元交互作用が有意かどうかを吟味しよう。表9-6　SSM 65-95年のコンスタントモデル分析によれば，飽和モデルの三要因交互作用の有意性は低く，Z値は全て1.96を下回っている。

　さらに，前述の距離デザインのうち1965年から1995年を用いて，ハウザー型対数線型モデルを適用すると，表9-6に示されているように，自由度11でχ二乗は4.816だから94%の有意水準で支持できる。ロジットモデルでもχ二乗は4.587で95%有意水準で支持されている。

　飽和モデルの偏回帰係数の符号が現実に適合しているので，このモデルから

発見された時点,父親の供給,子供の需要,共通の社会的距離,時点固有の需給構造の移動にたいする効果を以下に整理しよう。

表9-6 SSM 65-95年のコンスタントモデル分析

	ロジットモデル 偏回帰係数	Z値	対数線形 偏回帰係数	Z値	飽和モデル 偏回帰係数	Z値
T 75	0.1989	2.9462	0.0081	0.3358	0.0616	1.7457
T 85	0.3667	5.3091	0.1809	7.7835	0.2282	6.5661
T 95	0.5468	8.0438	−0.0741	−2.7391	−0.1090	−2.4216
R 2	−0.8944	−11.4020	−0.3000	−8.9285	−0.3099	−8.3802
R 3	−0.4268	−5.9445	−0.2757	−8.4478	−0.3064	−8.3695
C 2	−1.2606	−17.4795	0.7360	29.1647	0.7718	29.9743
C 3	−3.0128	−20.9111	0.5511	21.4786	−0.5904	22.5871
D 2	−0.7499	−2.4812	−0.7597	−2.5278	別掲	
R 2 C 2	1.7376	25.6051	−0.2058	−6.6676	−0.2617	−6.5856
R 2 C 3	1.0687	5.9290	−0.1394	−4.7003	−0.1915	−4.7308
R 3 C 2	1.6494	24.8082	−0.1251	−4.2740	−0.1706	−4.4158
R 3 C 3	3.3640	23.8493	−0.0452	−1.6036	−0.0933	−2.3830
T 75 R 2	0.0078	0.1009	0.1177	3.5612	0.1501	3.1213
T 75 R 3	−0.3024	−2.9651	0.1111	3.4638	0.1355	2.7792
T 85 R 2	−0.2206	−2.3050	−0.0999	−3.1393	−0.0931	−1.6786
T 85 R 3	−0.1953	−2.2487	−0.2509	−2.5096	−0.0331	−0.6201
T 95 R 2	−0.0967	−1.2254	0.0167	0.5796	0.0325	0.6053
T 95 R 3	−1.0103	−8.3246	−0.1509	−5.1138	−0.1170	−2.1764
T 75 C 2	0.0191	0.1985	0.0057	0.1922	−0.0951	−1.2874
T 75 C 3	−0.4290	−4.6767	0.0584	2.0013	0.1253	1.9169
T 85 C 2	−0.2600	−3.2812	0.7675	21.4118	0.7795	19.9680
T 85 C 3	−1.1734	−9.0641	−0.1966	−5.2088	−0.1868	−4.5746
T 95 C 2	0.0490	0.5165	−0.0308	−0.8547	−0.0033	−0.0840
T 95 C 3	−0.7446	−8.0746	0.4923	13.8064	0.5233	13.3016
Intercept	−1.4432	−27.2493				
χ2乗	4.5870		4.8160		0.0000	
P	0.9500		0.9400		1.0000	
DF	11.0000		11.0000		0.0000	

飽和モデルの3要因交互作用

75 R 2 C 2					−0.0052	−0.0863
75 R 2 C 3					−0.0070	−0.1092
75 R 3 C 2					−0.0826	−1.3651
75 R 3 C 3					−0.0299	−0.5021
85 R 2 C 2					−0.0192	−0.3333
85 R 2 C 3					−0.0153	−0.2525
85 R 3 C 2					−0.0364	−0.6080
85 R 3 C 3					−0.0315	−0.5340
95 R 2 C 2					0.1173	1.5262
95 R 2 C 3					0.0577	0.7243
95 R 3 C 2					−0.0740	−1.0528
95 R 3 C 3					−0.0417	−0.5964

1 飽和モデルによれば，1995年の時点効果はマイナスに転じて有意である。
2 飽和モデルによれば父親の供給効果はノンマニュアルをゼロ固定して比較すると，マニュアルも農業もマイナス効果を示している。
3 飽和モデルの子供の需要効果はノンマニュアルに比べて，有意に高いプラスである。
4 飽和モデルの三次元交互作用は三時点に異質な社会的距離を示すが，いずれも有意性がみられない。
5 飽和モデルでは時点共通の社会的距離すなわちR2C2，R2C3，R3C2，R3C3が有意にマイナスを示している。
6 時点の供給効果では，1975年の農業，1985年のマニュアル，1995年の農業が有意にプラスである。
7 時点の需要効果をみれば，1975年のマニュアルと農業がノンマニュアルに比べてプラスである。しかし，1985年に入ってマニュアルも農業も需要効果はノンマニュアルに比べマイナスに変化して産業構造の再編によるホワイトカラー化の進行を示している。1995年ではマニュアルの需要がプラスに反転した。

3. 米国の職業移動の二時点分析

3-1 米国の世代間職業移動の低下傾向

さて，日本では階級間の職業移動に関しては時点を越えて一定の社会的距離が存在することが判明したが，階級間の職業移動が激しいといわれている米国ではどうであろうか。

米国は人種，宗教，地域，親族の生得的不平等を市民権の確立により平等主義化する一方で，機会均等の理念のもとに教育と職業の業績的不平等を正当化する2つの力が存在する社会であるとパーソンズはいっている[30]。

---

30) Parsons, Talcott (1977), "Equality and Unequality in Modern Society", *Social Systems and the Evolution of Action Theory*, The Free Press. pp. 321-380. 原山保訳「現代社会

他方，トライマンは教育機会の開放が職業達成に対する父親の世襲効果を弱め，本人の学歴効果を強める一方で，所得に対する教育効果は弱まり，高学歴低所得のホワイトカラーと低学歴高所得のブルーカラーにみられる地位不整合が発生し，社会的平準化が進行し，政治や娯楽行動の地位間差は低下し地位内差が個人差として高まり，体制同調が増加するが，産業化の末期には地位不整合が消失して地位結晶化が進み，高学歴低所得者の革新化が進行するだろうと予言した[31]。

つまり，パーソンズは生得的不平等の風化と業績的不平等の正当化のジレンマを語り，トライマンは社会移動のもたらす地位不整合化と社会的平準化は過渡的特徴で最終的には地位結晶化が格差拡大と革新化を産み落とすジレンマを語っている。

そこで，本章では表9-7米国の職業移動表をもちいて，米国の世代間職業移動の分析を通じて，開放性が高いが社会的距離の拡大を伴う米国の現状を明らかにしよう。米国の世代間職業移動表にはブラウとダンカンの1962年表[32]とフェザーマンとハウザーの1973年表がある[33]。表9-2により米国の開放性

における平等と不平等」田野崎昭夫監訳（1992）『社会体系と行為理論の展開』誠信書房，443-517ページを参照。

31) D. Treiman, Donald (1970), "Industrialization and Social Stratification", E. O. Laumann (ed), *Social Stratification*, Bobs-Merill.
　　トライマンは産業化の段階を三段階に区分した。第一段階では農業人口の減少，職種の増加，非肉体労働の増大，教育人口の増大にともない1人当たりの所得が増加し，社会的平準化する。第二段階では機会開放により，教育達成や職業達成に対する親の社会経済的地位の影響が低下し，職業達成に対する教育効果が強まる一方で，所得に対する職業効果は高まるが教育効果は低下する。特に非肉体労働の賃金は下落し，高等教育者の失業が増加して統制機関が拡大する一方で，一時的に肉体労働の賃金は上昇するが質の低下で生産自動化が促進する。産業化の帰結である第三段階では，移動の増大は行動の地位間差を減少させ，社会的緊張を低減させるが，他方で，地位結晶化が進めば社会的緊張が潜伏し，公教育低所得層の急進化が進み，客観的地位と主観的地位が一致して，階級区分線が明確化する。

32) 米国の職業移動表は次の17職業である。自営，俸給，経営，所有者，販売，事務，小売りの専門職，製造熟練工，他の熟練工，建設熟練工，製造半熟練，他の半熟練，サービス半熟練，製造非熟練，他の非熟練，農民，農場労働者である。Blau, P. M., and O. Duncan (1967), American Occupational Structure, John Wiley & Sons, pp. 496-497.

33) D. L. Featherman and R. M. Hauser (1978), Opportunity and Change, Academic Press,

係数によると，次のような傾向が指摘できる。

1 米国の 1962 年の粗移動率は 48% であったが，1973 年には 42% に低下している。
2 この粗移動率の低下の原因を探るため粗移動率を構造移動率と開放性係数に分解すると，構造移動率は 1962 年に 22% もあったが 1973 年には 12% に低下してることが判明した。
3 他方，この傾向に反して，開放性係数の低下はみられず，1962 年の 0.619 と 1973 年の 0.600 の間に大きな低下は見られない。
4 要するに米国では構造移動率は低下しても開放性は高く維持されているのである。図 9-1 安田の開放性係数と構造移動率の国際比較によれば，1962 年の米国は構造移動率が 0.2 で開放性が 0.6 であるから脱工業化社会に位置している。しかし 1973 年で構造移動率は 0.12 と低下し開放性は 0.6 を維持しているので北欧などの福祉国家群の入り口に到達している。

表 9-7 米国の職業移動表

父の職業	1962 年		本人の職業		父の職業	1973 年		本人の職業	
	N	M	F	計		N	M	F	計
N	6313	2644	132	9089	N	3138	1902	88	5173
M	6321	10883	294	17498	M	3116	6628	345	10089
F	2495	6124	2471	11090	F	766	2052	1832	4650
計	15129	19651	2897	37677	計	7065	10582	2265	19912

（出所）Blau, P. M., and O. Duncan (1967), *American Occupational Structure*, John Wiley & Sons, pp. 496–497. D. L. Featherman and R. M. Hauser (1978), *Opportunity and Change*, Academic Press, pp. 534–535.

3-2 米国の職業移動の対数線型モデル

高水準の開放性と移動量の低下を特徴とする米国の世代間移動の諸原因を，対数線型モデルを用いてさらに吟味しよう。

まず，表 9-8 米国の階層的対数線型モデルを参照すると，三元交互作用を

---

pp. 534–535.

表9-8 米国の階層的対数線型モデル

モデル	主効果	二元	三元	χ二乗	DF	P
1	T R C			16436.64	12	0
2	T R C	TR		15910.59	10	0
3	T R C	TC		16023.82	10	0
4	T R C	RC		2341.01	8	0
5	T R C	TR TC		15497.76	8	0
6	T R C	TR RC		1814.96	6	0
7	T R C	TC RC		1928.19	6	0
8	T R C	TR TC RC		625.42	4	0
9	T R C		TRC	15800.32	8	0
10	T R C	TR	TRC	15222.38	6	0
11	T R C	TC	TRC	15311.07	6	0
12	T R C	RC	TRC	1413.79	4	0
13	T R C	TR RC	TRC	1053.19	2	0
14	T R C	TC RC	TRC	971.14	2	0
15	T R C	TR TC	TRC	14816.06	4	0

持たないモデル1からモデル8は全て移動表を再現できず,棄却されていることが分かる。モデル8は時点,父親の供給効果,子供の需要効果の主効果と二元交互作用全てを含むモデルであるが,自由度4のもとでχ二乗は625.4であり,有意ではない。モデル9からモデル15は三元交互作用を含むモデルであるが,モデル14が最もχ二乗が低く971.14であり有意ではない。

そこで,米国では二時点に異質な社会的距離が発生したと推論できる。表9-9 米国のロジット,対数線形,飽和モデルの分析結果によれば飽和モデルが異質な社会的距離の有意性を検証している。

1 三元交互作用の効果は有意で,1973年のマニュアル相互間の世襲は-0.299で有意に難しい。さらに,農業からマニュアルへの移動も-0.225と難易度は高い。これにたいして,農業世襲は容易で0.16と有意である。
2 二次点で共通な社会的距離は父親と子供の二次元交互作用に示されているが,マニュアルから農業への帰農はマイナスで難しく,マニュアルからノンマニュアルへの移動,農業からマニュアルへの移動はプラスで容易であることがわかる。

3 時点効果では1973年は0.407であり, 1962年より有意な増加傾向がある。
4 父親の供給効果では, マニュアルのマイナス効果と農業のプラス効果が検出される。
5 子供の需要効果を見ると, マニュアルと農業の双方でノンマニュアルより高い需要効果がある。
6 時点固有の供給効果では, マニュアルも農業も1973年ではマイナスを示している。
7 時点固有の需要効果についてみれば, マニュアルはプラスで農業はマイナスに転じている。

以上から, 米国の1965年では, 農業からマニュアルへの移動とマニュアルからノンマニュアルへの移動が容易であったが, 1973年になって, 農業からマニュアルへの移動が難しく, マニュアルから農業への帰農も難しく, しかもマニュアルの世襲自体も難しい傾向に変わった。

この飽和モデルの三元交互作用を4水準に簡略化して米国の社会的距離をデザイン化した[34]。これによると, 1962年の社会的距離はマニュアルの帰農が容易であること以外は機会均等であったが, 1973年では農業からノンマニュアルへの上昇移動とノンマニュアルから農業への移動は難易水準がそれぞれ4と3に難しくなったと設定されている。社会的距離設定は1962年を全て2レベルとし, 1973年の農業からノンマニュアルへの移動を第4水準とし, χ二乗を減少するようにして模索した結果, 1962年のマニュアルへの移動が容易であり, また同様に, 1973年のノンマニュアルからマニュアルの移動が容易であるので第一水準にした。最後に1973年のノンマニュアルから農業への移

---

[34] 米国の距離デザインは以下のように設定した。

1962年

父職	本人職		
	N	M	F
N	2	2	2
M	2	2	1
F	3	2	2

1973年

父職	本人職		
	N	M	F
N	2	1	3
M	2	2	2
F	4	2	2

動が難しくせよと残差が指摘するので第三水準に訂正した。その結果ハウザー型対数線型モデルではχ二乗が0.0016と低下し，有意水準97％で支持されている。

　これをロジットモデルでテストすると，χ二乗は9.39で有意水準はわずか0.002で支持されていない。ロジットモデルでは移動率をpとして非移動率を（1−p）とし，従属変数をpと（1−p）の比として偏回帰係数を最尤法で推定するため，飽和モデルやハウザー型モデルの偏回帰係数とは一致しなかったのであろう。しかし，ロジットモデルの偏回帰係数は次の効果を明らかにしている。

1　1962年をゼロ固定して比較すると1973年では移動は低下している。この点は移動表の分析結果と一致している。
2　1962年ゼロ固定で比較すれば，1973年の父親の供給効果は農業で低下し，マニュアルで増大している。この点も移動表と同一結果である。
3　1962年ゼロ固定で比較すれば，1973年の子供の需要効果はマニュアルと農業で増大している。この点も移動表で確認される。
4　1962年と1973年に共通な需要効果はノンマニュアルと比べ農業とマニュアルでマイナスである。
5　1962年と1973年の供給効果はノンマニュアルと比べ農業とマニュアルで低くマイナスである。
6　1962年と1973年に共通な社会的距離は父親と子供の二次元交互作用で示されているが，いずれもプラスであるので，移動促進的である。
7　しかし，1973年の社会的距離は農業からノンマニュアルへの移動を難しくし，また，ノンマニュアルから農業への移動も難しいが，ノンマニュアルからマニュアルへの下降移動は容易に起こりうる。

　この偏回帰係数からみた傾向はZ値が有意であっても，モデル自体の再現率が低いので棄却されるべきである。したがって，本章では飽和モデルの示す命題を真として評価したい。以上の作業を通じて米国は世代間職業移動に対する社会的距離の障害効果が増大したが，開放性係数は高く維持された社会であ

表9-9 米国のロジット，ハウザー型対数線形，飽和モデルの分析結果

	ロジットモデル		対数線形		飽和モデル	
	偏回帰係数	Z値	偏回帰係数	Z値	偏回帰係数	Z値
C 2	-1.7387	-55.4038	0.5208	35.3747	0.3027	18.6262
C 3	-5.0509	-55.8329	0.8170	65.6982	0.9858	81.2500
R 2	-1.4105	-52.1770	-0.4386	-19.8694	-0.3898	-21.8638
R 3	-2.0713	-64.8325	0.2414	16.9987	0.4106	29.3637
R 2 C 2	2.8247	77.1578	0.8554	39.5265	1.1697	54.2755
R 2 C 3	1.0412	10.0001	-0.2051	-8.8247	-0.2067	-10.8989
R 3 C 2	3.1761	72.7162	0.1645	10.4119	0.3586	19.3811
R 3 C 3	5.0512	52.7620	0.5174	31.0731	0.3245	21.9315
YEAR 73	-0.3808	-10.9076	0.2463	40.5795	0.4076	35.6694
YEAR 73 C 2	0.3361	10.0804	0.2031	21.1239	0.4050	24.9172
YEAR 73 C 3	1.5347	30.1388	0.0972	12.1953	-0.0879	-7.2413
YEAR 73 R 2	0.1629	3.8685	-0.1078	-10.4424	-0.1716	-9.6251
YEAR 73 R 3	-0.3703	-7.3198	-0.0956	-13.3636	-0.2337	-16.7140
DISTANC 2	-0.4273	-8.3651	-0.1415	-3.5521		
DISTANC 3	-1.4228	-9.3477	-0.8705	-5.9509		
DISTANC 4	-2.5384	-18.3346	-2.3274	-17.8428		
73 R 2 C 2					-0.2994	-13.8917
73 R 2 C 3					0.0165	0.8708
73 R 3 C 2					-0.2252	-12.1729
73 R 3 C 3					0.1619	10.9428
Intercept	1.2617	20.3839				
χ2乗	9.3910		0.0016		0.0000	
P	0.0020		0.9690		1.0000	
DF	1.0000		1.0000		1.0000	

ると結論できる。

4. おわりに

　以上の対数線型モデルによる日米の世代間職業移動の分析から次の知見をうる。

1　日本の世代間職業移動の開放性係数は上昇する一方で低下していない。
2　日本の世代間職業移動は階級固定化傾向を持つものではなく，階級間の社会的距離は時系列的にコンスタントである。
3　したがって，日本では中流意識が崩壊したとはいえ，格差拡大による社会的距離の拡大というよりもコンスタントな距離が存在し，社会的距離拡大による階級固定化は否定される
4　米国の粗移動率が低下したのは産業構造の世代間の需給ギャップが低下したからである。

5　米国の世代間職業移動の開放性係数は高い水準で一定である。
6　機会均等の理念を唱道する米国では，開放性が一定のまま，産業構造の需給ギャップが低下してその結果，粗移動率が低下している。
7　要するに，日本では，中流幻想は崩壊したが，階級固定化とまでは格差拡大せず，一定の社会的距離を維持したまま開放性は向上している。これに対して米国では，機会均等の理念の下に移動水準の高いという通念は崩壊し，脱工業化によって高い開放性を維持したままに移動率は低下している。
8　日本では高齢化社会を背景に格差拡大が提言されているが，SSMデータの社会的距離一定と開放性の上昇傾向は20歳から65歳までの有業者を対象としている限り，賃金年功度の低下によりジニー指数が横ばいである勤労者対象の賃金センサス・データと対応関係を持っている。
9　最後に，労働集約型，資本集約型，技能集約型産業への転換に成功した日本では，中流意識の拡大は高度成長による社会的移動が地位不整合と地位連続体を形成した所産である。しかし，石油危機後の脱工業化過程で，知識集約型産業が拡大して，ノンマニュアル相互間の移動が予想される。これに対して米国では知識集約型産業のみか，医療，福祉，教育支援，情報関連のサービス産業が拡大し，それらの間での移動が予想される。

執筆者紹介（執筆順）

長谷川聰哲（はせがわとしあき） 研究員（中央大学経済学部教授）
石川利治（いしかわとしはる） 研究員（中央大学経済学部教授）
小森谷徳純（こもりやよしまさ） 研究員（中央大学経済学部助教）
孫　立堅（そん りっけん） 客員研究員（中国・復旦大学経済学院教授）
助川成也（すけがわせいや） 客員研究員（日本貿易振興機構（ジェトロ）バンコクセンター主任調査研究員（アジア））
大木博巳（おおきひろみ） 客員研究員（日本貿易振興機構（ジェトロ）海外調査部主任調査研究員）
徐　贇（じょ いん） 準研究員（中央大学大学院経済学研究科博士後期課程）
小野充人（おのみつひと） 客員研究員（（財）国際貿易投資研究所研究主幹）
原山　保（はらやま たもつ） 研究員（中央大学経済学部准教授）

APECの市場統合　　　　　中央大学経済研究所研究叢書　54

2011年3月31日　発行

編著者　長谷川　聰　哲
発行者　中央大学出版部
代表者　玉　造　竹　彦

東京都八王子市東中野742-1
発行所　中央大学出版部
電話 042(674)2351　FAX 042(674)2354

Ⓒ 2011　　　　　　　　　　　　　　　　　　電算印刷
ISBN 978-4-8057-2248-0

― 中央大学経済研究所研究叢書 ―

6. 歴史研究と国際的契機　　中央大学経済研究所編　A5判　定価1470円

7. 戦後の日本経済──高度成長とその評価──　中央大学経済研究所編　A5判　定価3150円

8. 中小企業の階層構造　　中央大学経済研究所編　A5判　定価3360円
　──日立製作所下請企業構造の実態分析──

9. 農業の構造変化と労働市場　　中央大学経済研究所編　A5判　定価3360円

10. 歴史研究と階級的契機　　中央大学経済研究所編　A5判　定価2100円

11. 構造変動下の日本経済　　中央大学経済研究所編　A5判　定価2520円
　　──産業構造の実態と政策──

12. 兼業農家の労働と生活・社会保障　　中央大学経済研究所編　A5判　定価4725円〈品切〉
　　──伊那地域の農業と電子機器工業実態分析──

13. アジアの経済成長と構造変動　　中央大学経済研究所編　A5判　定価3150円

14. 日本経済と福祉の計量的分析　　中央大学経済研究所編　A5判　定価2730円

15. 社会主義経済の現状分析　　中央大学経済研究所編　A5判　定価3150円

16. 低成長・構造変動下の日本経済　　中央大学経済研究所編　A5判　定価3150円

17. ME技術革新下の下請工業と農村変貌　　中央大学経済研究所編　A5判　定価3675円

18. 日本資本主義の歴史と現状　　中央大学経済研究所編　A5判　定価2940円

19. 歴史における文化と社会　　中央大学経済研究所編　A5判　定価2100円

20. 地方中核都市の産業活性化──八戸　中央大学経済研究所編　A5判　定価3150円

中央大学経済研究所研究叢書

21. 自動車産業の国際化と生産システム　中央大学経済研究所編　A5判　定価2625円
22. ケインズ経済学の再検討　中央大学経済研究所編　A5判　定価2730円
23. AGING of THE JAPANESE ECONOMY　中央大学経済研究所編　菊判　定価2940円
24. 日本の国際経済政策　中央大学経済研究所編　A5判　定価2625円
25. 体制転換——市場経済への道——　中央大学経済研究所編　A5判　定価2625円
26. 「地域労働市場」の変容と農家生活保障
　　——伊那農家10年の軌跡から——　中央大学経済研究所編　A5判　定価3780円
27. 構造転換下のフランス自動車産業
　　——管理方式の「ジャパナイゼーション」——　中央大学経済研究所編　A5判　定価3045円
28. 環境の変化と会計情報
　　——ミクロ会計とマクロ会計の連環——　中央大学経済研究所編　A5判　定価2940円
29. アジアの台頭と日本の役割　中央大学経済研究所編　A5判　定価2835円
30. 社会保障と生活最低限
　　——国際動向を踏まえて——　中央大学経済研究所編　A5判　定価3045円〈品切〉
31. 市場経済移行政策と経済発展
　　——現状と課題——　中央大学経済研究所編　A5判　定価2940円
32. 戦後日本資本主義
　　——展開過程と現況——　中央大学経済研究所編　A5判　定価4725円
33. 現代財政危機と公信用　中央大学経済研究所編　A5判　定価3675円
34. 現代資本主義と労働価値論　中央大学経済研究所編　A5判　定価2730円
35. APEC地域主義と世界経済　今川・坂本・長谷川編著　A5判　定価3255円

―――― 中央大学経済研究所研究叢書 ――――

36. ミクロ環境会計とマクロ環境会計　A5判　小口好昭編著　定価3360円
37. 現代経営戦略の潮流と課題　A5判　林昇一・高橋宏幸編著　定価3675円
38. 環境激変に立ち向かう日本自動車産業　池田正孝・中川洋一郎編著　A5判　定価3360円
　　――グローバリゼーションさなかのカスタマー・サプライヤー関係――
39. フランス―経済・社会・文化の位相　A5判　佐藤　清編著　定価3675円
40. アジア経済のゆくえ　A5判　廾村・深町・田村編　定価3570円
41. 現代経済システムと公共政策　A5判　中野　守編　定価4725円
42. 現代日本資本主義　A5判　一井・鳥居編著　定価4200円
43. 功利主義と社会改革の諸思想　A5判　音無通宏編著　定価6825円
44. 分権化財政の新展開　A5判　片桐・御船・横山編著　定価4095円
45. 非典型型労働と社会保障　A5判　古郡鞆子編著　定価2730円
46. 制度改革と経済政策　A5判　飯島・谷口・中野編著　定価4725円
47. 会計領域の拡大と会計概念フレームワーク　A5判　河野・小口編著　定価3570円
48. グローバル化財政の新展開　A5判　片桐・御船・横山編著　定価4935円
49. グローバル資本主義の構造分析　A5判　一井　昭編　定価3780円
50. フランス―経済・社会・文化の諸相　A5判　佐藤　清編著　定価3990円
51. 功利主義と政策思想の展開　A5判　音無通宏編著　定価7245円
52. 東アジアの地域協力と経済・通貨統合　A5判　塩見英治・中條誠一・田中素香編　定価3990円
53. 現代経営戦略の展開　A5判　高橋宏幸・林昇一編著　定価3885円

＊定価は消費税5％を含みます．